VOYAGE EN ARABIE.

COMBES ET TAMISIER.

VOYAGE EN ABYSSINIE, dans le pays des Galla, de Choa et d'Ifat. 4 forts vol. in-8 et carte.   32 fr.

TAMISIER.

VOYAGE EN ARABIE. Séjour dans le Hedjaz.—Campagne d'Assir. 2 vol. in-8 et carte.   16

Sous Presse :

VOYAGE EN ARABIE, retour de la campagne d'Assir. 1 vol. in-8.   8

VOYAGE EN ARABIE. Histoire et Géographie. 2 vol. in-8 et une grande carte d'Arabie.   16

PARIS. — IMPRIMERIE DE Vᵉ DONDEY-DUPRÉ,
RUE SAINT-LOUIS, 46, AU MARAIS.

VOYAGE
EN ARABIE

SÉJOUR DANS LE HEDJAZ. — CAMPAGNE D'ASSIR.

Accompagné d'une Carte,

PAR

MAURICE TAMISIER,

L'un des auteurs du VOYAGE EN ABYSSINIE, ouvrage couronné
par la Société de Géographie.

PARIS.
LOUIS DESESSART, ÉDITEUR,
RUE DES BEAUX-ARTS, 15.

MDCCCXL

PRÉFACE.

L'auteur de cet ouvrage se trouvait au Caire vers la fin de l'année 1835. Parti de France avec l'intention de visiter l'Orient, il cherchait une occasion favorable à ses desseins; elle ne tarda pas à se présenter. Mohammed-Ali envoyait des troupes en Arabie; le médecin en chef de l'expédition se trouvait sans secrétaire; cette place fut offerte au voyageur, il l'accepta avec joie.

Grâce à cette position, il put parcourir avec sécurité plusieurs provinces de la péninsule arabique inconnues aux Européens, et il vient publier aujourd'hui le résultat de ses observations[1].

Dans le cours de sa narration, l'auteur s'occupe rarement des relations des autres voyageurs; il raconte simplement ce qu'il a vu ou senti par lui-même, et laisse aux hommes qui s'occupent de coordonner le travail des explorateurs le soin de désigner la place que son œuvre doit occuper dans l'ensemble des travaux géographiques.

---

[1] Plusieurs Européens de l'expédition se sont empressés de fournir à l'auteur les documens qu'ils pouvaient recueillir. Il saisit cette occasion pour remercier de leur bonne volonté MM. Chedufau, médecin en chef de l'armée d'Arabie, Onadrogi, pharmacien, et Maruchi, médecin, attachés à la même armée.

I

I

Départ du Caire.—Station à l'Assouah. — Le désert de Suez. — Courriers du Hedjaz. — Déserteurs égyptiens.— Repas chez un musulman de Suez.

II

Départ de Suez. — L'abou-Djamous. — Pèlerins musulmans. — Le capitaine.— Le pilote.— Navigation arabe.—Tor.—Raz-Mohammed. —Golfe de l'Akaba.

I

9 décembre 1833. — Vers cette époque, les pèlerins des côtes barbaresques, des îles et du littoral de la Méditerranée, de la Syrie et de l'Anatolie, se rendaient au Caire pour se réunir à la grande caravane qui, sous peu de jours, devait se mettre en marche pour la Mekke, et porter à la ville sainte

la chemise de soie noire que le pacha d'Égypte confie, toutes les années, à l'Émir-Hadjj[1]. A la fin de la journée, une longue suite de chameaux défilait dans la campagne du Caire par la porte du Secours (Bab-el-Nasr)[2]; mais au lieu d'aller prendre sa place autour de la tente verte du chef du pèlerinage, elle alla camper à l'Assouah, station située entre le Caire et le désert de Suez. C'est que cette caravane était uniquement composée d'Européens, de chrétiens dont la présence aurait profané la sainte assemblée. Cependant, si la mission des infidèles n'était pas religieuse, elle avait un but philanthropique; car elle était formée en grande partie de médecins qui devaient veiller à la santé de l'expédition envoyée dans le Hedjaz par Mohammed-Ali.

10 décembre. — Les chameaux emploient ordinairement trois journées pour franchir le désert qui sépare le Caire de Suez. On part le matin, au lever du soleil, et on voyage jusqu'au magreb[3]. A la station,

---

[1] *Émir-Hadjj*, l'émir du pèlerinage, nom donné au personnage chargé de conduire la caravane religieuse à sa destination.

[2] Si l'on veut avoir des détails sur cette porte, on peut consulter l'excellente *Description de la ville et des environs du Caire*, publiée par M. Jomard. 1 vol. in-fol. Paris, 1829.

[3] Coucher du soleil.

les chameaux sont débarrassés sur-le-champ de leurs fardeaux ; les conducteurs leur donnent quelques poignées de fèves et quelquefois un peu de hachich[1]. Ils ramassent des broussailles, allument le feu et se réunissent en cercle tout autour : c'est là qu'ils font cuire leur pain et qu'ils mangent leurs vivres avec une sobriété qui ferait rougir de honte des anachorètes. Après avoir cheminé toute la journée, nos chameliers s'arrêtèrent en un lieu où ils espéraient trouver quelques plantes pour leurs animaux; quant à moi, fatigué de la course que je venais de faire et qui était mon premier essai dans ce genre, je me retirai sous ma tente avec un peu de fièvre, ce qui ne m'empêcha pas de tomber bientôt dans un profond sommeil.

11 décembre. — Le jour allait paraître : en un moment les tentes furent abattues et les chameaux chargés de leurs fardeaux. Vers midi, nous vîmes s'avancer, dans le lointain, deux formes incertaines que nos Bédouins reconnurent pour deux Arabes montés sur des dromadaires. Le cheikhr de la caravane alla pousser une reconnaissance en avant, et il revint en nous recommandant de marcher en bon ordre jusqu'à l'arrivée des étrangers.

[1] Espèce de foin.

— Comment savez-vous, lui dis-je, que ces hommes ne sont pas de votre pays?

— L'allure de leurs dromadaires est bien différente de celle des nôtres. D'ailleurs leur démarche m'annonce qu'ils sont fatigués de longue date : ils doivent avoir parcouru un bien long trajet.

— Ce sont des Bédouins du mont Sinaï, dit un jeune chamelier.

— Taisez-vous, présomptueux, lui dit le vieillard; croyez-vous que nos yeux soient moins bons que les vôtres parce que nous avons la barbe blanche?

— Je dis ce qu'il me semble, père, et je n'ai pas eu l'intention de manquer à mes anciens.

— Vous ne saurez donc jamais distinguer une chèvre d'une vache? Apprenez que ces gens-là viennent du Hedjaz et qu'ils sont montés sur des dromadaires bicharris[1].

Dans peu d'instants les étrangers vinrent, par leur présence, couper court à la discussion. Le cheikhr ne s'était pas trompé.

— Que Dieu vous conserve dans le bon chemin! dirent-ils en arrivant.

---

[1] Les Bicharris habitent les environs de Souakem. Leurs dromadaires sont très-renommés pour leur légèreté.

— Que le Tout-Puissant daigne vous accorder la même grâce, frères! répondit le cheikhr. Vos dromadaires paraissent bien fatigués?

— Ce sont deux jeunes produits venus de Souakem; ils ne sont pas encore habitués aux courses soutenues.

Le cheikhr lança un coup d'œil vers le jeune chamelier; celui-ci baissa la tête et garda le silence.

— Savez-vous si Mohammed[1] est au Caire ou à Alexandrie? demanda un des étrangers.

— Je crois que vous le trouverez au Caire, répondit le cheikhr.

— Tant mieux; nous venons de la Mekke, et le Grand Chérif nous a remis des dépêches de la plus haute importance.

—Voilà des courriers bien bavards, dit en grommelant, un vieux chamelier.

— Il faut avouer qu'ils ne sont guère propres à garder un secret. Est-ce ainsi que l'on divulgue les affaires qui vous sont confiées? répondit un second.

— Les Bédouins ne divulguent jamais que ce

---

[1] Les Bedouins sont peu cérémonieux : ils appellent toujours les grands par leur simple nom sans y joindre leurs titres. Par Mohammed, l'Arabe voulait désigner Mohammed-Ali-Pacha.

qu'ils veulent que l'on sache, dit un troisième. Je gagerais que ce sont des espions, envoyés par les grands de la Mekke pour s'informer de ce qui se passe en Égypte.

— Au reste, que nous importe? si le Renard[1] est dépisté par nos frères du Hedjaz, nous en profiterons aussi bien qu'eux.

— Taisez-vous, mes amis, dit le cheikhr aux chameliers, et continuez à marcher vers Suez. Puis, s'adressant aux étrangers : Depuis combien de temps êtes-vous partis de la Mekke? leur demanda-t-il.

— Depuis vingt-cinq jours.

— C'est bien marcher. Avez-vous besoin d'eau ou de vivres?

— Fais-nous remplir cette zimzémié[2], elle nous suffira jusqu'au Caire. Dieu veuille qu'on vous rende le même service dans la même occasion! Le Bédouin hospitalier est comme un puits que la Providence a creusé dans le désert.

Leur demande fut satisfaite, et on se sépara très-contens les uns des autres.

---

[1] Mohammed-Ali-Pacha. Les Bédouins d'Égypte ne souffrent qu'avec impatience le joug du vice-roi.
[2] Outre en cuir.

— Regardez derrière vous, dit le vieillard au jeune homme qui s'était trompé, et remarquez la tournure de vos frères du Hedjaz, afin qu'une autre fois vous ne les preniez pas pour des montagnards du Sinaï.

12 décembre. — Le désert du Caire à Suez présente une surface unie et admirablement disposée pour un chemin de fer : on pourrait même provisoirement établir une communication au moyen de voitures traînées par des chevaux[1]; et si le pacha d'Égypte pouvait se dégager de ses préjugés, le commerce des Indes et de l'Europe se ferait par son territoire, qui deviendrait alors une des positions les plus importantes du globe. Le Caire et Alexandrie reprendraient l'ancienne opulence que la découverte du cap de Bonne-Espérance leur a fait perdre; et les Osmanlis, coupables d'avoir laissé envahir par les sables le canal qui faisait jadis communiquer le Nil avec la mer Rouge, se réhabiliteraient aux yeux des deux mondes, s'ils rétablissaient des relations que la vapeur rendrait plus rapides, plus régulières et moins dispendieuses qu'autrefois.

[1] Depuis mon retour, une compagnie anglaise a, dit-on, établi sur ce point un service régulier de voitures à l'instar de celles d'Europe.

La caravane était en marche depuis long-temps, lorsqu'un Bédouin, qui s'était avancé pour faire cuire du pain, aperçut deux hommes qui l'observaient de loin et qui semblaient se disputer entre eux. Le Bédouin retourna sur ses pas et vint informer le cheikhr de ce qui se passait.

— N'as-tu aucun soupçon de ce que peuvent être ces hommes? dit le cheikhr.

—Non ; leur costume est étrange, et ne ressemble pas à ceux de ces contrées.

— Sont-ils à pied ou à cheval?

— A pied.

— Deux hommes à pied au milieu du désert ne sont pas seuls; cela me paraît louche, il faut que je l'éclaircisse.

Deux cavaliers partirent, d'après ses ordres, et se dirigèrent vers la fumée provenant du feu que leur compagnon avait allumé. Nous les perdîmes de vue un moment; mais ils revinrent bientôt, conduisant devant eux deux prisonniers que nous reconnûmes pour des paysans égyptiens lorsqu'ils nous eurent rejoints.

— Mes amis, leur dit le cheikhr, comment se fait-il que vous vous trouvez presque nus au milieu du désert, à une si grande distance de toute habitation? Le fellah[1] est, vous le savez, comme le buffle, il lui faut de l'eau, et ce n'est pas volontairement qu'il s'écarte des rivages du Nil.

— Aussi ce n'est pas de notre propre gré que nous nous trouvons dans ce lieu.

— Voyons, racontez-moi votre histoire et ne me cachez pas la vérité.

— Hélas! répondit l'un d'eux, nous sommes des domestiques d'un riche marchand du Caire, qui a un beau magasin dans le khan Khalil[2]. Il y a quatre jours qu'il partit de la ville avec son harem pour aller au pèlerinage de la Mekke, et c'est avec joie que nous avions suivi notre maître pour accomplir ce saint voyage. Le troisième jour nous devions arriver à Suez, et comme nous étions fatigués de la route, nous sommes montés sur un chameau dont le balancement n'a pas tardé à nous plonger dans un profond sommeil. Il était jour quand la chaleur nous a éveillés, et nous avons vu avec effroi que nous étions seuls et que notre chameau broutait tranquillement les broussailles dans un lieu où nous ne trouvions aucune trace de chemin.

[1] Nom que l'on donne aux paysans égyptiens.
[2] C'est le nom d'un bazar du Caire.

— Et votre monture qu'est-elle devenue?

— Nous venions de descendre pour prier Dieu de nous remettre sur notre route, et nous crûmes que nous avions été exaucés lorsque nous vîmes arriver vers nous des hommes montés sur des dromadaires. Nous sommes allés au-devant d'eux; mais quel a été notre étonnement, quand nous nous sommes aperçus que nous étions tombés entre les mains d'une bande de voleurs qui nous ont pris notre monture et nous ont laissés dans l'état où vous nous voyez! Cependant ils ne voulaient pas notre perte, et ils nous ont indiqué la direction que nous devions prendre pour arriver jusqu'à ce chemin; nous l'avons suivie, et nous nous sommes aperçus d'une colonne de fumée. Mais au moment où nous allions nous diriger de ce côté, votre Bédouin est venu vous donner l'alarme, et vos cavaliers, nous ayant rejoints, nous ont amenés devant vous.

— Votre histoire serait merveilleuse si elle était vraie; mais j'ai des raisons pour en douter.

— Comment vous refusez-vous à nous croire?

— Jurez-en par votre barbe.

— Hélas! nous n'en avons pas.

— D'où vient que vous êtes privés d'une chose qui fait l'ornement de l'homme?

— Ce sont les voleurs qui nous l'ont coupée en signe de mépris.

— Il s'est trouvé un barbier bien à propos dans le désert; vous mentez. Le bœuf assujetti à labourer les champs porte sur l'épaule le signe de la servitude, et vous, qui n'avez pas de barbe, vous avez subi le joug de Mohammed-Ali, vous avez des moustaches de soldat; vous êtes des déserteurs. Je vous déclare prisonniers, et vous serez remis, en arrivant à Suez, au gouverneur du pacha.

A ces mots, les traits des Fellahs présentèrent les signes de la stupéfaction. Tout d'un coup, rompant le silence, celui qui n'avait pas parlé prit la parole et s'exprima en ces termes :

— La vérité est ce que vous dites, père. Ce que mon compagnon vous a raconté est faux. Nous nous sommes mis en marche du Caire avec le 16º régiment, dont nous faisons partie. La douleur d'avoir perdu notre liberté nous a fait résoudre à déserter, et, avant que le camp ne partît, nous nous sommes cachés en laissant nos armes dans notre tente; ensuite, de peur d'être reconnus, nous avons jeté nos habits d'ordonnance, qui nous auraient trahis, et nous sommes restés avec cette simple chemise. Nous n'avions ni bu ni mangé depuis avant-hier au soir, et nous mourions de faim et de soif, lorsque nous avons tenté de venir vers vous, dans l'espoir que vous viendriez à notre secours; mais, puisque nous nous sommes livrés à vous, ne nous perdez pas.

Les Européens de la caravane furent touchés de leur récit; ils les prirent sous leur protection et leur promirent d'obtenir leur grâce du colonel. Le soir, nous arrivâmes à Suez, et le lendemain les déserteurs rentrèrent dans leur compagnie, sans avoir eu à subir aucune punition. Quelle aversion les fellahs doivent-ils avoir pour le service militaire, lorsqu'ils s'exposent à de pareils dangers dans l'espoir de s'en délivrer !

M. Chedufau[1] avait apporté des lettres de recommandation, du Caire, pour un négociant de Suez, qui voulut donner à dîner à tous les Européens. Nous fûmes servis dans un salon orné de plusieurs moucharabies[2]; mais le maître ne voulut pas se mettre à table avec nous. Était-ce par modestie ou par fanatisme? c'est ce que je ne puis assurer positivement. Ce repas se composait d'une vingtaine

---

[1] C'est le nom du médecin en chef de l'expédition. M. Chedufau est un élève du baron Larrey ; il est natif de Bagnères de Bigorre.

[2] Jalousies orientales.

de petits plats. L'eau que nous bûmes était celle de la pluie, que l'on recueille dans des citernes; elle nous parut délicieuse, après celle que nous avions eue dans le désert. Le négociant devait aussi nous embarquer sur un bâtiment aux frais du pacha. Il promit de nous donner le meilleur voilier, et de le faire commander par un capitaine expérimenté. Il nous assura qu'il l'avait frété exprès pour nous, et qu'il n'y embarquait aucun pèlerin. Nous verrons bientôt de quelle manière le digne homme sut tenir ses promesses.

II

18 décembre. — Vers le soir, nous abattîmes nos tentes, et une felouque remorquée par six vigoureux rameurs nous conduisit à bord du bâtiment qui devait nous transporter à Djeddah. Ce fin voilier qu'on nous avait promis se nommait Abou-Djamous (le Père Buffle), et, à son gabari et à ses

agrès, il était facile de voir qu'il avait les allures aussi lestes que celles de l'animal, dont on lui avait si justement donné le nom. En approchant, nous entendîmes un bourdonnement confus, et lorsque nous eûmes accosté le navire, j'aperçus, en mettant le nez au-dessus du bastingage, un guêpier de pèlerins, hommes, femmes et enfans, serrés les uns contre les autres comme des harengs dans un tonneau.

Le bâtiment est très-lourd, dis-je en moi-même, et les pèlerins y pullulent. Ces deux promesses du négociant ne sont guère bien remplies. Voyons au moins si le capitaine a meilleure mine. Je vis, assis sur la banque de quart, si on peut l'appeler ainsi, un homme de quarante-cinq ans environ : il avait l'air honnête mais très-incapable. Je ne pensai pas que ce fût le raïs [1] du navire; cependant il s'annonça comme tel, et il ne me fut plus permis d'en douter. Je m'approchai de lui, et je m'aperçus qu'il était borgne; son second œil était rouge et couvert d'une tache blanchâtre : il ne valait guère mieux que le premier.

Outre le capitaine, tous les bâtimens arabes qui

---

[1] Nom arabe du capitaine ou patron.

font le trajet de Suez à Djeddah ont un pilote; je voulus le voir pour savoir à quoi m'en tenir sur son compte. Je m'adressai à un marin d'un âge avancé et lui demandai où était le roubban ¹.

— C'est moi-même, me dit-il.

— Je suis très-heureux de faire le voyage sur un bâtiment où tu te trouves, et ton aspect m'annonce que tu dois avoir une parfaite connaissance de la mer.

— Ahmed peut se flatter d'être au fait de son métier, sans faire tort à sa modestie.

— Je n'en doute nullement.

— Tu en seras encore plus certain quand tu sauras que j'ai vu échouer sous mes pieds six bâtimens qui m'ont été confiés à diverses époques : quand on est passé par ces épreuves, on doit être au fait de son métier.

— S'il en est des marins comme des cavaliers, qui, pour acquérir de la solidité à cheval, doivent tomber plusieurs fois, tu dois connaître ton état mieux que personne. Cependant, si tu tâches de te dispenser d'une septième expérience avec l'Abou-Djamous, je t'en serais très-reconnaissant.

---

¹ Nom arabe du pilote.

— « Allah-Kerim, » fut sa seule réponse, « Dieu est magnifique. »

Mes compagnons de voyage firent des réclamations; mais il n'en fallut pas moins accepter l'Abou-Djamous, le capitaine et le pilote. Seulement, on évacua quelques pèlerins, qui eurent le soin de revenir furtivement pendant la nuit, et les marins les firent cacher à fond de cale sous les marchandises.

Ce soir-là, nous profitons de la haute marée pour passer le canal, et *le Buffle* vient mouiller en pleine mer par dix brasses d'eau.

19 décembre. — Pendant la nuit, les matelots avaient tâché de mettre un peu d'ordre dans cette Babel; le matin ils hissent l'antenne de leur voile, et pendant tout le jour nous longeons la côte d'Asie par une faible brise de nord-nord-est. Nous doublons *Aioun-Moussa*, les Sources de Moïse, espèce de puits artésiens que l'habile législateur des Juifs sut rendre féconds en pratiquant une ouverture avec sa baguette. Nous passons successivement devant *Hamam-Pharaoun*, ou Bain de Pharaon, qui possède une source thermale, et nous venons jeter l'ancre à une encâblure du rivage, par cinq brasses de fond, protégés contre le vent par une haute

montagne dont la base est baignée par la mer.

20 décembre. — On sait que les Arabes ne naviguent pas pendant la nuit, car ils redoutent les écueils innombrables dont la mer Rouge est couverte. Il y a sur la rive diverses stations connues des pilotes, espèce de caravansérails où le bâtiment trouve tous les soirs un abri. Les matelots, se reposant pendant la nuit, n'ont pas besoin de dormir durant le jour, et l'organisation des quarts n'est nullement nécessaire.

La même brise nous accompagne ce jour-là comme la veille. Nous naviguons constamment sur cette partie de la mer Rouge que les Arabes nomment Birket-Pharaoun (Étang de Pharaon). C'est là que, selon l'auteur de *la Moïsiade*, les poissons ébahis regardaient passer les Israélites. Plusieurs écrivains, et Niéburn entre autres, ont écrit de graves dissertations sur ce miracle, je prends la liberté d'y renvoyer mes lecteurs. Le soir, le capitaine désire entrer dans l'ancrage d'Abou-Selima, mais le pilote veut pousser un peu plus loin, et nous venons mouiller par six brasses d'eau à deux milles du rivage, vis-à-vis la montagne de Marchad.

21 décembre. — Nous naviguons au milieu de

ces écueils, qui rendent si périlleuse la navigation de la mer Rouge; nous avons le bonheur de les franchir sans accident. A dix heures du matin, un matelot placé en vigie annonce le port de Tor; à midi, nous jetons l'ancre et nous venons nous échouer mollement sur le sable, en face de *Beled-el-Nassara* [1]. Il y avait dans ce moment une vingtaine de navires venus de Kosseir, d'Iambo et de Djeddah: ils se rendaient à Suez pour transporter les troupes de Mohammed-Ali en Arabie.

Le port est fermé par une petite anse que les montagnes mettent à l'abri du côté de la terre, et, vers la mer, des bas-fonds le protégent contre les grosses lames qui viennent s'y briser. Il est rare qu'un bâtiment passe devant Tor sans s'y arrêter pour y faire de l'eau. Les sources qui la fournissent sont près d'un village situé vers le sud. Cette eau est saumâtre, mais on peut en acheter de la bonne aux Bédouins.

Nous allâmes visiter un jardin que nous apercevions au nord au pied des montagnes qui longent la mer. Il est uniquement planté de dattiers qui

---

[1] Le village des chrétiens, ainsi nommé à cause de sa population qui professe le rite grec. Les musulmans ont établi leurs demeures un peu plus loin vers l'intérieur.

appartiennent au monastère du mont Sinaï. Une tour en briques crues sert de résidence aux religieux qui viennent à Tor pour accompagner les pèlerins chrétiens qui viennent visiter ces lieux, fameux dans les annales juives. A côté de la tour, on remarque une source d'eau thermale dont la température s'élève environ à quarante degrés Réaumur. Elle sort du pied de la montagne par une petite ouverture, et on la reçoit dans un bassin en maçonnerie recouvert d'une toiture. On pénètre sur le bord par un petit corridor. Le Grec qui nous servait de guide nous engageait à prendre un bain, en nous disant que tous les pèlerins qui abordaient à Tor pratiquaient cet usage.

L'excédant de l'eau s'écoule à travers le jardin des moines, qui en arrosent leurs dattiers; après l'évaporation elle laisse un sel très-blanc sur le sol.

Tor doit son existence aux pèlerins chrétiens qui viennent visiter le mont Sinaï [1]. L'ancien village est en ruines; le nouveau est bâti, au sud, avec des pierres de madrépore. Il possède un petit bazar où tout se vend excessivement cher depuis le passage des troupes égyptiennes. Les habitans

---

[1] En arabe Djebel Sina.

tirent aussi un bon revenu de la pêche du corail, et de celle des poissons, qu'ils ont le soin de saler. J'ai remarqué sur le rivage deux petites pirogues formées d'un seul arbre; on prétend qu'elles sont apportées de l'Inde par les bâtimens qui font le commerce entre Bombay et Djeddah.

A côté du village, on voit un chantier de construction où se trouve en ce moment une chaloupe que les calfats enduisent de poix avec la main; j'ai beau leur expliquer de quelle manière on procède en Europe, ils n'en persistent pas moins à trouver leur méthode supérieure à la nôtre.

Au sud, on distingue encore les ruines d'un fort qui a dû être très-bien bâti. Les Osmanlis le firent construire au commencement du seizième siècle, pour s'opposer aux flottes portugaises qui, depuis la découverte du passage du cap de Bonne-Espérance, faisaient des apparitions menaçantes sur la mer Rouge.

22 décembre. — Je suis réveillé par les cris des matelots, occupés à hisser la voile gonflée par la brise de terre. A peine hors du port, nous sommes surpris par un calme plat, et l'Abou-Djamous se balance mollement sous la lame jusqu'à deux heures du soir. Attirés par le beau temps, les pèlerins,

qui s'étaient cachés à notre départ de Suez, ne craignant plus d'être expulsés, sortent de la cale par tous les trous et viennent sépanouir au soleil. Ces pauvres gens sont aussi serrés que les spectateurs du parterre d'un théâtre à une première représentation, et leur supplice doit durer plusieurs semaines; jusqu'à ce que le vent nous aie conduits à Djeddah. Dans les momens où la manœuvre exige de la promptitude, les marins, pour aller de l'avant à l'arrière du bâtiment, marchent sur leurs corps comme sur des ballots de marchandises, et tous supportent ce désagrément sans proférer la moindre plainte.

De petites chaloupes occupées à la pêche du corail, poussées par de vigoureux rameurs, glissent légèrement sur la surface de la mer, tandis que notre Buffle reste immobile. A quatre heures, on jette l'ancre, une felouque est armée, et nous venons nous promener près de la côte, en compagnie des dauphins qui montrent leur dos brillant au-dessus des eaux. Dans certains parages, les calmes sont insupportables; mais on se résigne facilement quand on a devant soi les monts Sinaï d'un côté et la chaîne Libyque de l'autre. Une journée entière n'est pas trop quand on peut contempler des sites où se rattachent des souvenirs historiques aussi puissans.

23 décembre. — Le vent fraîchit légèrement et semble suivre la même progression que le soleil, qui vient de se lever derrière les montagnes de l'Arabie. Quittons le Sinaï, où Moïse reçut la loi; les montagnes d'Égypte, illustrées par les moines chrétiens émules de ceux de la Thébaïde; laissons le passage où Pharaon s'engloutit vivant avec son armée : le cap que vous voyez en face a aussi son illustration; mais celle-ci est plus moderne, elle appartient à l'époque de l'hégire musulmane. Un marabout, serviteur du prophète, lui a donné son nom; les Arabes l'appellent Raz-Mohammed[1], et le pilote vous en racontera la légende. Aujourd'hui, si le temps nous protége, nous le verrons de près.

En ces parages, la côte est toute parsemée d'écueils et de bas-fonds, et vous le reconnaissez facilement à la couleur de l'eau ou aux vagues qui viennent s'y briser. L'île de Tiran ou des Taureaux, rocher stérile qui s'élève à l'entrée du golfe de l'Akaba, comme pour jalonner votre route, commence à

---

[1] Cap Mohammed.

sortir au-dessus des flots ; mais la voile bat contre le mât, le vent a manqué tout-à-coup ; la journée de demain seulement nous laissera contempler ce que nous n'avons fait qu'entrevoir aujourd'hui.

24 décembre. — Une forte brise du nord nous porte rapidement sur Raz-Mohammed. Les montagnes finissent ici brusquement ; mais elles sont coupées par de nouvelles chaînes qui s'étendent jusqu'à l'Akaba, où viennent aussi se réunir celles qui longent la rive opposée ; jusqu'au cap les bâtimens longent la côte; mais là ils sont obligés de doubler le golfe, afin de venir joindre le rivage qui se continue dans la même direction jusqu'au détroit de Bab-el-Mandeb.

La traversée n'est pas longue, mais elle n'en paraît pas moins dangereuse à des marins habitués à suivre les rives comme les matelots qui naviguent sur les fleuves. Ceux qui connaissent les mœurs des marins de la Méditerranée doivent se rappeler qu'un bâtiment ne sort jamais de certains ports sans que le mousse, comme la personne la moins indigne de l'équipage, n'adresse une prière à Notre-Dame, afin qu'elle daigne accorder au navire une pêche heureuse, ou une traversée sans danger. Partout les mêmes causes produisent des effets analogues; ici les imans [1] des bâtimens arabes se mettent sous la protection du serviteur du prophète, et lui adressent une prière pleine de ferveur. Les matelots, encouragés par la cérémonie religieuse, se livrent sans défiance à la merci de la mer, et ce n'est que par une pure forme que le pilote exhume de dessous la poussière la boussole dont l'aiguille n'est pas toujours aimantée; car il est persuadé que le marabout le guidera dans le vrai chemin. Ensuite, comme tout service mérite récompense, l'iman prend une soucoupe taillée en forme de navire, et se promène sur le bâtiment en recueillant les offrandes des pèlerins et des voyageurs.

Favorisés toujours par la même brise, nous doublons les îles de Tiran et de Sanafi; mais, au milieu du golfe, le vent souffle avec violence, la mer moutonne fortement, et le Buffle commence à em-

---

[1] Le nombre des musulmans qui vont à la Mekke ou qui en reviennent étant très-considérable, il se trouve à bord de presque tous les navires des cheikhrs ou imans qui reçoivent le passage gratis et qui mangent à la table des matelots ou du capitaine. Ces cheikhrs remplissent ici bénévolement les fonctions de prêtre. Ils consolent les malades, donnent le signal de la prière ou des ablutions, invoquent la protection du ciel dans les momens critiques, saluent par une prière les tombeaux des santons et des marabouts qui se trouvent sur la rive, etc. La présence de ces hommes est très-consolante pour ceux qui les entourent, car ils ont tous une foi.

barquer quelques vagues. La position n'est pas rassurante; cependant elle n'offre pas encore de graves dangers. Le temps eût été magnifique pour un navire ponté; mais le nôtre ne l'est pas; comme le vent vient de l'arrière, le roulis est considérable, et une fausse manœuvre du timonnier peut nous envoyer rejoindre quelque bâtiment échoué des flottes de Salomon.

Pour couper court au mal, le pilote quitte la partie, et vient se réfugier à l'abri d'une île qui se trouve à babord. Tous les pèlerins, hommes et femmes, veulent prendre terre afin de délier leurs membres engourdis. Cette île, ou plutôt ce rocher, ne présente pas la moindre végétation; il est couvert d'un détritus de coquillages et de squelettes étranges d'oiseaux et de poissons.

25 décembre. — Nous avions le cap sur la dernière de ces îles échelonnées à l'entrée du golfe de l'Akaba; nous naviguions au plus près avec les amures à tribord. Le vent devint contraire vers le soir, et nous mouillâmes au milieu de brisans qui se prolongent jusque sur la côte d'Arabie. La voile est serrée; un matelot prend une corde armée d'un crochet de fer; il plonge et va le fixer dans le creux d'un rocher; un moment après, le navire s'abat, et nous

voyons que l'on se dispose à passer la nuit au milieu des écueils, n'ayant qu'un seul câble à la mer et exposés à des lames allongées, restes de la tempête de la veille.

Vers minuit, le pilote, voyant le danger du mouillage, se dispose à le quitter, et se dégage heureusement de ce réseau d'écueils, malgré l'obscurité. Il y a un Dieu pour les marins arabes, comme on dit qu'il y en a un en Europe pour une autre espèce de gens.

II

I

Kala-Moilah, station des pèlerins. — Mœurs des Bédouins de la côte. — Déba. — Puits d'eau douce. — Coquillages. — Ile de Naaman. — Estabel-Antar. — Cavernes. — Ile de Kamérin. — Aouech. — Écueils. — Courans.

II

Mouillage de Djebel-Hassan. — Pêcheurs arabes. — Esquifs. — Rencontre d'un bâtiment au mouillage. — Anglais. — Iambo. — Iambo-el-Bahar. — Iambo-el-Nakhral. — Brouillard. — Conteurs arabes. — Dja. — Raz-el-hama. — Raboghr. — Oum-el-mech. — Tual. — Chronique scandaleuse du bord. — Obhor. — Arrivée à Djeddah. — Ramadan.

I

26 décembre. — Les montagnes de l'Afrique ont disparu à l'horizon, nous voici sur la terre classique du mahométisme. Les constructions que vous apercevez à bas-bord, à travers les manœuvres, appartiennent à Kala-Moïlah. Cette forteresse, qui renferme une garnison de cinquante hommes, sert de

station aux caravanes du pélerinage. On y trouve de l'eau saumâtre, de l'orge pour les animaux et de la farine pour les pauvres qui suivent le convoi sacré. Le vice-roi d'Egypte a grand soin de pourvoir toutes les années à l'approvisionement de cette station, pour prouver à ces voyageurs religieux tout son dévouement pour la foi musulmane.

Le pilote me fait remarquer un groupe de dattiers: ce sont les premiers que l'on distingue depuis Tor. En voyant leur fût élevé, on dirait des mâts de navire balancés par le vent. Sans trop savoir pour quel motif l'aspect d'un palmier qui s'élève au-dessus d'une terre stérile procure des émotions plus douces que la vue des plus belles forêts, avec tout le luxe de leur végétation, j'ai connu cependant des Européens qui comparaient cet arbre à un manche à balai renversé.

— Où aborderons-nous ce soir? demandai-je au pilote.

— Où Dieu nous conduira.

J'avais prévu cette réponse; les marins arabes ne vous en donnent jamais d'autre.

— Mais enfin, lui dis-je, si la brise qui nous pousse continue jusqu'à la nuit, où iras-tu prendre terre?

—Si Dieu le permet, nous jetterons l'ancre dans une petite anse nommée Déba, qui offre un excellent mouillage.

—Pourrons-nous quitter le bâtiment sans danger?

—La côte est habitée par des Bédouins qui spéculent sur les navires qui passent : ils leur fournissent de l'eau, du charbon et de la viande; mais il est d'usage qu'en arrivant on leur fasse un cadeau, qui consiste en farine ou en biscuit. Les céréales leur font beaucoup de plaisir, car ils n'en récoltent pas.

— Et si l'on voulait s'en dispenser ?

— Ce ne serait pas prudent; car, en cas de naufrage, ils sont les maîtres absolus de la vie de l'équipage. On a vu d'ailleurs des marins qui, pour avoir voulu se soustraire à cet usage, ont eu leurs câbles coupés pendant la nuit et sont allés s'échouer sur le rivage ; d'autres ont été éveillés en sursaut par l'eau qui envahissait leur navire, et l'on découvrait que les Bédouins avaient furtivement enlevé un bordage pour les faire périr.

A l'entrée de la nuit, nous entrons dans Déba. Un feu qui brille sur la plage nous annonce la présence des Bédouins. Deux d'entre eux s'embarquent sur un petit radeau formé de quatre troncs d'arbres liés avec des cordes de palmier. Dès que leur frêle embarcation eut accosté l'Abou-Djamous, le plus âgé vint nous rendre visite à bord, et nous demanda quelques provisions. L'iman fit une collecte générale qui était destinée aux visiteurs, et il criait à haute voix : « O vous qui êtes dans l'abondance, donnez quelque chose aux Arabes ; car la terre que vous apercevez forme leur héritage depuis que Dieu l'a cédée à leurs pères, Abraham et Ismaël. »

Le produit de la quête est remis aux Bédouins, et ils s'empressent de retourner auprès de leurs familles.

27 décembre. — Le lendemain matin, les Bédouins avaient disparu : on eût dit que la côte était inhabitée ; cependant quelques tas de charbon et de bois à brûler, symétriquement disposés sur la rive, annoncent le travail et la présence de l'homme.

— D'où vient, dis-je à un matelot, que je ne vois personne en ces lieux, pour garder ces objets, qui cependant doivent être la propriété de quelqu'un ?

— Ce qui est livré à la bonne foi publique est sacré pour les indigènes et pour les équipages.

— Mais cependant il pourrait se trouver ici quelque voleur : car tu sais qu'on en rencontre partout.

— Tu crois donc que personne ne t'observe ?

Rappelle-toi qu'il y a derrière les rochers un œil qui ne te perd pas de vue : si tu touchais à la moindre des choses, tu serais entouré à l'instant, et tu paierais ces bagatelles bien au-dessus de leur cours.

Depuis Tor, nous n'avions pas trouvé d'eau douce, la chaleur avait fait corrompre celle qu'on y avait prise. La provision de l'équipage et des pèlerins était épuisée. Le pilote avait annoncé que nous en trouverions à Déba d'une bonne qualité. Je suivis les matelots, qui étaient munis de ghirbès[1], et j'arrivai, au bout de deux minutes, en présence de grands puits construits en pierres de taille. Ils étaient en très-bon état et avaient de quinze à vingt pieds de profondeur sur huit de large. A quelques pas de là s'élevaient plusieurs groupes de palmiers d'une espèce particulière, que les Arabes nomment *doum*.

Du côté de l'est, on voit surgir brusquement des montagnes qui s'entr'ouvrent pour laisser un passage fréquenté par les Bédouins. Je grimpe sur un des pics les plus voisins, et je ne découvre au-dessous de moi que des mamelons stériles, qui

---

[1] Mot arabe qui signifie *outre*.

renferment une grande quantité de coquillages pétrifiés. A la faveur du lieu où je suis placé, je vois plusieurs hommes déboucher à travers les collines : ils amènent avec eux des chèvres et des moutons, espèce de monnaie vivante, qui procure à leurs maitres les objets d'échange apportés par les navires.

On a peine à concevoir que des êtres organisés comme nous puissent vivre au milieu d'une nature aussi avare ; et cependant ces hommes sont plus attachés que nous au sol de leur patrie, et ils souffrent plus que nous dans l'exil. Comme ces plantes sobres mais vigoureuses qui se cramponnent dans les fentes des rochers les plus stériles, les Arabes se complaisent sur cette terre désolée et se perpétuent depuis des siècles dans ces lieux où nous mourrions inévitablement de faim si nous y étions amenés par notre destinée.

28 décembre. — La veille, à l'entrée de la nuit, les matelots et les passagers étaient entrés dans le navire comme les limaçons dans leur coque, et le lever du soleil retrouva tout le monde à la place qu'il occupait auparavant. Cependant, sur l'arrière, personne n'avait pu dormir; chacun de nous avait apporté de terre des coquillages qui s'amusaient à

courir sur la côte, et nous les avions mis dans un coin de la chambre, sans prendre aucune précaution contre leur humeur voyageuse. Nous venions d'éteindre notre fanal, et nous nous disposions à nous livrer au sommeil; mais nos prises, qui se croyaient peut-être encore sur la plage, se vengèrent en envahissant nos lits, et il nous fut impossible de nous en débarrasser complètement. Il fallut se résoudre à veiller jusqu'au jour, et les musulmans riaient sous cape, en disant que nous avions mérité ce qui nous arrivait, puisque nous n'avions pas eu honte d'introduire chez nous des animaux impurs.

Mais, en revanche, ces bons mahométans étaient la proie de certains insectes que l'on ne trouve guère en Europe que chez les mendians. Grâce à la chaleur et au peu de soin que les pèlerins avaient de leur personne dans un lieu si resserré, ils pullulaient tous les jours d'une manière effrayante. Les pèlerins étaient constamment occupés à les pourchasser, et les matelots, renonçant à les attaquer individuellement, les exterminaient en masse, en prenant un gros boulet en fer qu'ils faisaient rouler sur leurs hardes après les avoir étendues sur le pont.

Malgré cette occupation, on avait levé l'ancre, et nous avancions vers l'île de Naaman, qui possède un petit port où se trouvaient en ce moment une foule de bâtimens qui se dirigaient vers Suez et Kosséir. Nous avions à l'horizon une ligne verdâtre d'écueils formés par le travail des coraux, et le soir nous entrions dans une anse semblable à celle de Déba, mais un peu plus grande. Les gazelles, attirées par notre présence, poussent une reconnaissance de notre côté; mais elles s'enfuient bientôt à toutes jambes vers l'intérieur.

Les bords de la mer produisent beaucoup de plantes propres à faire de la soude. Le terrain offre partout des traces non équivoques du séjour de la mer, les montagnes sont remplies de coquillages et de pétrifications marines.

Ce port est, comme celui de Déba, fréquenté par les Bédouins.

29 décembre. — Le calme règne jusqu'à deux heures de l'après-midi. L'équipage attend le vent sans manifester la moindre impatience, comme un homme qui serait destiné à passer sa vie dans cette position; cependant le capitaine s'écrie : « Voilà la fumée de ma pipe qui se dirige vers l'avant, nous allons avoir la brise en poupe. » En effet, l'eau de la mer commença à se rider, et la voile à se gonfler; bientôt nous découvrons Estabel-Antar (étable

d'Antar), gros bourg qui se trouve sur le passage des caravanes du pèlerinage, et nous entrons dans une anse pareille à celle de la veille.

Un troupeau de chameaux passait non loin du rivage. Nous débarquons, et, en examinant le site qui se présentait à moi, je remarquai à travers une ouverture de rocher quelque chose qui se mouvait, sans pouvoir distinguer précisément ce que c'était.

—Ne voyez-vous pas, dis-je à un de mes voisins, un objet étrange au fond de ce trou obscur?

— Il me semble, en effet, voir quelque chose d'assez drôle; mais je ne pourrais pas dire au juste ce que c'est.

— Ça me semble un hibou, dit un individu qui avait entendu ma demande.

— Je croirais plutôt que c'est un chacal, répliqua un autre.

— Ou un renard, reprit un troisième.

— Et moi, je parierais pour une fouine, s'écria un médecin.

— Hibou, chacal, fouine, renard, je ne sais pour lequel me décider, dit le dernier; mais il est un moyen bien simple pour s'en assurer : l'animal ne bouge pas, et un coup de fusil bien ajusté éclaircira l'affaire.

Il allait prendre son arme des mains de son domestique, lorsque le capitaine, qui avait été attiré vers nous par la curiosité, s'aperçut de son intention :

— Arrête, imprudent! lui dit-il : tu vas tuer un homme.

Nos regards se portèrent en même temps sur le capitaine. Quelques-uns doutaient encore; mais ceux qui tenaient pour vrai ce qu'ils venaient d'entendre s'estimaient fort heureux que le raïs fût arrivé si à propos.

Le Bédouin, en apercevant le mouvement de notre compagnon, avait jugé prudent de battre en retraite, et il s'était retiré dans la caverne. Il mit un moment après le nez à la fenêtre, et, voyant que le danger était passé, il sortit, tenant d'une main un vase plein de lait, et traînant de l'autre une chèvre qu'il avait arrachée de son antre. C'était un petit vieillard avec une figure basanée, une barbe de bouc d'un blanc de neige et un œil perçant comme celui d'un lynx.

— Bonhomme, lui dîmes-nous, tu as failli devenir la victime d'une fatale méprise, et nous te devons un dédommagement pour la frayeur que nous t'avons causée.

—Le dernier jour du vieux Ali n'était pas encore arrivé. Vous aviez beau faire, ma mort n'était pas inscrite pour aujourd'hui sur le livre du destin.

— Voilà une bourse que nous te prions de recevoir comme un souvenir.

— Un Bédouin avec une bourse dans sa poche est comme un homme qui aurait une écuelle à la main devant une source desséchée.

— Que pouvons-nous faire pour toi?

— Donnez-moi quelques vieilles hardes et un peu de biscuit, et que le Seigneur vous accompagne.

— Nous t'accorderons ta demande très-volontiers ; mais dis-nous pourquoi tu habites une demeure qui serait tout au plus digne d'un renard ou d'un chacal?

— Pourquoi se donner la peine de construire ce que Dieu vous offre tout achevé? Cette grotte renferme ma famille, mon troupeau, et mes richesses, qui ne sont pas grandes, il est vrai. Elle m'abrite contre la pluie et me préserve de la chaleur; c'est tout ce que je souhaite.

En finissant sa phrase, le Diogène arabe poussa un cri perçant, et nous vîmes sortir à l'instant de la caverne une femme maigre, sèche, noire et enfumée; elle tenait par la main deux petits enfans assortis à sa personne; un troisième, plus âgé, les suivait; et, d'après l'ordre du père, qui voulait nous montrer sa demeure, le dernier s'apprêta à nous servir de cicérone.

L'intérieur de la grotte n'était pas assez haut pour qu'on pût s'y tenir debout; des peaux de chèvre et de mouton étendues sur le sol, et quelques ustensiles de bois, en formaient l'ameublement. On avait accroché dans le roc un fusil à mèche et une djambié : trois pierres entouraient le foyer, et la porte servait de tuyau de cheminée. Une vingtaine de chèvres étaient éparses sur le sol, et un enfant, couché dans un hamac en cuir, dormait profondément dans une atmosphère de fumée capable de donner une ophthalmie à tout individu qui n'y aurait pas été habitué.

30 décembre.—Pendant la nuit nous avions été éveillés par les sifflemens sauvages du vent du nord, et notre oreille avait été frappée du bruit monotone d'une mer agitée qui venait se briser avec fracas contre les écueils. Ceux qui ont passé des nuits au mouillage savent tous ce que ce fracas a de terrible poésie. A terre, les sensations de l'orage sont

bien différentes : elles ont un mélange de douceur et de mélancolie; elles sont douces : parce qu'il y a du bonheur à voir un danger dont on est à l'abri; mélancoliques, parce que l'on sent tout ce qu'il y a de douloureux pour ceux qui y sont exposés; mais, dans l'un et l'autre cas, cette situation vous fait éprouver de puissantes émotions.

Cependant, le matin, les eaux n'offraient pas la moindre trace de cette houle qui est si désagréable dans la haute mer, lorsque le calme succède tout d'un coup à l'orage. Nous doublons l'île de Kamerin, et nous venons mouiller dans un petit port nommé Aouech, où nous trouvons un transport qui appartenait à notre expédition. Les environs offrent quelques traces de fertilité, et le passage des troupes a donné à ce lieu un aspect animé, qui prouve l'heureuse influence que les débouchés assurés exercent sur un pays, serait-il aussi peu favorisé de la nature que celui que je décris.

Douze maisons sont bâties sur la plage : elles ont huit pieds de haut et renferment une population de cinquante personnes qui paraissent avoir établi depuis long-temps leur demeure dans ce hameau; d'autres Bédouins étaient accourus de l'intérieur, et ne l'habitaient que provisoirement. Ils avaient dressé près d'Aouech leurs tentes en poil de chameau.

On trouve dans ce port un café construit en branches et recouvert d'algues marines, un four, un bazar où les Bédouins vendent de l'eau douce, du sel d'une blancheur éblouissante, des dattes, du lait, des moutons, des chèvres et du poisson. Quatre ou cinq chaloupes échouées sur la plage servent à la pêche.

Ces Bédouins sont secs, maigres; cependant leurs traits sont réguliers, et ils paraissent jouir d'une bonne santé. Ils portent une chemise blanche, des souliers en peau de chèvre ou de chameau; ils ont de la barbe et une longue chevelure. Leurs armes sont le fusil à mèche, la lance et la djambié.

31 décembre. — Le capitaine nous annonce que nous allons entrer dans un labyrinthe d'écueils des plus dangereux. L'iman salue à haute voix le santon placé sur une île, et lui demande une heureuse navigation. Le navire avance lentement au milieu de cette masse de coraux; des montagnes arides à bas-bord et des écueils du côté de la haute mer forment notre horizon. Ici se présente encore un nouveau danger : c'est celui des courans, dont la

direction varie selon la direction de la marée. La mer mugit contre les brisans et se couvre d'écume. On voit, à travers les eaux, un lit de roches effrayantes qui effleurent la quille de l'Abou-Djamous. Les courans, devenus plus forts, nous entraînent avec une rapidité effrayante contre un bas-fond. Pour la première fois l'équipage s'émeut; nous ne sommes séparés que d'une demi-encâblure du danger qui nous menace. Les pèlerins recommandent leur ame à Dieu. Le capitaine et les matelots adressent des vœux au ciel; mais un beau nègre, d'une force prodigieuse, prend la barre et parvient à la mettre sous le vent. Le bâtiment obéit et nous sommes sauvés.

II

1er janvier 1834. — L'année qui venait de s'écouler devait compter au nombre de celles qui ont exercé sur ma vie une grande influence. Je l'avais commencée à l'abri du toit maternel, je la finissais sur un mauvais bâtiment arabe, mouillé au milieu d'écueils, au bruit d'une mer mugissante et du vent du nord qui faisait siffler les cordages et crier le grelin d'où dépendait notre destinée. Parti des bords du canal du Languedoc, j'avais pendant cette année parcouru plusieurs provinces de la France et admiré les sites montagneux de la Suisse; j'avais quitté la Provence et sillonné la Méditerranée aux eaux bleues comme un ciel du midi; et l'Égypte, avec son Nil et ses sables, était déjà loin de moi. Cette nuit orageuse était comme un présage; elle m'annonçait la destinée pleine de dangers qui m'était réservée par l'avenir.

La journée fut aussi périlleuse que celle de la veille; mais j'avais acquis l'habitude de contempler sans crainte les roches qui jonchaient notre route. A neuf heures, nous doublons l'île de Tembéia, couverte d'une innombrable quantité de goëlands; et, le soir, le pilote vient prendre un mouillage à l'abri de Djébel-Hassan.

— Cette île me paraît aussi stérile, dis-je au raïs, que celles de Tiran ou de Tembéia; cependant il me semble distinguer des habitans sur la rive.

— Tu ne te trompes pas, me répondit-il, ce

sont des cabanes construites en bois et en plantes marines; elles renferment cinq cents habitans.

— Mais alors l'île doit posséder quelque source?

— Non, les naturels se procurent l'eau sur la terre ferme, et plusieurs felouques sont employées à ce travail.

— Alors il me semble que ces insulaires auraient mieux fait de s'établir sur le continent.

— Ils n'y trouveraient pas un asile aussi sûr que sur Djebel-Hassan. Ici leurs richesses n'ont rien à craindre de la rapacité des Bédouins; car, tels que tu les vois, ces gens-là ne sont pas aussi pauvres qu'on pourrait le croire. Grâce à leur position, ils cumulent ce que leur produit la pêche du poisson et du corail; et plusieurs d'entre eux sont propriétaires de bâtimens qui font le cabotage de la mer Rouge.

— Cependant les Arabes du continent pourraient leur refuser la permission de venir puiser de l'eau chez eux?

— Tous les habitans ont dans leurs cabanes de grandes jarres qui suffisent à leurs besoins pour plusieurs jours, et leurs felouques trouvent toujours moyen de s'approvisionner sur le continent.

En ce moment, plusieurs pêcheurs montés sur des pirogues faites avec un seul tronc d'arbre viennent accoster le navire et nous offrent du poisson. Ces embarcations sont si petites, qu'elles sont toujours à moitié submergées, quoiqu'elles ne soient chargées que du poids d'un seul homme. Les marins les font avancer au moyen d'un bâton terminé aux deux bouts par deux palettes rondes qui leur servent de rames, et ils vident avec une écuelle en bois l'eau qui s'introduit dans leur esquif. Si, en comparant l'Abou-Djamous aux beaux bâtimens d'Europe, je m'étais cru embarqué sur une frêle chaloupe, il me semblait en revanche que je me trouvais sur un vaisseau de haut bord lorsque j'abaissais mes regards sur ces vraies coquilles de noix.

2 janvier. — Après un calme que tous nos vœux ne peuvent parvenir à faire cesser, nous nous établissons dans un cercle d'écueils, et on s'y amarre avec l'intention d'y passer la nuit.

3 janvier. — Une heure avant le coucher du soleil, l'Abou-Djamous vient mouiller d'une manière plus commode et plus sûre dans une anse pareille à celles que nous avions rencontrées auparavant. Un bâtiment nous avait devancés. Ces ren-

contres sont fort agréables dans des parages aussi déserts : le soir les équipages vont se visiter, et passent ensemble quelquefois une grande partie de la nuit occupés à fumer la pipe et à boire du café, donnant et demandant des nouvelles du port qu'ils viennent de quitter. Les aristocrates du bord communiquent entre eux au moyen des chaloupes; mais les simples matelots se jettent à la mer, en ayant le soin de rouler autour de leur tête, en forme de turban, la pièce de toile qui doit leur servir de vêtement.

Plusieurs individus que nous avions pris de loin pour des Indiens se promènent sur le gaillard d'arrière de l'autre bâtiment; mais leur costume ne nous permet plus de douter que ce ne soient des Européens, et il est même très-probable qu'ils sont Anglais. Les Français sont portés par leur caractère mobile et souple à prendre les habits et les mœurs des peuples qu'ils fréquentent. Ils sont Arabes dans le désert, Égyptiens au Caire, et Turcs à Constantinople. John Bull, au contraire, conserve partout ses bottes, ses pantalons collans et l'ignoble frac; il faut même qu'il ait avec lui des cigares, mais surtout du thé. Prenez-le dans l'Inde, en Turquie ou en Amérique, ce sera toujours le type du citoyen de Londres; il ne fait pas de concessions.

4 janvier. — Nous longeons une côte basse et sablonneuse; une chaîne de montagnes assez élevée se dessine sur le second plan. A l'Asser, quelques minarets commencent à surgir à l'horizon; bientôt les remparts et les maisons deviennent plus apparens, et nous annoncent une ville d'une assez grande importance. Une bonne brise nous favorise. « Attention! » crie le capitaine. « La barre à tribord! » L'Abou-Djamous obéissant décrit un quart de cercle, et passe avec rapidité au milieu de deux rangées d'écueils où la vague se brise. « Mouille! » s'écrie encore le raïs. Dans un instant l'ancre est à la mer; nous nous trouvons dans le port d'Iambo.

A la vue de la ville, chaque pèlerin avait mis ses plus beaux costumes, et dès que nous fûmes arrivés, la chaloupe les transporta successivement à terre. Comme les Turcs n'ont pas songé à établir de quai où l'on puisse débarquer un peu commodément, les passagers pauvres se mettent dans l'eau jusqu'à demi-cuisse; mais les matelots transportent sur leur dos ceux qui ont un bacchis [1] à leur

---

[1] *Pour boire.* Les Arabes ne font rien sans rétribution; pas de bacchis, pas d'Arabe.

donner. Quant aux femmes, il faut qu'elles prennent infailliblement le bain : je crois que leurs maris préféreraient les voir se noyer plutôt que de permettre à un homme de les presser dans ses bras, et ils sont trop peu galans eux-mêmes pour se charger de ce fardeau.

Ces braves gens se répandirent dans les bazars et les mosquées, d'autres dans les cafés et les bains, selon qu'ils avaient des provisions de vivres à faire, des prières à adresser à Dieu, ou à se délasser des douleurs de la navigation.

5 janvier. — Nous séjournons à Iambo. Cette ville est la plus importante de la côte depuis Suez ; elle est entourée d'une muraille réparée à neuf et flanquée de plusieurs tours munies de canons nouvellement exportés d'Égypte. Elle a deux portes du côté de terre ; plusieurs autres donnent vers la mer et sur le port. Le terrain où elle est bâtie et celui qui l'environne sont stériles ; mais elle est pourvue de vivres par les Bédouins qui cultivent les vallées voisines. L'établissement le plus riche des Bédouins de cette partie de l'Arabie se nomme Iambo-el-Nakhral (l'Iambo des dattiers), pour le distinguer de celui où nous sommes, et qu'ils appellent Iambo-el-Bahar ou Iambo de la mer. Les habitans possé-

dent un grand nombre de citernes; on apporte aussi de l'eau de source de l'intérieur.

Iambo doit son importance à Médine, où les Musulmans vont visiter le tombeau de Mahomet. Au nombre des marchandises exposées au bazar, je remarquai des citrons, du sel blanc qu'on recueille sur la plage, et du sel gemme d'un très-beau rose que l'on retire des montagnes voisines. La ville sert d'entrepôt aux négocians de Médine. Le port est profond et sûr; les navires ont même l'avantage de venir presque toucher les maisons avec leur beaupré; mais l'entrée est un peu dangereuse par le gros temps, parce qu'elle est parsemée de rochers à fleur d'eau.

La garnison d'Iambo se composait d'une orta [1] de trois cents fantassins arnaoutes.

6 janvier. — Dès que les matelots ont terminé l'arrimage des pèlerins, on lève l'ancre, et nous recommençons notre course. Vers dix heures, un brouillard s'élève au large, et ne tarde pas à nous envelopper. On aurait cru naviguer sur les côtes brumeuses d'une mer d'Europe, et le thermomètre ne marquait que 14° Réaumur. Cepen-

---

[1] Bataillon.

dant, à la faveur des échappées de la brume, on pouvait s'apercevoir que l'aridité de la côte avait fait place à une assez belle végétation, et de temps en temps on voyait des palmiers agiter leur tête à travers les nuages.

Lorsque l'horizon se rétrécit, les sensations de l'homme subissent le même sort, et il rapporte son attention particulièrement sur le petit monde qui l'environne. L'iman qui se trouvait à notre bord était un homme érudit, quoiqu'il n'eût jamais lu que deux livres, le Coran et *les Mille et une Nuits*. Il savait par cœur une foule d'histoires qu'il débitait le soir après que l'équipage avait terminé son travail, et tous les jours il se rencontrait sur le navire quelqu'un qui lui disait comme Dinarzade à sa sœur Scheherazade[1] : « Mon cher iman, si vous ne dormez pas, veuillez me raconter un de ces contes que vous savez. » Et il faut croire que, si le digne prêtre avait été condamné à mort comme la princesse du grand sultan des Indes, on aurait sursis à son exécution pour avoir le plaisir de l'entendre encore une fois.

Les Orientaux font leurs délices de ces contes, et

---

[1] Allusion à la manière dont commencent toutes les nuits de ces contes.

je regrettais vivement de ne pas savoir assez d'arabe pour partager leur plaisir : je ne pouvais que saisir des phrases isolées et les noms qui revenaient sans cesse, tels que ceux de Haroun-el-Raschid et de Giafar, son premier ministre, ou du chef des eunuques Mesrour. Un jour, l'habile conteur parvint presque à magnétiser son auditoire en faisant la description des villes et des empires situés au fond de la mer, et en parlant de la nature des hommes qui les habitent. Je suis persuadé que si un habile comédien se fût présenté au milieu du cercle en feignant de sortir du milieu des flots, on l'aurait pris pour un de ces êtres qui venait de quitter ses palais de cristal, dont les parquets et les plafonds sont formés de topazes ou de fines porcelaines de la Chine.

Dans les contes arabes des *Mille et une Nuits*, auxquels, pour le dire en passant, on aurait dû donner un autre titre, puisqu'ils ne représentent pas plus les mœurs arabes que celles des Français, on parle très-peu des barbiers ; mais, dans les fictions égyptiennes, ces Figaros d'Orient ne sont presque jamais oubliés. Nous avions précisément à bord un barbier du Caire qui luttait avec l'iman : ses contes étaient plus intéressans, plus dramatiques, et il faisait tressaillir de terreur ses auditeurs; mais ceux de l'Arabe du Hedjaz les plongeaient dans une rêverie douce qui faisait épanouir leurs ames de bonheur. C'étaient Racine et Corneille transportés en Orient, et recevant du public arabe les applaudissemens qui ont accueilli sur les théâtres d'Europe les œuvres de ces deux grands génies.

L'auditoire n'était composé que de matelots ou de pèlerins peu aisés, tous gens du peuple habitués à vivre du fruit de leur travail, et les acteurs eux-mêmes n'étaient qu'un simple barbier et un pauvre prêtre arabes, et cependant ces réunions abondaient de poésie. Des hommes qui ne trouvent rien de plus beau qu'un plaisir si innocent ne sont-ils pas plus élégans, plus artistes que ces êtres si nombreux qui composent les classes ouvrières d'Europe, et qui ne trouvent du bonheur qu'à se gorger de vin dans les tavernes et les cabarets? Et cependant je connais beaucoup de gens qui n'en persistent pas moins à considérer la civilisation de l'Orient comme inférieure à la nôtre sous tous les rapports.

7 janvier. — Nous quittons le bon ancrage de Dja, où nous avions passé la nuit. La côte est bordée de sèches qui commencent à Raz-el-Hama.

Vers midi nous dûmes passer le tropique. Les

Arabes ne pratiquent pas l'usage grotesque du baptême, et ils ont tort, car ils se privent d'une scène très-comique et très-divertissante.

L'intérieur des terres présente quelques dunes de sable mouvant, et la mer une double rangée d'écueils dont les sommets apparaissent de temps en temps au-dessus de l'eau : les matelots s'en servent comme d'une borne pour y amarrer notre Argo.

8 janvier. — Les écueils se prolongent jusqu'à Rabokhr, ancrage situé par le 22° 3′ de latitude nord. Un village de même nom habité par les Bédouins est bâti à six milles de distance du lieu où nous sommes. Vu de la pleine mer, il présente un aspect assez agréable; ses environs possèdent un grand nombre de palmiers ; mais il est difficile de se former une idée exacte de la topographie du pays, à cause du mirage, qui déjoue l'observation. C'est là que les pèlerins ont l'habitude de revêtir l'ihram[1],

---

[1] Le territoire qui environne la Mekke est considéré comme sacré par les musulmans. D'après le rite de leur religion, les pèlerins, lorsqu'ils arrivent à cette limite, doivent quitter leurs habits ordinaires et revêtir l'ihram, qui doit être sans couture et n'avoir jamais servi. Cet usage doit être assez connu de mes lecteurs, aujourd'hui que l'attention générale se porte sur les peuples d'Orient, sur leurs usages et leurs mœurs. Je ferai observer seulement que cette coutume est très-favorable aux marchands de l'Arabie, et qu'elle paraît avoir été établie par Mahomet principalement en faveur du commerce de sa patrie.

qui se compose de deux pièces de calicot sans couture, dont l'une est fixée autour des reins, tandis que l'autre sert à couvrir les épaules. Les bons musulmans prient instamment le capitaine de les déposer à terre, dans le désir d'y faire leurs ablutions; mais celui-ci refuse, en disant que, d'après l'usage établi, la cérémonie s'accomplit à bord quand on est par le travers de Rabokhr.

9 janvier. — Nous laissons à tribord l'île d'Oum-el-Mech, près de laquelle nous avions couché, et le soir on jette l'ancre par la latitude de Tual, petite ville trop éloignée de la mer pour que nous puissions la visiter.

10 janvier. — Ce jour-là chacun faisait ses préparatifs, comme cela arrive dans tous les navires au moment où l'on touche à la fin du voyage; chacun se pare de son mieux, afin de se présenter convenablement sur le territoire sacré. Les Européens eux-mêmes imitent l'exemple des Musulmans, et plusieurs d'entre eux confient leur tête au barbier originaire du Caire, qui, selon l'habitude des gens de son état, profite de ce moment pour nous raconter la chronique scandaleuse des pèlerins.

— Si nous arrivons à Djeddah aujourd'hui, dit-il, demain le cadi aura de la besogne.

— Pourquoi cela ? répliqua l'un de nous.

— D'abord la domestique de ces trois femmes, qui n'ont pas plus bougé que des momies depuis qu'elles se sont embarquées à Suez, est devenue amoureuse d'un jeune fellah que je connais, et celui-ci m'a dit en secret que leur mariage se ferait peu de jours après son débarquement.

— Voilà tout ?

— Non, la femme de mon ami, un peu jalouse de son naturel, a résolu de faire divorce avec son mari, et elle veut lui donner pour successeur ce matelot vigoureux qui, dans ce moment, est en vigie au haut du mât.

— Et ce vieux Turc à barbe blanche ne doit-il pas aussi répudier tout son harem ?

— Oui, car depuis qu'il est à bord, ses femmes ont si souvent fait toilette en public, qu'elles n'ont pu éviter de faire connaître à tout le monde les parties les plus secrètes de leur corps, et le mari ne peut pas se résoudre à garder auprès de lui des épouses dont les charmes ont été vus par d'autres que par lui.

— Cela est injuste : pour prévenir le mal, il aurait dû noliser la chambre du navire, où ses femmes auraient été aussi bien cachées que derrière les murs de son harem ; maintenant ces femmes, sans ressource et sans argent, pourront se trouver malheureuses si loin de leur pays.

— Pourquoi? le mari, avant de les répudier, est obligé de leur rembourser la dot qu'elles lui ont apportée le jour des noces. D'ailleurs, pendant le pèlerinage, elles auraient du guignon si elles ne trouvaient pas à se remarier.

—Ainsi, au milieu de ce calme apparent il s'est formé plus d'un orage. Voilà déjà plusieurs projets de mariage et de divorce arrêtés sans que nous nous en soyons doutés?

— Oui, mais je n'ai pas encore fini. Ce vieux fellah égyptien, qui grignote toute la journée son biscuit et son fromage durs comme la pierre, veut absolument répudier sa femme, parce que, l'autre jour, elle a vomi dans son pilau[1] et sur sa barbe pendant qu'elle avait le mal de mer.

L'iman chantait la prière du midi, et le barbier discontinua de parler pour aller faire ses ablutions. Nous nous trouvions alors en face d'Obhor. On croirait apercevoir d'ici une rivière qui se jette dans la mer, et l'on est désappointé lorsque le pilote vous an-

---

[1] Plat oriental fait avec du beurre et du riz.

nonce que ce n'est qu'une baie étroite qui pénètre à plusieurs milles dans l'intérieur. Bientôt un matelot annonce Djeddah, et on ne tarde pas à découvrir les mâts des bâtimens mouillés en rade et les minarets des mosquées.

La ville a une apparence de richesse qui nous surprend, mais qui nous sourit, parce que nous devons y tenir garnison pendant long-temps. A quatre heures du soir, l'Abou-Djamous laisse tomber son ancre pour la dernière fois. Les pèlerins contemplent, à un mille de distance, le territoire sacré, but de leur longue et dangereuse périgrination ; plusieurs d'entre eux ne peuvent détourner leurs regards de cette terre qu'ils ont appelée de leurs vœux les plus ardens, et leurs yeux se baignent de larmes.

Le soir, un léger croissant apparaît au ciel ; c'était le premier jour du mois musulman. Le canon annonce aux fidèles que le mois de chaban vient de finir, et qu'avec la nouvelle lune commence le ramadan [1] avec ses plaisirs et ses mortifications.

---

[1] C'est le mois du carême musulman.

III

I

Djeddah.—Sa fondation merveilleuse. — Remparts.— Tombe d'Ève.— Moulins à vent.—Portes.—Poudrière.—Mosquée.—Écoles.—Bazars. —Crieurs publics.—Cafés.—Barbiers.—Places publiques.—Rues.— Maisons.—Sculpture.—Ameublemens.—Ciment.—Habitations du peuple.

II

Habitans de Djeddah.— Arabes.— Indiens.— Persans.— Fellahs égyptiens.—Grecs.— Nègres.— Gallas. — Abyssiniens. —Turcs. —Costumes.—Incisions.—Femmes.—Leur costume.—Leurs traits.—Leur toilette.—Mariage.— Jalousie.—Aventure tragique.— Courtisanes.— Harems.—Plaisirs des femmes.— Leurs occupations.—Hamacs des enfans.—Femmes qui font la prière.

III

De quelle manière les Djeddahouis reçoivent les étrangers. — Hospitalité arabe. — Hospitalité européenne. — Salles de réception. — Ameublement. — Repas. — Le capitaine du port. — Anciennes fortifications. — Louis de Barthème. — Alphonse d'Albukerque. — Soarez. — El-Gouri. — Soliman. — André Corsal. — Retraite de la mer. — Milice. — Kai. — Port.

I

La ville de Djeddah est bâtie sur une grève sablonneuse : ses maisons élevées et ses minarets élancés se détachent crument sur le fond d'azur du ciel. Chaque soir, les habitans, assis sur leurs terrasses, peuvent contempler le reflet des étoiles sur la surface plane de la mer, ou s'endormir au bruissement des flots soulevés par la brise du nord. Pendant le jour, le port et la rade sont sillonnés par une foule de légères embarcations, espèce de chemins mobiles placés entre la ville et les bâtimens mouillés au loin. Tout cet ensemble est gracieux; mais, à l'égard des villes musulmanes, il ne faut pas se fier aux apparences : leur aspect vous trompe souvent, et l'intérieur vient démentir l'idée qu'on s'en était faite. Elles sont comme les sépulcres dont parle l'Écriture, blanchies au dehors et pourries au dedans.

Le lendemain de notre arrivée, nous étions installés dans une belle maison qui domine toutes les terrasses des environs. Du haut de ce belvédère la vue s'étend vers l'intérieur des terres, où se passe tous les jours le phénomène du mirage, et sur la rade animée par l'arrivée des navires qui portent les pèlerins. Pendant quelques jours passés au milieu des fêtes, qui marquent toujours les premiers momens où des compatriotes se rencontrent sur une terre éloignée, l'harmonie ne cessa de régner parmi les Européens; mais plus tard, le besoin que l'homme éprouve de se retirer parfois à l'écart de ses semblables pour jouir de la solitude et de la liberté ne tarda pas à se manifester; chaque coterie se colloqua dans une maison particulière, et l'on ne se réunissait plus qu'à de rares intervalles.

La vie en commun ne serait possible qu'à des camarades établis sur le pied d'une égalité parfaite ; et, parmi les étrangers qui se trouvaient à Djeddah, il y avait des inférieurs et des supérieurs. Les derniers croient qu'on doit avoir pour eux des égards qu'on ne leur accorde ordinairement que par la contrainte dans l'exercice de leurs fonctions, et qui cessent dès que l'on rentre dans la vie privée. En Orient, un Français, un Italien, par cela seul qu'ils sont Européens, ne veulent reconnaître aucune hiérarchie, et les employés de la plus médiocre importance ne saluent qu'avec répugnance un colonel, un général ou un pacha. A cet esprit d'insubordination se joint la manie des cancans et des commérages : sous ce rapport, il n'y a pas de portière à Paris qui ne doive céder le pas à la majorité des Européens du Caire, et leur humeur remuante et tracassière a rendu populaire en Égypte ce proverbe : « Là où il y a deux Francs, fût-ce même dans un désert, il y en a un de trop. »

Pendant mon séjour à Djeddah, j'eus occasion

de me lier d'amitié avec plusieurs personnes importantes de la ville, et j'ai toujours reçu d'elles un accueil très-bienveillant : nous parlions très-peu de religion; je faisais ordinairement tomber la conversation sur les mœurs arabes et sur l'état actuel de leur civilisation. Ma barbe et le costume oriental que j'avais l'habitude de porter m'avaient valu leurs bonnes grâces, et en général celles des habitans de toutes les classes. On me distinguait très-bien des autres Européens, qui étaient tous rasés, et on me donnait le nom de Cheikhr-Frangi (Cheikhr-Franc). J'avais grand soin de ne choquer personne dans ses opinions. Je respectais les usages des habitans, et surtout leur religion; et, grâce à cette conduite, qui n'a rien de difficile dans sa pratique, je m'étais mis à l'abri du mépris et de la haine que la population fanatique du territoire sacré voue à tout ce qui n'est pas musulman...

Nous allons faire une promenade dans l'intérieur de la ville; mais avant, écoutons de la bouche de mon cicerone la circonstance merveilleuse qui détermina la fondation de Djeddah.

« Un jour, me dit mon Arabe, deux pêcheurs idolâtres étaient occupés à raccommoder leurs filets dans une cabane située sur le bord de la mer;

comme l'heure favorable à la pêche approchait, l'un d'eux sortit pour mettre à flot leur felouque, et en jetant les yeux du côté de l'occident, il aperçut un homme qui se tenait debout sur une île déserte éloignée du rivage. Étonné de cette découverte, il rentra dans sa demeure et en fit part à son compagnon.

— Eh bien! lui dit celui-ci, cela n'a rien d'étonnant; c'est sans doute quelque pêcheur qui aura été plus matinal que nous; ce qui me contrarie, c'est de penser qu'il aura les dattes de la mer, et nous les noyaux [1].

— Cela ne me paraît guère possible; car il est loin d'être vêtu aussi misérablement que les gens de notre condition.

— Et quel est son costume?

— C'est celui des riches habitans de la Mekke.

—Cet homme est peut-être un naufragé, hâtons-nous d'aller le secourir.

— Cependant rien ne m'annonce la présence d'un navire, pas même d'une chaloupe, et ses vêtemens sont aussi propres que s'ils sortaient des mains du tailleur.

---

[1] Proverbe arabe, c'est comme en France l'huître et l'écaille.

— Dans l'incertitude, nous allons nous mettre en mer avec nos filets, nous nous approcherons de l'île sans paraître faire attention à lui, et il nous appellera s'il a besoin de nous.

— C'est bien pensé, et notre conduite nous vaudra peut-être plus de profit que quinze jours de pêche; car cet homme paraît fort riche, si on en juge d'après son costume.

Les deux pêcheurs traînèrent leur felouque sur la grève et se mirent en mer. L'un d'eux s'occupait à ramer; l'autre retira plusieurs fois ses filets, mais il ne s'y trouvait que des algues marines ou des coquillages sans vie.

— J'ai eu bien raison, dit ce dernier, d'annoncer qu'aujourd'hui notre pêche ne serait pas heureuse. Depuis que ce prétendu prophète a commencé à prêcher contre notre religion, nos idoles irritées se vengent contre nous de cette impiété, et ces parages ne renferment plus aucun poisson.

— Peut-être que nos dieux nous punissent parce que nous laissons cet homme sur cette île déserte sans lui porter secours.

— Ils savent bien que notre intention est d'aller le secourir.

— Eh bien ! que tardons-nous ? Deux coups de rames, et nous abordons.

— Donne-les.

La felouque, poussée par deux bras vigoureux, s'échoua sur la rive, poussant devant elle les eaux, qui allèrent mouiller les sandales de l'inconnu.

— Braves gens, leur-dit celui-ci, vous êtes venus généreusement au secours d'un de vos compatriotes ; je vois que votre pêche n'a pas été heureuse. Conduisez-moi à terre, et la récompense que je vous donnerai vous permettra de suspendre vos filets dans votre demeure et de vous reposer pour le reste de vos jours.

Les pêcheurs mirent l'Arabe dans leur nacelle, et ils étendirent à la poupe leur abbaié [1], en guise de tapis. Arrivé à terre, l'inconnu se prosterna sur le sable pour remercier Dieu de l'avoir sauvé, et ses libérateurs reconnurent à ses poses qu'il était musulman. Avant qu'il eût terminé sa prière, un Arabe, qui revenait de la pêche, accosta ses deux compatriotes, et leur dit :

— Savez-vous, mes amis, quel homme vous venez de secourir ? Apprenez que j'étais sur la rive

[1] Espèce de manteau arabe fait en poil de chameau.

lorsqu'il s'y est présenté. Après quelques instans de recueillement, il a laissé tomber son châle dans la mer, et aussitôt les eaux se sont séparées pour lui laisser un passage; il est arrivé à pied sec sur l'île où vous êtes allés le prendre, et la mer a repris sur-le-champ son premier niveau.

Dès qu'il eut cessé de parler, l'inconnu se leva : Ce que vous venez d'entendre est vrai, dit-il en s'adressant aux pêcheurs. Pour échapper aux persécutions que les Mekkaouis dirigent contre moi, j'avais résolu de passer en Abyssinie, afin de donner à leur haine le temps de se calmer. La mer m'a livré un passage; mais moi-même, voyant le grand nombre d'êtres sacrifiés à mes desseins, j'ai renoncé à mon voyage, et je me sens disposé mieux que jamais à affronter mes ennemis. Pour perpétuer à jamais le souvenir de votre bonne action, je vais jeter ici les fondemens d'une ville qui s'appellera Djeddah, et vous en serez les premiers citoyens. Apprenez que je suis Mahomet, l'envoyé de Dieu; prosternez-vous et adorez cet être qui n'a point d'égal.

Les pêcheurs, séduits par les paroles et l'attitude du prophète, récitèrent la formule des croyans, et devinrent de bons et fidèles musulmans. Ils vécurent heureux dans la nouvelle ville; et, à leur mort, ils sont allés prendre leur place au milieu des jardins et des houris destinés aux bienheureux. Djeddah n'était pas située alors au lieu qu'elle occupe aujourd'hui. La mer se retirant insensiblement, les habitans ont toujours établi leurs demeures sur le terrain qu'elle abandonnait, et, si la retraite des eaux continue, il faut espérer qu'elles finiront par atteindre la côte d'Afrique. »

Tel est le récit qui m'a été fait par les Djeddahouis. J'ai tâché de conserver, autant que possible, la couleur locale que les Arabes ont soin de jeter sur leurs descriptions.

— Si tu y consens, me dit mon guide, nous allons faire le tour des remparts, et ensuite nous errerons tant que tu voudras dans l'intérieur de la ville.

— Je veux bien; mais commençons d'abord par le nord, où j'ai aperçu de loin la tombe d'Ève.

— Oui, j'y consens; mais à une condition.

— Laquelle?

— C'est que je ne prétends pas t'introduire sous la coupole où repose notre mère commune Eouan[1].

[1] Nom arabe d'Eve.

— Et pourquoi?

— Tu n'es pas un vrai croyant, et j'aurais un compte trop sévère à rendre à Dieu au jour du dernier jugement.

— Je respecte tes scrupules, mais je saurai trouver un moyen pour m'y rendre sans toi.

— Chacun répond de ses actions.

Vois-tu cette porte? me dit mon guide; c'est celle de Médine[1], où se trouve le tombeau du prophète; c'est par ici que passent les caravanes qui vont dans cette ville. Ces moulins à vent placés sur ce mamelon furent construits par Ibrahim-Pacha sur le modèle de ceux d'Alexandrie, et on dit qu'ils ressemblent parfaitement aux vôtres.

— C'est vrai; seulement chez nous ils n'ont que quatre ailes, tandis que ceux-ci en ont huit.

— Malgré le nombre de ces bras, on a été obligé de les abandonner, faute d'ouvriers capables de les réparer. D'ailleurs Mohammed-Ali, dans ces derniers temps, a pris l'habitude de ne donner que du biscuit à ses soldats. Il prétend qu'un biscuit bien dur d'un demi-rotle[2] vaut autant pour eux qu'un rotle de farine, parce qu'ils apprécient seu-

---

[1] Bab-el-Médina.
[2] Unité de poids.

lement leur nourriture par le temps qu'ils emploient à l'avaler. C'est comme si l'on disait qu'un chien préfère les os à la viande, parce qu'il peut s'amuser à les ronger pendant une journée tout entière.

— C'est absurde, injuste, mais économique, et Mohammed-Ali ne cherche qu'à atteindre ce dernier but.

— Nous voici arrivés en face de Bab-el-Mekka (la porte de la Mekke). Le nombre des pèlerins qui sont passés par ici est aussi grand que les gouttes d'eau qui forment l'Océan.

Ces deux tours renferment quelques pièces d'artillerie apportées du Caire depuis le départ de Tuckchi-bil-Mez [1]. Les murs sont couverts de sentences extraites du Coran, qui rappellent sans cesse aux fidèles les préceptes du livre divin.

— On m'a assuré, dis-je à mon cicerone, que jadis les Européens n'avaient pas le droit de s'approcher de cette porte.

— Oui, me répondit-il, avant l'invasion de Mohammed-Ali, les chrétiens ne pouvaient pas dé-

---

[1] C'est le nom d'un chef de cavalerie qui venait de révolutionner le Hedjaz. Il avait été obligé d'abandonner le territoire sacré avant l'arrivée de notre expédition.

passer le bazar. Dernièrement, quelques Anglais vêtus à la mode de leur pays ont essayé de s'avancer jusqu'ici; mais ils ont été reçus à coups de pierres. Cependant ceux qui portent le costume turc peuvent aller partout impunément.

— Achevons promptement de faire le tour de la ville, car le soleil commence à me faire bouillir la cervelle dans la tête.

— Nous allons rentrer par Bab-el-Iémen [1], que tu vois devant toi. Cette porte est souvent fermée, parce qu'il y passe très-peu de monde, et on n'y place pas de corps-de-garde comme à celles de Médine et de la Mekke.

En ce moment, un soleil ardent comme une masse de fer rouge sortant d'une fournaise ruisselle sur les surfaces blanches des habitations et des remparts. Ses rayons, réfléchis par les montagnes, par la grève nue et désolée, par les dunes, où toutes végétation est anéantie, oppressent votre poitrine, attristent le regard, et vos yeux n'échappent à la torture de ce spectacle affreux qu'en se reportant sur la surface calme et bleue de la mer, dont l'aspect vient apporter à votre ame un peu de sérénité et de fraîcheur.

---

[1] La porte de l'Iémen (Arabie Heureuse).

Au nord de la ville, quelques plantes, quelques roches surgissent du sein des sables, et forment une espèce de transition entre la grève et la terre végétale. Ici, vers le sud, la plage n'est qu'un morne désert jonché çà et là d'algues vertes ou de franges de mousses apportées par le mouvement éternel des marées. Cependant les habitans de Djeddah ont su tirer parti de ce site stérile. Ils ont creusé sur sa surface des trous peu profonds qu'ils remplissent d'eau de mer. Après l'évaporation, elle laisse au fond des mares une quantité de sel qui est plus que suffisante pour la consommation de la ville.

Du côté de l'est les remparts sont défendus par un fossé en assez bon état; mais il est ruiné au sud et au nord. La muraille qui entoure la ville est flanquée de tours de formes diverses dont la plupart renferment des pièces de canon. Deux petits forts en assez bon état se trouvent à chaque extrémité du port, et ils ont été construits pour veiller à sa sûreté. Celui du midi a été élevé depuis peu de temps, et un mur pratiqué le long du quai le joint à celui du nord. Ce mur est percé de quatre portes qui donnent sur la mer, et il complète le système des fortifications de Djeddah. Pendant les heures de la prière, on a coutume de fermer toutes les portes; car, d'après une croyance généralement répandue, les Djeddahouis pensent que leur ville sera prise un jour pendant que la population sera réunie dans les mosquées.

La poudrière consiste en un mauvais magasin isolé; il est situé près du rempart entre les portes de la Mekke et de Médine; un soldat y est toujours en faction. Les environs sont couverts de cabanes construites en bois et en chaume. Ces habitations, rôties par le soleil de la zone torride, sont très-inflammables, et si un incendie venait à s'y manifester, la sûreté de la ville serait gravement compromise.

A côté du fort du nord, on voit, sur le rivage, une batterie de quatre pièces de dix-huit; elles ne sont gardées par personne, et il serait très-facile à un ennemi de les enclouer sans être surpris.

Les mosquées les plus remarquables de Djeddah sont au nombre de cinq.

La première se nomme Gémaa-Soultan-Hassan [1]. Elle est carrée et entièrement bâtie en pierres de corail bien équaries. A l'angle du sud s'élève isolément un minaret dont la partie supérieure penche

---

[1] La mosquée de Sultan-Hassan.

considérablement. Pendant l'époque du pélerinage, c'est sur ce minaret que les santons et les derviches viennent chanter à tue-tête ou psalmodier avec nonchalance le texte de la prière, les versets du Coran ou des hymnes particuliers en l'honneur du Dieu unique. Leurs séances durent quelquefois trois ou quatre heures, et l'oreille d'un Européen ne peut guère résister pendant tout ce temps à la monotonie de leur chant. Vers l'ouest, un escalier composé de plusieurs marches taillées en arc de cercle conduit dans l'intérieur de la mosquée ; du reste son architecture n'offre rien de saillant.

La seconde, dédiée à Chafi [1], est située à côté de la porte de la Mekke.

Celle qui est voisine de la marine se nomme Akat, et vers le centre de la ville s'élève celle de Hanefi [2]. La cinquième s'appelle Mahammar. Il en existe encore d'autres de moindre importance, et quelques-unes qui ne servent plus au culte ont été transformées en magasins par ordre de Mohammed-Ali.

On trouve à Djeddah des écoles pour les petits enfans : elles sont dirigées par un iman ou un

---

[1] C'est le nom du chef d'une des sectes orthodoxes du mahométisme.
[2] Nom d'un autre chef de secte orthodoxe.

cheikhr qui donne ses leçons dans une mosquée. Ces écoles n'ont ici rien de particulier pour celui qui a vu celles d'Alger, du Caire ou de Constantinople : ce sont toujours de jeunes moutards assis les jambes croisées sur une simple natte de palmier. Ils ont tous devant les yeux une planche polie où leur devoir se trouve écrit. Ils lisent ou récitent à haute voix des passages du coran en se dandinant continuellement en cadence, comme pour mieux graver les leçons dans leur mémoire. Un cheikhr à la figure vénérable, au regard sévère mais bienveillant, se tient au milieu de l'école, ayant toujours à la main un martinet pour châtier les élèves paresseux ou turbulens. Ces écoles s'annoncent de loin par un bourdonnement propre à tous les lieux où plusieurs personnes sont assemblées pour causer de leurs affaires, comme à la Bourse ou dans un marché public.

Le grand bazar forme une rue large et bien alignée. Les maisons sont élevées et ornées de moucharabies construites d'après un même plan. Les magasins consistent en quelques échoppes exhaussées de deux pieds au-dessus du sol. Les négocians y exposent des échantillons de leurs marchandises, dont le dépôt se trouve dans une arrière-boutique où l'on pénètre par une porte basse et étroite : un homme a bien de la peine à y passer. En Europe, la fortune d'un marchand se trouve dans son magasin, qu'il a le soin de disposer avec luxe, afin de séduire les acheteurs; mais ici c'est tout le contraire, et l'étalage ne forme qu'une très-minime partie de la richesse du maître. La crainte d'exciter la cupidité des gouvernans a donné naissance à cet usage.

Les boutiques sont couvertes d'un auvent de nattes qui préserve les marchandises du soleil. Les négocians se réservent pour eux une petite place qu'ils couvrent d'un tapis; ils s'y asseoient gravement, les jambes croisées, occupés à mâcher du bétel ou à fumer le narghilé au long tuyau. Chaque partie du bazar est consacrée à divers genres d'industrie, et il y règne un ordre que l'on trouve rarement en Europe, où l'antre d'un forgeron n'est quelquefois séparé que par une mince cloison du boudoir d'une modiste. Vers le nord on trouve les boulangers et les restaurateurs, qui, moyennant quelques paras, vendent au peuple les mets tout préparés. Plus loin ce sont les armuriers, les marchands de poterie, de verrerie et les cafés. En avançant vers le sud vous rencontrez les fruits secs, les huiles, le beurre, les herbages, les fruits, le blé, les fèves, l'orge, les lentilles, le riz, et en général toute espèce de céréales.

Outre ce bazar, il en existe un autre plus petit qui possède deux passages voûtés où l'on vend des étoffes. Les tailleurs, les ferblantiers et les chaudronniers, les marchands de pipes et de tabac, y ont aussi établi leurs demeures.

Chaque jour, des crieurs publics assermentés vendent toutes sortes d'objets à l'encan, et la foule qui s'y ren est très-considérable, surtout pendant le temps du pèlerinage. Les dellals [1] se promènent au milieu de la foule en agitant avec la main les articles qu'ils veulent vendre, et ils les laissent au dernier enchérisseur si le prix leur convient. Ils ont cinq pour cent de bénéfice sur toutes les ventes, mais ils sont obligés de payer un droit au gouvernement.

Cependant, malgré cette taxe, le métier des dellals est excellent; on s'en aperçoit facilement à leur embonpoint et à la recherche de leurs habits. Quelquefois des personnes riches qui se trouvent dépourvues d'argent momentanément ont recours à l'encan;

---

[1] Mot arabe qui signifie crieur public.

grâce à la concurrence, leurs effets se vendent à un prix raisonnable, et quelques jours après elles s'en procurent de nouveaux par le même moyen. J'ai vu quelquefois des soldats vendre leurs armes et leurs chevaux pour y acheter des esclaves dont ils s'étaient épris; d'autres, au contraire, y menaient les leurs, quoiqu'ils les aimassent beaucoup, pour satisfaire aux réclamations d'un créancier inexorable.

Tout le long du bazar on remarque de nombreux cafés où se rassemblent les gens du pays et les étrangers. Ces lieux publics sont établis sous de grands hangars construits en forme d'esché[1]; vers le fond, sur un grand fourneau de terre, brûle sans cesse un feu nourri avec du charbon de bois : il sert à préparer le café et à allumer la pipe ou le narghilé; les chichés[2] et leurs tuyaux sont rangés symétriquement à côté du fourneau; des sofas, composés de branches d'arbres grossièrement préparées et garnis en sparterie, sont disposés dans l'intérieur pendant la journée; mais le soir on les transporte au dehors.

[1] On appelle *esché* les habitations du peuple. Elles sont construites en branches d'arbre recouvertes de nattes ou de chaume.
[2] Synonyme de narghilé. Cette pipe orientale est assez connue aujourd'hui en Europe : on peut se dispenser d'en donner la description.

C'est là que viennent s'asseoir les oisifs. On y sert du café sans sucre, mais parfumé avec de la cannelle, du girofle et du gingembre; des sorbets, espèce de tisane faite avec de l'eau où l'on a mis des épices à infuser. Un saka [1] toujours établi à côté vous sert de l'eau fraîche contenue dans un goullé [2] de grès.

Les murs sont ornés de quelques peintures représentant des navires à l'ancre ou à la voile [3]. Les riches cafetiers suspendent au plafond de petits bâtimens en relief avec leurs agrès : les Orientaux aiment beaucoup ce genre de décoration, qui double les charmes de leur vie nonchalante et contemplative, en leur rappelant les dangers et les fatigues auxquels sont exposés les marins, et qui ne sauraient les atteindre.

Les boutiques des barbiers servent aussi de centre de réunion : c'est chez eux que se répandent ou se fabriquent les nouvelles. Un plat à barbe en cuivre étamé, une longue bande de cuir attachée à leur ceinture, et qui retombe jusque sur les pieds,

[1] Porteur d'eau.
[2] Vase poreux, où l'eau se maintien dans un état de fraîcheur bien précieux dans ce pays.
[3] Ces gravures sont l'ouvrage d'*artistes* grecs.

des rasoirs, quelques peignoirs en coton pour les pauvres et en soie pour les riches, et un miroir rond incrusté de nacre, composent tout ce qui est nécessaire à l'exercice de leur état. Ils se piquent en outre de connaître la médecine ; mais ce ne sont que des empiriques d'une ignorance remarquable, bons tout au plus à vous tirer quelques gouttes de sang, à employer au hasard quelques drogues dont l'usage se conserve par la tradition, et à vous appliquer à tous propos sur le corps des plaques de fer rougies au feu.

Djeddah possède quelques places assez régulières. La plus remarquable est celle de la Marine, dont un côté est formé par la mosquée d'Akat. On en trouve encore deux autres vers la porte de la Mekke et au centre de la ville, mais elles ne renferment aucun monument qui mérite notre attention. Parmi les riches habitans de cette ville, il ne s'est pas encore rencontré un homme qui, en mourant, ait doté son pays d'une fontaine pour désaltérer le peuple, comme au Caire et dans d'autres cités de l'Orient, et je ne pus m'empêcher d'en faire la remarque à mon cicérone.

— Tu crois, me dit-il, que ton observation est défavorable aux Djeddahouis, mais tu te trompes. Les gens du Caire sont des débauchés qui passent leur vie au milieu des festins en s'enivrant de liqueurs prohibées par la loi : à leur mort la crainte de l'enfer leur inspire de sérieuses réflexions, et ils laissent à leur khasnadar [1] une somme d'argent pour élever des fontaines où les passans viennent se désaltérer dans des coupes de cuivre attachées aux robinets. Ce n'est pas par amour pour leurs semblables qu'ils font ériger ces fondations pieuses, c'est tout simplement par peur de trébucher sur ce pont étroit comme une lame de rasoir que les fidèles doivent franchir avant d'arriver au paradis.

— Avoue au moins qu'après leur mort ces gens, tout débauchés qu'ils étaient, font plus de bien aux vivans que tes compatriotes avec toute leur vertu.

— Tu conclus donc que le mal est préférable au bien?

— Non. Je prétends seulement que le véritable homme de bien doit faire par inclination ce que les méchans ne font que par la crainte d'un châtiment.

— Dougri (c'est vrai). Voilà une chose à laquelle je n'avais pas songé.

---

[1] Caissier.

Djeddah est beaucoup mieux percée que les villes d'Égypte ; les rues y sont larges, assez bien alignées, et d'une propreté remarquable, surtout pendant le temps du ramadan. Les maisons ont ordinairement deux étages et quelquefois trois ; elles sont bâties en madrépores que l'on extrait de la mer et qui sont apportés en ville à dos de baudet. Ces pierres ont l'inconvénient d'être trop légères, et les constructions où on les emploie ne sont jamais solides. Elles blanchissent quand elles sont exposées à l'air, et elles donnent aux maisons un air d'élégance et de propreté que l'intérieur ne justifie pas toujours. La mer fournit aussi un assez bon ciment qui n'a besoin d'aucune préparation pour être employé par les maçons.

Il est certaines maisons dont les moucharabies et les portes sont sculptées avec le goût le plus délicat ; ces ornemens ont une élégance et une grâce que je n'ai rencontrées nulle part en Arabie. Je passais quelquefois des heures entières à parcourir les quartiers où se trouvent les harems les plus remarquables par leur architecture, au risque même de passer pour un indiscret. J'ai observé que, dans tous les dessins, la ligne droite et les arcs de cercle sont très-peu mis en usage ; les courbes que l'on y emploie leur donnent une tournure moitié indienne et moitié arabe.

Les architectes n'ont pas résolu d'une manière aussi heureuse le problème des escaliers, qui sont presque toujours très-obscurs. Les diverses pièces d'un même appartement sont rarement au même niveau. Les Arabes se sont attachés plutôt à empêcher la chaleur de pénétrer dans l'intérieur, et ils y ont très-bien réussi. Les murs sont garnis d'une foule d'armoires et d'étagères en bois peint et sculpté; les plafonds sont dans le même genre, et cet ensemble a une physionomie qui ressemble à celle des ameublemens du moyen âge. Les planchers des maisons dont les propriétaires sont peu riches sont formés avec des chevrons bruts qui supportent un treillage de branches de palmier. On étend au-dessus des nattes, et l'on y répand le ciment dont j'ai déjà parlé[1], comme on le pratique en France pour l'asphalte. Mais il est bon de remarquer que les Arabes n'ont pas encore formé de société par actions pour l'exploitation de ce produit.

Ils s'en servent cependant pour couvrir les terrasses et pour revêtir l'intérieur des citernes, et je

---

[1] Il n'est besoin que de le laisser exposé trois ou quatre jours au soleil avant de s'en servir.

ne doute pas que, dans les pays où l'on ne voit ni voitures ni charrettes, comme en Arabie, on ne puisse l'employer très-avantageusement pour le pavage des rues. Ce ciment a l'avantage de durcir par la chaleur, au lieu de se ramollir comme celui de nos trottoirs, où nous risquerions fort de laisser nos chaussures, si, au lieu de bottes, nous portions des babouches ou des pantoufles comme les Orientaux. Si quelque industriel lit ce passage, nous verrons peut-être dans quelque temps l'asphalte arabe coté à la Bourse en compagnie de ceux qu'on y exploite déjà, et cela d'autant plus facilement, qu'il ne sera pas plus nécessaire d'aller le prendre sur la côte de Djeddah que l'on ne va y chercher le racahout des Arabes et autres drogues parfaitement inconnues aux peuples qui, d'après l'annonce, leur doivent leur embonpoint et leur santé.

Nous avons parlé des demeures du riche, disons un mot de celles du pauvre, humblement assises au pied des premières. Tout l'espace renfermé entre les maisons de madrépores et les remparts est couvert de cabanes que les Arabes nomment esché. Elles sont habitées par la moitié de la population de Djeddah. Elles se composent d'une charpente grossière revêtue de hachich, et le toit a la forme d'une pyramide quadrangulaire couverte de toile forte ou d'une simple natte, selon la fortune du propriétaire. Quelques Arabes possèdent plusieurs eschés, et alors elles s'ouvrent toutes vers une cour intérieure, où il se passe souvent des scènes de mœurs très-divertissantes, que l'on aperçoit du haut des maisons sans que les acteurs puissent s'en douter.

II

Les premiers habitans de Djeddah étaient des Bédouins qui avaient abandonné leurs tribus pour s'adonner au commerce. A mesure que la ville devint plus florissante, elle attira tous ceux qui préféraient des demeures fixes à la vie errante qu'ils avaient menée jusque-là. Leurs habitudes sédentaires, si différentes de celles du désert, donnèrent à leur physionomie une expression nouvelle, et leur race, qui, depuis cette époque, s'est mêlée avec celles de l'Asie et de l'Afrique, a perdu la plus grande partie de son originalité[1].

Cette population peut être évaluée à dix mille ames; mais cette évaluation n'est qu'approximative, car les musulmans n'ont point de registres pour constater le nombre des naissances et des décès[2]. Elle se compose d'Arabes du Hedjaz et de l'Iémen, d'Indiens et de Persans; on y compte en outre un assez grand nombre de fellahs venus d'Égypte pour échapper à la conscription, quelques Grecs qui s'adonnent au commerce de la quincaillerie, et des nègres venus de l'intérieur de l'Afrique. Il y a aussi dans la ville une grande quantité d'esclaves gallas et abyssiniens des deux sexes. Avant notre arrivée, la garnison était composée de Turks, mais aujourd'hui quelques employés du pacha seulement appartiennent à cette nation.

Les Arabes de la ville qui s'adonnent au commerce ont une tournure peu différente de celle

[1] Il existe seulement aujourd'hui à Djeddah une vingtaine de familles arabes de vieille souche; une épidémie arrivée il y a environ trente ans et le choléra de 1832 en ont détruit un grand nombre.

[2] D'ailleurs, le nombre des habitans varie considérablement lors de l'arrivée des caravanes de l'intérieur et des bâtimens qui viennent de l'Inde. A l'époque du pèlerinage, ce nombre s'élève à 20, 30, 40 et même 50,000 personnes qui y séjournent assez long-temps, soit en allant à la Mekke soit au retour.

des Bédouins. Ils sont ordinairement grands, secs et maigres; leur teint est d'un brun mêlé à un reflet de cuivre. La nature ne leur a donné qu'un petit bouquet de barbe au menton; ils le laissent croître, mais il ne devient jamais très-long. Leur costume, qui est celui des grands de l'Arabie, se rapproche beaucoup de celui des Arméniens : ils portent un caleçon qui laisse la jambe nue, et une chemise par-dessus; ils revêtent ensuite une longue robe en mousseline ou en soie et un caftan en drap de couleur brillante. Un turban blanc comme la neige et des sandales artistement travaillées complètent leur parure.

Tous les musulmans nés sur le territoire sacré ont sur chaque joue et aux tempes trois profondes entailles faites avec un instrument tranchant. Je demandai un jour à un Arabe la raison de cette mode barbare, et voici quelle fut sa réponse :

— Tu sais que, depuis bien long-temps, les hommes accourent à la Mekke pour visiter la Kaaba[1] : cet usage est utile aux musulmans qui le suivent, parce qu'il aplanit pour eux le chemin du ciel, et profitable aux gens du Hedjaz, à cause des

---

[1] Les lecteurs connaissent probablement la Kaaba; nous nous dispensons d'une description inutile.

bénéfices qu'ils réalisent sur les pèlerins. Cependant les habitans des lieux saints étaient exposés à un grand malheur : les étrangers qui venaient à la Mekke et qui n'avaient pas d'enfans attiraient les nôtres sous leurs tentes en les alléchant par l'appât des sucreries et des confitures, et lorsque la caravane se remettait en marche, ils les faisaient monter sur leurs chameaux et les dérobaient à leurs pères pour les emmener chez eux.

— Ils faisaient pour vos fils ce que vous faites sans scrupule pour ceux des Africains.

— Oh! c'est bien différent : il y a deux races mises par Dieu sur la terre, l'une blanche, l'autre noire; la première libre, la seconde esclave : les noirs doivent s'estimer très-heureux que les blancs veuillent les acheter, et les élever dans leurs maisons, où ils sont mille fois mieux que dans leur pays natal.

Voilà les raisons que les Orientaux vous donnent chaque fois qu'on parle d'esclavage, et il est impossible de leur en faire apercevoir la fausseté.

L'Arabe continua ainsi :

— D'abord les pèlerins ne volaient que les enfans des gens pauvres, persuadés que leurs plaintes ne seraient pas écoutées; mais, enhardis par l'impunité, ils commencèrent à dérober ceux des premiers personnages du Hedjaz, et notre pays était menacé de devenir une nouvelle Géorgie. Les chérifs et les ulémas se plaignirent aux sultans; mais le mal empirait tous les jours. Enfin le sultan Sélim conseilla aux Arabes de marquer leurs enfans sur le visage : il promit de restituer à leurs parens tous ceux qui porteraient ce signe, et menaça de fortes peines les ravisseurs.

— Et son stratagème réussit-il?

— Après quelques châtimens exemplaires, on n'entendit plus aucune plainte à ce sujet. Telle est l'origine de la mode que nous pratiquons, et on a continué de la suivre par habitude, même après que le danger a eu disparu.

— Comment vous y prenez-vous pour pratiquer cette opération?

— Ce sont les mères qui font elles-mêmes ces incisions avec un rasoir. Les enfans en ont d'abord la fièvre; mais au bout de quelques jours ils sont parfaitement guéris.

— A quel âge les soumet-on à cette pratique?

— Dès qu'ils sont assez forts pour pouvoir s'écarter un peu loin de la maison paternelle.

— Ainsi, vous incisez vos femmes, vous circoncisez les garçons, et vous leur faites encore endurer cette souffrance sans aucune utilité pour personne?

— Ce n'est pas là le mot, car ceux qui portent ces signes sur leur face prouvent par cela seul qu'ils sont nés sur le territoire sacré, et partout où il y a des musulmans ils sont certains d'être traités comme des frères en leur qualité de compatriotes du prophète.

Les cheikhrs, les ulémas attachés aux mosquées, et en général tous les gens de religion de quelque importance, sont vêtus comme les riches Arabes. Ils n'ont point, comme les prêtres catholiques, des costumes particuliers. J'ai remarqué cependant qu'ils aiment à porter des vêtemens d'une blancheur éblouissante, et ils s'appuient toujours, quand ils sortent, sur une canne de bambou qui leur sert à éviter le contact des chiens. Au lieu du tarbouch, ils ont sur le sommet de la tête une takia [1] formée de petits morceaux de drap de diverses couleurs artistement disposés comme les pièces d'une mosaïque. Au reste, cet usage est suivi par tous les habitans des villes du Hedjaz.

---

[1] Calotte.

Les gens du peuple ont pour tout costume une de ces takias et une chemise qui leur couvre à peine les genoux ; le plus grand nombre même n'a qu'une serviette nouée autour des reins et retenue au moyen d'une ceinture en cuir.

Les marchands indiens portent des vêtemens de mousseline blanche taillés à la mode arabe. On les distingue à un petit turban qui ne leur couvre que le sommet de la tête. Ils ont d'ailleurs un corps plus souple, une tournure plus svelte que les indigènes, et on ne voit point sur leur figure ces entailles qui sont propres aux gens originaires du Hedjaz. Ils sont un peu avares, mais d'un caractère assez doux. Quelques-uns s'établissent à Djeddah ; d'autres, au contraire, n'y restent que le temps nécessaire pour faire fortune, et dès que leurs vœux sont satisfaits, ils retournent promptement dans l'Inde avec leurs trésors.

Les fellahs qui se sont expatriés d'Égypte conservent dans toute leur originalité les mœurs et les costumes de leur patrie. Ce sont eux qui servent de portefaix ou qui manœuvrent les embarcations occupées à décharger les navires mouillés en rade. Les Grecs de Djeddah sont tels qu'on les trouve à Rhodes et dans les ports de l'Archipel.

Les nègres font le métier de porteurs d'eau. Ils n'ont pour vêtement qu'un chiffon roulé autour de la ceinture, et l'on peut contempler à l'aise les formes athlétiques de leur corps; le torse surtout est d'une beauté frappante.

Quant aux Turks, ce sont de très-hauts et très-puissans seigneurs dont le travail consiste à mettre un seing sur toutes les pièces écrites qu'on leur présente, et à chercher dans toute la ville l'emplacement le plus convenable pour fumer au frais le narghilé, et respirer le parfum du moka.

Dans la rue, le costume de toutes les femmes semble uniforme, car elles sont enveloppées d'un grand mélaïé [1] quadrillé dont la couleur est la même pour toutes les conditions. Ce n'est qu'au moment où elles sont étendues sur les divans du harem que l'on peut apprécier toute la richesse de leurs parures. Cependant, comme ce grand voile qui les couvre entièrement n'est pas fermé par-devant, dès que celle qui le porte écarte les bras, il s'ouvre et laisse entrevoir une chemise de mousseline ou de soie jetée par-dessus le caleçon; quelquefois elle est en gaze légère, bleue ou rouge,

---

[1] Grande pièce de toile ou de soie que les femmes jettent par-dessus leurs habits.

bordée d'un galon d'or qui descend du cou sur la poitrine. Au large caleçon des Égyptiennes a succédé celui des Indiennes, qui est moins ample, mais rehaussé d'une bordure d'or qui embrasse le coude-pied et le mollet. Leurs voiles sont ornés de la même manière ; ils descendent généralement jusqu'au genou. Lorsqu'elles sortent, elles nouent leur argent à l'extrémité, comme certains Européens dans un coin de leur mouchoir. J'ai vu, mais très-rarement, des femmes porter un voile qui ne dépasse pas le menton. Cette mode est beaucoup plus élégante que la première, qui fait ressembler cette partie du costume à une trompe d'éléphant [1].

Les petites filles des familles riches ont la figure découverte ; elles portent, par-dessus le caleçon, une simple chemise de gaze brodée d'or. Quelques-unes ont sur le tarbouch une large plaque du même métal. D'autres entourent leur cou de colliers,

---

[1] J'ai vu quelques femmes de pèlerins dont le voile est formé d'une natte très-souple, sans ouverture pour les yeux. Ces femmes ne peuvent se diriger dans les rues qu'en regardant à travers les interstices imperceptibles de la trame de ce tissu. On m'a dit que cette mode est en usage dans l'intérieur de l'Iémen. D'autres portent des borgos (a) en gaze transparente qui leur permet de voir sans être vues.

(a) Nom arabe du voile.

composés de grandes boites d'argent remplies de talismans. Le costume des jeunes garçons est le même; on leur suspend de plus au cou des sequins de Venise ou des quadruples d'Espagne. Les uns et les autres ont leurs bras et leurs jambes entourés d'anneaux ou de grelots enfilés dans un cordon de soie, et le tintement produit en marchant paraît les amuser beaucoup.

Les filles un peu plus âgées se drapent avec des châles ou une pièce de foulards, dont les couleurs doivent toujours être très-éclatantes : celles qui ont dépassé l'âge de puberté sont habillées comme leurs mères. Quoiqu'elles ne soient guère nubiles qu'à douze ans, on en voit quelquefois que l'on marie à l'âge de six ans, et elles demeurent dans le harem du mari jusqu'à ce qu'elles puissent accomplir l'acte du mariage.

Toutes ces femmes ont les yeux très-grands et d'un noir mat, relevé encore par la teinte du cohul [1]. Elles se teignent avec du henné [2] les ongles et la face palmaire des mains et des pieds; mais elles n'ont pas l'habitude de se tatouer le corps. On admire leur grâce tant qu'elles demeurent sur

---

[1] Préparation à base d'antimoine.
[2] Cette substance est rouge.

le divan; mais elles en perdent une partie quand elles veulent marcher. Dans la rue, leur jambe est emprisonnée dans une bottine de maroquin jaune, dont l'extrémité plonge dans une babouche de même couleur. Elles quittent cette chaussure en rentrant et demeurent nu-pieds dans les appartemens ornés de tapis. Les femmes du peuple portent au dehors des sandales en bois, garnies d'une bande de cuir ou d'un simple bouton qu'elles embrassent avec les orteils.

Les habitans de Djeddah sont doués d'un tempérament ardent : ils sont dans l'usage de se marier très-jeunes, et les excès qu'ils commettent avec les femmes émoussent leurs sens et les rendent impuissans à un âge où les peuples des contrées éloignées de l'équateur n'ont pas encore songé à se marier. Outre le nombre des femmes légitimes que le Coran permet, ils achètent des négresses ou des gallas, et ils les soumettent aux épreuves les plus dégoûtantes, afin de recouvrer, pour un instant, cette vigueur qu'ils ont perdue sans retour.

En général, la naissance d'un enfant est considérée en Orient comme un grand bienfait du ciel; mais cependant, lorsqu'un homme âgé a de nombreux enfans, il arrive que, lorsqu'une de ses esclaves devient enceinte, il emploie ce que la médecine arabe a de plus immoral pour arriver à un avortement. Heureusement ces cas sont très-rares, et ils se présentent seulement lorsque le père ne veut pas priver ses descendans d'une partie de la fortune qu'ils se sont habitués à espérer; ou bien lorsqu'une de ses femmes est jalouse et qu'il tient à lui prouver qu'il n'a eu aucune relation avec d'autres personnes de son sexe.

Ces immoralités vraiment révoltantes sont moins rares à la Mekke, où la dépravation est bien plus grande. J'ai vu des empiriques arabes et même des médecins européens qui avaient embrassé l'islamisme, raconter avec complaisance les moyens qu'ils emploient dans ces circonstances. Qu'on me permette de ne pas les exposer aux yeux des lecteurs, c'est bien assez de les avoir simplement mentionnés. Je dois ajouter, cependant, que les mères ne se prêtent pas toujours à ces infamies. On a vu quelquefois des Arabes qui, ne sachant comment cacher ces sortes de grossesses, faisaient étrangler leurs esclaves ou ordonnaient de les jeter dans la mer.

Les Djeddahouis sont aussi jaloux que les autres Orientaux. Quelque temps avant notre arrivée, une femme devint amoureuse d'un instructeur de musique français attaché au 7ᵉ régiment ; elle allait voir son amant chez lui, en ayant le soin de se déguiser ; mais, malgré cette précaution, son mari parvint à découvrir l'intrigue. L'épouse adultère fut cousue dans un sac et jetée à la mer. L'Européen ne conserva sa vie qu'à la condition de devenir musulman.

Avant l'arrivée des troupes régulières, une fille publique, convaincue d'avoir reçu un infidèle dans sa maison, aurait subi la même peine que les femmes adultères ; mais depuis que l'on sait la protection que Mohammed-Ali accorde aux Européens, la police ferme les yeux. Cependant elle note les filles qui se montrent complaisantes envers eux, et on prétend que, si un jour l'Arabie échappait au pacha, on leur demanderait un compte terrible de leur conduite. A Djeddah, qui est le rendez-vous d'une foule d'étrangers privés de leurs femmes, le nombre des courtisanes est très-considérable ; et, pendant les fêtes de l'Arafat[1], elles

---

[1] L'Arafat est le nom d'une montagne voisine de la Mekke ; elle joue un grand rôle dans les fêtes du pèlerinage. D'après la croyance répandue chez les Mahométans, Adam et Ève, chassés du paradis terrestre, se rencontrèrent en ce lieu, après avoir erré séparément pendant plusieurs années. *Arafat*, en arabe, signifie reconnaissance, et ce nom lui a été donné par allusion à cet événement.

se rendent en foule à la Mekke, imitant l'exemple de ces prostituées qui accouraient dans les villes d'Europe où se tenaient jadis les conciles.

Dans les rues, ces femmes affectent de grands airs de modestie; et comme leurs vêtemens n'offrent rien de particulier, il est très-difficile de les distinguer. Elles habitent ordinairement ces échés dont j'ai déjà parlé. Dans ce quartier, elles ne tâchent pas de se déguiser, et on les reconnaît sans peine à leurs parures bizarres couvertes de clinquans; car elles ont la passion des bijoux et des costumes étranges, passion qui, du reste, est partout l'apanage des femmes de leur condition.

Avant de terminer, disons un mot des harems, lieux mystérieux où vient s'engloutir, pour le plaisir d'un seul homme, tout ce que Dieu a donné à la femme d'amour et de beauté. Les dames de nos pays ont peine à concevoir que les Orientales puissent vivre sans souffrance sous la garde vigilante des eunuques; cependant les femmes des musulmans trouvent du charme dans cette solitude; et si une loi ouvrait les portes des sérails, je suis persuadé qu'un très-petit nombre d'entre elles seraient disposées à user de leur liberté. Absorbées par la tendresse de leurs maris, ou le soin que réclame l'éducation de leurs enfans, leur vie participe à toutes les joies de l'épouse et de la mère. Le culte de la famille est leur religion, et le harem leur sanctuaire : indifférentes à tout ce qui se passe hors de la portée de leur vue, le monde finit pour elles aux lieux où elles ne découvrent plus rien à travers leur jalousie. Cependant cette existence n'est pas complète : si la femme éprouve mieux que l'homme ce bonheur d'intérieur, elle a besoin aussi des émotions qui se produisent dans le monde. Le premier aspect domine chez le sexe d'Orient; le second, chez celui d'Occident. L'un et l'autre, pris séparément, sont faux; et la vie, pour être heureuse, doit être un mélange de ces deux faces de l'existence.

En Orient, les bains publics servent de rendez-vous aux femmes, et c'est pour elles une agréable distraction. Le sexe de Djeddah en est privé, car la ville ne possède pas un seul de ces établissemens. Alors les harems[1] des hommes qui sont unis par les liens de l'amitié ou de la parenté, se visitent réciproquement et font diversion avec leur isolement ordinaire. Les appartemens des femmes sont

---

[1] Les Arabes appellent indistinctement *harem* (défendu) le lieu que les femmes habitent ou les femmes elles-mêmes.

couverts de tapis sur lesquels on empile une masse de coussins. Les armoires sont pleines de confitures et autres gourmandises. Le café est toujours prêt, et le narghilé n'a pas un instant de repos.

Tout en causant, les femmes s'occupent à coudre ou à broder. Les garçons sont élevés en commun avec les petites filles jusqu'à leur puberté. A cet âge, les mères les engagent à sortir pour se mêler aux affaires de leurs pères. Quand ils sont très-jeunes, on les met dans une couverture liée par les deux bouts en forme de hamac. Lorsque les femmes veulent dormir, elles assujettissent une moustiquière au-dessus du divan, on l'enlève le lendemain matin, et la chambre à coucher se trouve transformée en salon.

C'est à Djeddah que j'ai vu, pour la première fois, les femmes faire la prière musulmane. On m'a dit qu'elles appartenaient à la famille des Imans.

III

Lorsque les habitans de Djeddah reçoivent un Européen chez eux, ils le traitent avec autant d'égards que s'il était musulman. J'ai eu occasion de visiter plusieurs personnes riches, et voici de quelle manière j'étais accueilli. Dès qu'on s'est assis sur le divan, un esclave déroule le tuyau d'un narghilé persan et vous le présente en s'inclinant; à peine a-t-on eu le temps d'aspirer quelques bouffées de fumée, qu'un domestique se présente avec un plateau où sont disposées une cafetière et des tasses de porcelaine chinoise; un nouveau serviteur l'accompagne : il verse le café et le distribue successivement à tous ceux qui sont présens ; un autre vous jette sur les mains de l'eau de rose que l'on répand soi-même sur sa figure ou toute autre partie du corps, et l'on vous donne pour vous essuyer un mouchoir de mousseline des Indes, enrichi de broderies confectionnées dans le harem du maître de la maison. Un esclave se tient debout à côté de vous en ayant à la main une cassolette en argent, remplie de feu et de bois d'aloès qui parfume tout l'appartement.

Voilà, certes, un peuple bien autrement hospitalier que nous. Quand nous recevons quelqu'un chez nous, nous lui offrons une chaise ou un fauteuil, et nous croyons avoir satisfait ainsi aux lois de la plus parfaite politesse. Les rapports qui s'établissent entre les maîtres de la maison et ceux qui viennent les visiter sont purement intellectuels : la langue en fait tous les frais. Nous ne connaissons pas le prix de ces communions matérielles : si l'on nous offre quelque chose, l'urbanité nous apprend qu'il faut la refuser; en Orient, si l'on agissait ainsi, vos hôtes s'en trouveraient fortement offensés.

A l'époque des fortes chaleurs, les habitans de Djeddah habitent le rez-de-chaussée de leurs maisons; pendant l'hiver ils se tiennent dans les étages supérieurs. Les appartemens où l'on nous recevait se ressemblent tous, et ils n'offrent rien de remarquable; car les Arabes meublent avec une simplicité exagérée leurs salles de réception, et réservent tout le luxe pour l'intérieur du harem, où les hommes ne pénètrent jamais : la maison de Mahlem-Ioussouf, consul anglais, fait seule exception à cette règle. Le parquet est couvert de nattes de peu de valeur; tout le long du mur, où sont adossés les coussins, règnent des tapis ordinaires qui forment le divan, et sur les étagères des armoires on remarque les vases nécessaires pour présenter le café ou le thé, et quelques flacons renfermant des parfums. Il n'est pas rare de voir aussi dans cet appartement des canapés indiens ou des fauteuils en bois odoriférans, reliques précieuses qui se transmettent par héritage de père en fils.

Ce lieu sert de salle à manger : l'heure des repas varie selon l'appétit des convives, et les femmes n'y sont jamais admises, même en l'absence de tout étranger. Lorsque leurs maris veulent manger avec elles, ils se font servir dans le harem. Des plats de viande coupée en menus morceaux et quelques herbages leur paraissent suffisans. Les mets sont fortement épicés, comme dans tous les pays chauds, et il est rare qu'ils mangent à leur dîner des pastèques ou des melons : on préfère les garder pour les intervalles des repas. Lorsqu'ils reçoivent du monde à leur table, les heures d'étiquette sont à midi ou à l'éché [1], et dans ces circonstances ils ajoutent à leur service ordinaire un mouton entier rôti à petit feu. L'animal patriarchal, farci de riz, saupoudré de canelle, de poivre, de muscade et de girofle, est flanqué d'un énorme pilau recouvert de sauces parfumées. Tout le monde mange à la gamelle, et la bienséance exige qu'on laisse prendre

---

[1] Après la première prière de la nuit.

au maître la première bouchée. Un domestique ou un esclave placé à côté des convives tient une bardaque[1] à la main, et la fait passer à ceux qui veulent boire. Les Djeddahouis mangent avec gloutonnerie : ils ne soupçonnent pas tout le plaisir que nous éprouvons à demeurer à table, et sous ce rapport nous avons des leçons à leur donner.

J'avais fait connaissance avec le Capitaine du port de Djeddah, il me donna plusieurs renseignemens que sa position le forçait à connaître. Abdallah (c'est ainsi qu'il se nomme) était un de ces hommes aux formes athlétiques que l'on rencontre souvent dans les ports du Levant, et qui semblent être nés pour la vie de forban. Il était toujours armé d'un long jonc qui lui servait à administrer ses corrections. Malheur à celui qui excitait sa colère! ses épaules en portaient l'empreinte pendant long-temps. Aussi n'avait-il qu'à lever son gourdin comme Neptune son trident, et un ordre admirable régnait parmi la foule de marins et de commissionnaires que leurs occupations attiraient sur le port.

Il avait promis de me conduire sur ses domaines,

---

[1] Vase de terre en forme de bouteille.

et un jour nous nous acheminâmes ensemble vers la marine. Après avoir traversé le grand bazar, il s'arrêta, et, me tirant par le bras, il me dit :

— As-tu remarqué cette construction qui est là devant nous?

— Oui, lui dis-je, et je pense que ce sont de vieux restes de fortifications.

— Tu as raison. Ce sont les Turcs qui les avaient élevées pour se défendre contre les Portugais.

Je ne savais trop alors quelle confiance accorder à cette assertion; mais, depuis mon retour en Europe, je me suis convaincu de son exactitude. D'ailleurs, dans le pays même, plusieurs personnes plus instruites qu'Abdallah sur l'archéologie étaient d'un avis unanime sur ce point.

Lorsque le Bolonais Louis de Barthème vint de Damas à la Mekke, il se rendit à Djeddah, et dans la description qu'il donne de cette ville, il assure qu'elle n'était pas fortifiée. « Cette cité, dit-il [1], » n'est point fermée de murailles ni de fossés, » mais néanmoins riche en maisons bâties à la » mode d'Italie. » C'était en 1503. Quelques an-

---

[1] Voyages de Louis de Barthème, Bolonais, page 46.

nées plus tard, les Portugais, qui venaient de s'établir dans les Indes, avaient formé le projet de détruire la Mekke et Médine, et c'était contre Djeddah que leurs flottes devaient tenter les premiers efforts. Préoccupé de ce projet, Alphonse d'Albuquerque entra dans la mer Rouge après sa malheureuse tentative contre Aden en l'année 1513[1]. « Le gouverneur, » dit le père Lafitau en parlant de lui, « entra dans la mer Rouge, contre
» l'avis de tous ses capitaines et de tous ses pilotes,
» à qui il n'eut d'autre raison à donner, sinon que
» c'était l'ordre de la cour. En y entrant, il fit une
» salve générale de toute son artillerie, comme par
» une espèce de triomphe, parce qu'il était le pre-
» mier des Européens qui y fût entré avec une
» flotte. Personne ne l'avait fait avant lui, avant
» la découverte du Nouveau-Monde. Cependant ce
» qui lui avait été prédit arriva : il pensa périr sur
» les basses; il fut obligé d'hiverner à l'île de Ka-
» meran; il ne put joindre ni Suez ni Gidda
» (Djeddah), ni avoir des nouvelles de la flotte du
» sultan. »

[1] Histoire des découvertes et conquêtes des Portugais dans le Nouveau-Monde, avec des figures en taille-douce, par le R. P. Joseph-François Lafitau, de la compagnie de Jésus; in-8°, Paris, 1734, tom. 2, page 212.

Les musulmans n'ignoraient pas les desseins hostiles des Portugais, et on voit, d'après les derniers mots du passage cité, qu'ils se mettaient en mesure d'y résister. En 1516, le danger auquel les Djeddahouis avaient été exposés trois ans auparavant se présenta de nouveau. Soarez arriva devant cette place avec l'intention de l'attaquer [1]. Mais, en l'an 920 de l'hégire, ou 1514 de notre ère, El-Gouri, gouverneur de l'Égypte et de l'Arabie, avait fait fortifier cette ville. Il paraît pourtant que les ouvrages de défense n'étaient pas encore terminés, puisque les habitans voulurent s'enfuir dès qu'ils aperçurent la flotte. « Soliman, com-
» mandant des forces musulmanes, les rassura [2].
» La prudence du général portugais les tranquil-
» lisa encore davantage. Il est vrai que le port était
» de difficile accès, qu'on ne pouvait en approcher
» que par un canal tortueux qui était fortifié de
» quelques redoutes et de quelques batteries. Soa-
» rez appréhenda de s'y engager. Tandis qu'il perd
» le temps en irrésolutions, Soliman, qui connut
» à qui il avait affaire, lui envoya proposer le duel
» corps à corps. Soarez eut la sagesse de le refu-

---

[1] Lafitau, t. 2, p. 274.
[2] Lafitau, t. 2, p. 274, 275.

» ser. C'en était une s'il avait osé entreprendre de
» s'emparer de la ville et de brûler la flotte du ca-
» life, comme il le pouvait.... Mais, n'ayant pu
» prendre cela sur lui.... il se remit à la voile pour
» l'île de Kamaran. » Soarez avait déjà fait une
première tentative l'année précédente; mais, parvenu à huit lieues de Djeddah, il fut obligé de rétrograder. André Corsal, qui était sur un des navires de la flotte, attribue cette retraite au temps contraire. « La fortune, » dit-il [1], « voulut que le
» vent se tournât de poupe à proue, de sorte qu'il
» ne fut jamais possible de passer plus outre; ce qui
» nous porta grand dommage, étant en ce temps-là
» l'armée du sultan dépourvue. »

Les Djeddahouis furent encore délivrés de ce danger; mais cependant leur commerce en souffrait, d'après le rapport du même Corsal [2]. « Il y a, » dit-il, « trois autres forteresses au pays de Mala-

---

[1] Seconde Lettre d'André Corsal, Florentin, à très-illustre prince, le duc Laurent de Médicis, touchant la navigation de la mer Rouge et de la Perse, jusqu'à la ville de Cochin, au pays des Indes, écrite le dix-huitième jour de septembre 1517, page 340.

[2] Première Lettre d'André Corsal, Florentin, à très-illustre seigneur Julien de Médicis, écrite en Cochin, ville des Jarres, le sixième jour de janvier, en l'an 1515, touchant ses voyages faits aux dites parties; confrontée avec le Ptolémée, et traduite du toscan en français par le seigneur Gabriel Siméon, p. 322.

» bar, à savoir : Cananor, Calicut et Cochin, où
» les Portugais maintenant chargent les poivres et
» gingembres pour envoyer en Portugal, ne vou-
» lant qu'ils soient chargés pour ailleurs, et même
» pour Aden et par la Mecca, afin qu'ils ne passent
» en Alexandrie, envoyant tous les ans pour ce
» faire une armée au détroit de la mer Rouge, afin
» qu'il n'y passe point d'autres navires, de manière
» que l'on sera contraint de s'aller fournir d'épi-
» ceries de Venise à Lisbonne. »

Si l'on en croit Corsal, à l'époque de la seconde apparition de Soarez, Djeddah était fortifiée du côté de terre, mais sans défenses vers le port. « La-
« dite ville n'est pas trop grande, » dit-il[1], « mais
» bien murée et pleine de bâtimens de pierre :
» bien est vrai que du côté de la mer elle soulait
» être sans murailles; mais ils commencèrent à
» les y faire depuis que les Portugais furent pre-
» mièrement à la mer Rouge. » Les musulmans, connaissant toutes les difficultés de leur port, avaient commencé sans doute à fortifier cette place vers la terre, par crainte d'un débarquement; mais ils durent élever leurs murs vers la mer

---

[1] Seconde Lettre d'André Corsal, 352, 353.

après les tentatives des Portugais. Ainsi la tour que j'ai devant les yeux date environ de 1517.

Elle est adossée à un mur qui a appartenu à l'ancienne citadelle, et à l'extrémité de ce mur on en voit une nouvelle qui a la même forme. Vers le milieu on aperçoit encore une vieille porte dans le goût de l'architecture arabe un peu dégénérée. C'est un joli reste qui pourrait faire plaisir à un archéologue. Les pierres qui la forment sont sculptées avec goût, et on y distingue encore des restes des couleurs dont on les avait ornées à l'époque d'où date cette construction. Cette porte donnait autrefois sur le port, et on la nommait Bab-el-Bahar (porte de la marine). Elle est maintenant à égale distance des deux forts qui défendent la ville du côté de la mer, et à deux cents mètres du quai d'aujourd'hui. Le gouverneur de Djeddah a voulu utiliser ces ruines ; il a fait élever un mur sur l'ancien, et il en a formé une choune[1] pour le gouvernement.

— L'espace renfermé entre la vieille citadelle et la nouvelle muraille, » me dit Abdallah, « a été abandonné par la mer, et on l'a disposé convenablement

---

[1] *Choune*, en arabe, signifie magasin.

pour y bâtir les maisons que tu vois et la grande mosquée d'Akat.

— Tu crois donc, » répliquai-je, « que les eaux se retirent vers l'Ouest ?

— C'est incontestable. Tu dois avoir remarqué sans doute ces deux petits étangs situés l'un au nord et l'autre au sud de la ville. Leurs limites te donnent la position de la mer à l'époque où l'on construisit la citadelle pour la défense du port. L'espace occupé encore par les eaux était plus profond, et voilà pourquoi il est demeuré enseveli sous les flots.

— A propos de ces étangs, il me semble que votre gouverneur devrait les faire combler, car, à la marée basse, les herbes marines, les coquillages et les poissons morts exhalent une odeur nuisible à la santé des habitans.

— Pourquoi vouloir faire ce qui arrive naturellement? L'homme doit-il travailler à une œuvre, lorsque Dieu se charge de l'accomplir? Croyons qu'il est meilleur ouvrier que nous. Au reste, veux-tu une nouvelle preuve de la retraite de la mer? Tu vois que l'espace enfermé entre les remparts n'est pas entièrement occupé par les maisons; c'est qu'à mesure que la ville s'agrandit vers l'ouest, la population se porte de ce côté, et abandonne celui du Levant.

— La reconstruction de la muraille de terre me paraît indispensable : dans un cas de siége, la garnison aurait à défendre un espace trop considérable.

— Une nouvelle enceinte serait, il est vrai, nécessaire ; mais où prendre l'argent ? D'ailleurs, au besoin, les habitans de Djeddah feraient cause commune avec les soldats du pacha.

— Ordinairement, les marchands ne sont pas d'une humeur très-guerrière.

— Il n'en est pas de même des Djeddahouis. Ils sont tous dans l'usage de conserver deux fusils ; et, en cas de siége, chaque quartier est préposé à la garde d'une portion des murailles : défense est faite à chacun d'eux d'aller au secours des autres, à moins qu'une brèche ne soit faite, et que l'ennemi ne soit sur le point de s'introduire dans la place. La cause de cet usage vient de l'orgueil et de la jalousie des habitans. »

Pendant que nous causions ainsi, nous arrivâmes sur le bord de la mer.

Le quai est formé de quelques longues poutres recouvertes de planches de sapin : il s'élève d'un pied au-dessus du niveau des plus fortes marées. On a bâti sur la chaussée des murailles qui la coupent et forment autant de divisions destinées à recevoir spécialement certaines marchandises qu'on ne peut transporter ailleurs. Cette précaution établit de l'ordre dans les débarquemens, et les objets sont introduits dans la ville par les portes pratiquées sur toute la longueur du kaï.

Le port est assez sûr et peut recevoir des bâtimens de guerre. J'y ai vu des navires de commerce de l'Inde, qui jaugeaient plus de mille tonneaux. En arrivant de Suez, la côte est toute remplie d'écueils à fleur d'eau formant une masse plane et compacte. Ceux semés à l'ouest de la ville sont isolés, et on les distingue à l'écume produite par la lame lorsqu'elle vient s'y briser. Les bâtimens doivent s'avancer entre ces deux rangées de sèches, doubler Djeddah, et ils trouvent enfin, parmi les récifs du sud, un bogaz [1] assez étroit, par lequel on est obligé de passer pour pénétrer dans le port. Du côté de la ville, on trouve de nouveaux écueils qui forment avec les premiers un canal où les navires d'un fort tonnage doivent mouiller. Les baglas [2]

---

[1] Mot arabe qui signifie *défilé, passe.*
[2] Nom arabe de bâtimens à voile latine de la mer Rouge.

arabes peuvent jeter l'ancre plus près du kai, et, après leur déchargement, elles pénètrent encore plus avant du côté du nord. L'ancrage des navires arabes est à un mille des murailles, et celui des premiers à trois milles environ. Les uns et les autres semblent être en rade; cependant ils sont comme dans un port, qui ne serait défendu que par un môle inachevé, dont le faîte n'aurait pas encore atteint le niveau des eaux, comme les écueils qui protégent celui de Djeddah contre les tempêtes de la mer.

On est obligé d'employer des chaloupes pour débarquer les marchandises. Ce moyen est long et dispendieux; mais il donne à vivre à beaucoup de pauvres gens.

L'espace parcouru par ces embarcations a trèspeu de fond, et les marins doivent suivre un petit canal qui n'est pas praticable à la marée basse.

Entre la muraille du kai et les premières maisons, on trouve un assez grand espace, beaucoup plus long que large, où l'on a établi un petit chantier de construction. Il en sort des chaloupes destinées aux bâtimens de toute grandeur, des mâts, des vergues, des antennes, des timons et de grandes caisses cubiques, dont les Arabes se servent à bord pour mettre leur eau[1]. On voit en ce moment en construction une chaloupe et une pirogue de pêcheur formée d'une seule pièce de bois. Tant que le chantier existera dans ce lieu, il ne sera pas possible d'y construire même des navires de cabotage, parce que tout ce qui en sort doit passer sous la porte du mur qui le sépare de la mer.

Au reste, le port n'est pas assez profond, et les bâtimens qui ont besoin d'être radoubés et carénés doivent être inclinés sur la bande, et profiter des plus hautes marées pour pouvoir arriver près du chantier. Lorsque les eaux se retirent, les charpentiers ou calfats font échouer les navires sur le flanc dans une position convenable pour leur opération.

La mer continue à se retirer, et les marins de Djeddah, qui sont témoins de ce fait depuis longtemps, prétendent que dans quinze ou vingt ans les chaloupes ne pourront plus aborder le kai qui existe aujourd'hui. Pendant les marées basses, on voit surgir au-dessus de l'eau des langues de terre qui s'étendent au loin en travers du port, et qui ne laissent entre elles qu'un petit passage fré-

---

[1] Ces caisses sont connues sur la mer Rouge sous le nom de *fantas*.

quenté par les embarcations. Dès que les sables auront barré cette ouverture, ce sera le moment de jeter une digue qui élèvera ces bas-fonds au-dessus du niveau des hautes eaux. L'espace compris entre cette digue et le kai actuel pourrait être facilement comblé : le port se trouverait alors tout proche du grand canal où viennent stationner les bâtimens du plus fort tonnage, et comme ce mouillage a de 70 à 100 brasses de profondeur, la retraite des eaux y serait insensible.

L'accroissement que prendra Djeddah, si l'on abandonne le passage du cap de Bonne-Espérance, et l'importance que l'Arabie semble devoir acquérir sous le gouvernement éclairé de Mohammed-Ali peuvent faire espérer l'exécution de ce travail, qui n'aurait rien de bien dispendieux, puisque la digue ne devrait avoir que quelques pieds de hauteur. Alors cette partie de la mer Rouge aura un port profond, stable et sûr; de grands bâtimens pourront y être construits et lancés à la mer, et Djeddah deviendra un point de grande importance lorsque le commerce de l'Europe et des Indes passera par l'isthme de Suez.

IV

I

Visite à la tombe d'Ève. — Un marabout. — Mendians. — Cimetière musulman. — Cimetière des infidèles. — Faubourg. — Tacrouris. — Leur voyage. — Leurs mœurs. — Lieu de prières. — Marécages. — Soldats irréguliers. — Habitans de Souakem.

II

Mekkaouis. — Ahmed-Pacha. — Son père. — Portrait. — Barbes. — Turbans. — Les Européens invitent le pacha à un repas. — Chébi-Effendi. — Émin-Bey. — Moustapha-Bey. — Un carrosse européen à la Mekke. — Jeux d'escamotage. — Musiques. — Danses.

Depuis que mon guide avait refusé de m'accompagner à la tombe d'Ève, j'avais formé le projet de la visiter sans le secours des musulmans. Quelques jours après mon arrivée, je me joignis à quelques Européens, et nous nous dirigeâmes ensemble de ce côté. Nos costumes pouvaient très-bien faire croire que nous étions de pieux osmanlis de l'armée, attirés par un sentiment filial vers notre mère commune, et nous pensions avec raison que le gardien du monument ne nous en refuserait pas l'entrée. Cependant quelques-uns de nos compagnons, redoutant le fanatisme des habitans de Djeddah, jugèrent prudent de ne pas s'aventurer dans une entreprise qui leur paraissait trop hasardeuse ; quelques-uns même s'imaginaient que nous allions nous exposer à perdre notre tête ou à devenir musulmans.

A quelques pas au nord-est de la ville se dressent les cippes funéraires des principaux Djeddahouis ; mais, au-dessus d'eux, comme une mère au milieu de ses enfans, s'élève un tombeau carré surmonté d'une coupole. La porte de ce petit monument est exposée à l'est, et on a laissé deux fenêtres, l'une au nord et l'autre au sud, pour laisser entrer l'air et le jour dans l'intérieur : c'est là la fameuse tombe d'Ève ou d'Éouan, comme la nomment les Arabes.

Un marabout âgé, à la figure douce et à la barbe ondoyante, était assis sur un petit tapis, à l'ombre de la coupole ; un Coran entr'ouvert et une *goullé* [1]

---

[1] Mot arabe, *vase de grès*.

remplie d'eau étaient à côté de lui; il tenait à la main un chapelet de dattes sèches, et de temps en temps, il en portait quelques-unes à sa bouche. C'était un saint attaché au monument. Son front large annonçait une nature méditative; c'était un de ces hommes qui vivent plutôt de pensées que de pain, par la tête plutôt que par l'estomac.

Dès qu'il nous eut aperçus, il se leva et vint au-devant de nous :

— Vous venez sans doute, » nous dit-il, «pour visiter le monument élevé par les fidèles sur la tombe de leur mère?

— Nous espérons que tu seras assez bon pour nous le montrer.

— C'est ma principale occupation pendant la journée; vous n'avez qu'à me suivre.

Nous entrâmes; mais nous eûmes la vanité de garder nos babouches. Un vrai musulman n'aurait pas manqué de les laisser à la porte. C'était une faute; et s'il y avait eu du danger pour un chrétien de se trouver en ce lieu, nous en aurions subi les conséquences. Cependant le marabout, occupé à réciter quelques prières qu'il répète toujours dans ces occasions, ne parut pas y faire attention.

Pendant ce temps, je m'amusais à considérer la

disposition de l'intérieur. Les murs sont couverts de légendes et de versets du Coran. Au milieu, à six pouces au-dessus des dalles qui couvrent la terre, s'élève le soubassement d'un tombeau. Il est composé d'une pierre noire, un peu creuse vers le centre. Quatre petites colonnettes de bois surgissent de chaque coin; elles sont jointes par une traverse sur le chapiteau et supportent un demi-cylindre vide, dont la concavité est tournée vers le sol. Ce cylindre est coupé selon un plan tangent à l'axe.

Cependant le marabout nous voyant debout sans donner la moindre preuve de ferveur, et sentant bourdonner à ses oreilles une langue qu'aucun pèlerin ne lui avait jamais fait entendre, se douta que nous étions Européens. Il ne parut pas irrité de sa découverte, seulement on voyait sur sa figure l'expression de ce sentiment que l'on éprouve lorsqu'on s'est laissé duper; il se contenta de discontinuer ses oraisons et se montra bien plus tolérant que ne le serait un ermite italien, si un mahométan s'introduisait par la ruse dans le sanctuaire de sa madone. Et lorsque nous lui avouâmes qui nous étions, il nous dit naïvement : « Malech (peu importe): Éouan est la mère de tous les hommes. »

— De tout temps, » continua-t-il, « ce tombeau a

été visité par les hommes de toutes les nations. Autrefois il avait quarante coudées de longueur et formait un magnifique monument.

— Celui qui existe aujourd'hui est-il ancien?

— Il a été construit depuis que les Ouahabis[1] ont été obligés d'abandonner le Hedjaz. Celui-ci s'élève à la même place et juste au milieu du nombril d'Éouan. Son corps était si long, que la tête se trouve à Médine et les pieds en Afrique. On m'a dit que Mohammed-Ali a envoyé des fonds pour environner le cimetière tout entier d'une muraille, et le gouverneur ne tardera pas à mettre ce projet à exécution.

Avant de partir, nous donnâmes un cadeau à notre marabout. Il ne voulut pas garder les piastres, et les distribua aux pauvres qui s'étaient approchés de ce côté, quand ils nous avaient vu entrer. Cela ne les empêcha pas, cependant, de nous demander un bacchich; et comment se refuser à leur demande, lorsque, profitant adroitement de la position, ils vous disent : « Mes maîtres, quoiqu'une grande distance nous sépare aujourd'hui,

---

[1] Nom d'une secte religieuse et militaire qui, dans ces derniers temps, s'est rendue très-célèbre en Arabie.

nous n'en sommes pas moins tous les fils d'une même mère. Lorsque vos frères vous demandent l'aumône, pourriez-vous ne pas leur accorder quelques paras ? »

En sortant de ce cimetière, le Père Lachaise de Djeddah, nous nous dirigeâmes vers le sud pour visiter celui du peuple. Une foule de tombes blanches qu'on dirait sculptées sur une même roche, se dressent devant vous. Les plus belles sont surmontées d'un turban : ce sont celles des hommes. Celles des femmes sont plus modestes : elles s'élèvent à peine au-dessus du sol. Rien n'est plus propre que ce lieu à vous rappeler que nous ne sommes que des voyageurs qui passent sur la terre, et qui doivent aller rejoindre ceux qui dorment devant nous. On aurait peine à trouver ici la moindre trace d'une verte végétation. Quelques arbustes secs et poudreux sont les seules plantes qui croissent sur la demeure des morts.

Cependant les chrétiens n'ont pas le droit de se faire ensevelir avec les musulmans. Lorsqu'un infidèle meurt, on l'enterre sur une lagune qu'on voit au sud de Djeddah, et on l'a choisie parce qu'elle est séparée du continent par les eaux. J'aime autant ce cimetière, avec le bruit éternel des flots de la mer, que la stérilité et l'isolement qui entourent celui des croyans.

Entre ces deux cimetières et en dehors de la porte de la Mekke, on aperçoit quelques chétives habitations que l'on pourrait considérer comme formant un faubourg de Djeddah. On y tient un petit marché approvisionné par les Bédouins. C'est de là que partent la plupart des caravanes qui se dirigent vers l'intérieur. C'est aussi là qu'on dépose les fruits que l'on envoie de Taïf ou d'Oadi-Fatma. Le matin, lorsque les portes s'ouvrent, les *hammals*[1] les apportent au grand bazar, pour le compte des revendeurs.

Plus loin, on voit des cabanes plus chétives encore, et que des chiens d'Europe ne voudraient certainement pas habiter. Figurez-vous quelques branches rabougries jetées sur le sol et recouvertes de lambeaux de chiffons, de morceaux de drap ou de nattes que les derniers des mendians ont jetés au vent parce qu'ils les trouvaient trop sales ou trop usés, et vous aurez une faible idée de ces demeures, où des familles entières croissent et multiplient selon la parole de l'Évangile.

---

[1] Mot arabe qui signifie *commissionnaire*, *portefaix*.

Ce sont là les habitations d'une certaine race nègre, connue sous le nom de Tacrouri. Quel est l'oiseau du ciel ou l'animal sauvage des forêts qui ne sache pas se créer une retraite plus confortable que ces misérables parias? Aussi leur nom est-il pour les Orientaux synonyme de ce qu'il y a de plus dégradé, de plus vil, et c'est à peine si on leur donne la qualité d'homme. Cependant ces noirs sont plus à plaindre qu'à blâmer. Doués d'une nature douce et soumise, ils vivent au milieu d'un peuple subtil et avare qui les trompe et les appauvrit, et la nostalgie achève de faire ce que l'astuce et le mépris des Djeddahouis ont commencé.

Mais pour faire comprendre le paragraphe qui précède, disons quelques mots sur cette étrange population. Écoutez ce que m'a raconté un jellab[1], que sa position rendait compétent sur ce point :

« Ce peuple, me dit un jour ce marchand d'esclaves, habite une contrée de l'Afrique située au-delà du Darfour. Ce pays se nomme Tacarna, mais plus particulièrement Bournou. Comme le terrain n'est pas très-riche et que les productions ne peuvent pas suffire aux besoins des habitans, le gou-

---

[1] Marchand d'esclaves.

vernement, pour se défaire de l'excès de la population, renvoie, toutes les années, quelques milliers de nègres, sous prétexte de les diriger vers la Mekke pour l'accomplissement du pèlerinage.

» Leur caravane se met en marche et traverse le Darfour et le Kourdoufan. Quoique ces pays soient séparés par des déserts affreux, ces nègres font tout le trajet à pied, vivant des provisions qu'ils ont mises dans des besaces suspendues aux deux bouts d'un bâton, dont le milieu s'appuie sur leurs épaules. Ils prennent aussi des outres d'eau; mais comme ils partent toujours à l'époque des pluies périodiques, ils en trouvent en chemin dans le creux des rochers ou les lits des torrens.

» Pendant leur pèlerinage, ils vendent des racines et des drogues de leur pays; ils distribuent des amulettes qui préservent les nègres de toute sorte de maladies, et font des philtres d'amour. Plusieurs d'entre eux sont cheikhrs et savent écrire. Quelques versets du Coran, tracés sur un morceau de parchemin, leur valent de bonnes aubaines qui leur permettent d'accomplir leur pénible voyage. Du Kourdoufan ils se rendent à Cartoum ou à Dongolah, et ils gagnent ensuite Massaouah par l'Abyssinie, ou Souakem en traversant le désert des Bicharris. Dans ces ports de mer, on les prend pour rien sur les navires, et on les débarque à Djeddah.

— Il me semble, dis-je au jellab, qu'il faut être doué d'un courage surhumain pour s'aventurer dans des déserts qu'on ose à peine aborder lorsqu'on a avec soi des dromadaires et des guides expérimentés. Comment une caravane aussi nombreuse trouverait-elle à subsister dans des traversées qui durent quinze jours, avec quelques gouttes d'eau pour se désaltérer ?

— Le courage religieux est plus fort que tous ces obstacles. D'ailleurs, ils ne partent pas tous ensemble, mais successivement, par petites troupes de cent cinquante à deux cents hommes, ayant une bannière particulière, et ils n'abandonnent jamais un pays sans avoir acquis les moyens de continuer leur pèlerinage.

» On remarque souvent des femmes au milieu d'eux; mais il est rare qu'on leur fasse porter autre chose que des calebasses remplies d'eau destinée à leur usage particulier. Les habitans des lieux où ils passent ont grand soin de ne pas se rencontrer isolés sur leur passage; car les Tacrouris les font prisonniers et les forcent à se charger d'une partie de leur bagage. Ces nègres n'ont aucune pitié pour ces malheureux; il faut qu'ils marchent avec leur fardeau jusqu'à ce qu'ils tombent épuisés de fatigue.

—Voilà qui passe les bornes de l'humanité et de la justice, et qui doit diminuer la compassion des honnêtes gens pour le sort qui les attend dans le Hedjaz.

—De Djeddah, ils se rendent à la Mekke, et après le pèlerinage quelques-uns retournent chez eux, tandis que le plus grand nombre, se rappelant toutes les fatigues et tous les dangers de leur premier voyage, ne se sentent pas assez de courage pour entreprendre le second, et prennent le parti de s'établir dans les principales villes du Hedjaz. Là ils s'adonnent aux métiers les plus vils, que personne ne voudrait faire parmi les Arabes, et ils finissent par s'abrutir au point qu'ils ne conservent de l'homme que la forme.

—Cependant j'ai connu des Tacrouris aussi intelligens que le commun des autres nègres, et peut-être même davantage.

— Ce sont ceux qui ont le bonheur d'être recueillis par des personnes riches, qui les prennent à leur service avant que la misère et la nostalgie les aient abrutis.

» Les femmes de ceux qui conservent leur indépendance font de la poterie, qu'elles vendent au bazar. Leurs maris emploient, pour se nourrir, les moyens dont ils se servaient en voyage : ils font des amulettes, des philtres, ou servent de saka[1]. Plusieurs d'entre eux n'ont point de demeure; ils couchent constamment dehors, et pendant le jour ils s'endorment au soleil, sans contracter aucune maladie.

» Ceux qui prennent le chemin du Bournou n'y arrivent qu'en bien petit nombre. Quelquefois même leurs caravanes sont englouties par les sables ou périssent faute d'eau, et ainsi se trouve accompli le but de leur gouvernement. »

Entre les demeures des Tacrouris et la tombe d'Ève, on voit un grand espace rectangulaire fermé par quatre murs en terre ayant chacun une porte : le premier jour du petit bairam[2], tous les habitans de Djeddah se réunissent dans cette enceinte, et les derniers arrivés sont obligés de se tenir en dehors, à moins qu'ils n'appartiennent à quelque famille distinguée. Un moment avant le lever du soleil, ils prient tous ensemble et à haute voix pour les morts. La cérémonie dure une heure et

---

[1] Porteur d'eau. Ce nom est déjà connu du lecteur.
[2] Pâque musulmane.

demie, et elle se termine par un discours que prononce le kadi. Ensuite on se disperse; les hommes rentrent dans la ville; mais les femmes se rendent dans les cimetières, pour pleurer sur la tombe de leurs parens.

En s'avançant encore vers l'est, on aperçoit des rochers de corail, vieux récifs abandonnés par la mer, et que la vague a battus ou léchés pendant des milliers d'années peut-être. Les bas-fonds où jadis le pécheur jetait ses filets, où mordait l'ancre des bâtimens, ne forment aujourd'hui qu'un cloaque où l'eau se conserve long-temps après l'époque des pluies.

A côté de cette lande marécageuse végètent quelques arbres épineux. Des tourterelles et d'autres oiseaux assez nombreux viennent se reposer sur leurs branches, attirés par la verdure et le voisinage de l'eau. Des soldats arnaoutes ou bosniaques des troupes irrégulières, fatigués sans doute de l'éternel pilau qui forme leur nourriture ordinaire, viennent se placer à l'ombre d'une mimosa, alléchés par l'espoir de faire une brochette de ces oiseaux. Ils tiennent d'une main la pipe et de l'autre le fusil, et ils s'en retournent presque toujours avec leur charnier bien garni.

C'est là l'unique occupation de ces cavaliers, et

les Arabes les maudissent, parce qu'ils ne respectent pas même les tourterelles, qui, dans tout le Hedjaz, sont placées sous la protection du prophète. Ce petit bassin d'eau douce, avec ses arbres flétris et deux ou trois palmiers perdus dans la ville à côté d'une mosquée, voilà toute la végétation de Djeddah.

Puisque j'ai parlé des Tacrouris, disons quelques mots sur un peuple aussi fier et indépendant que le premier est humble et soumis. Vous remarquez à Djeddah un type d'hommes élégans, parcourant nonchalamment les rues, les bazars de la ville, et s'installant gravement sur les sarirs [1] des cafés. Leur teint est presque aussi noir que celui des véritables nègres ; mais une teinte rouge naturelle, d'une couleur presque imperceptible, suffirait pour les distinguer de cette race, s'ils ne se faisaient remarquer d'ailleurs par d'autres signes.

Leur type de figure est bien éloigné de celui des Arabes, et le contour affecte plutôt la forme d'un losange que celle de l'ovale. Leur nez est aquilin, leur menton pointu ; ils ont des yeux d'aigle, aussi fiers mais plus doux, expressifs, mélange incom-

---

Siéges grossiers en forme de canapé.

préhensible de bonté, de nonchalance et d'orgueil. Le blanc de la prunelle est d'une pureté et d'une limpidité extrêmes, et donne à leur regard un éclat incomparable. Leur bouche est de moyenne grandeur; et les dents sont d'une blancheur éblouissante. Leurs membres sont grêles, déliés, mais forts et nerveux.

Leur tête est ombragée d'une forêt de cheveux longs, crépus, noirs comme des plumes de corbeau; ils s'arrondissent sur le derrière du cou, et une énorme touffe s'élève au-dessus du front. Cette chevelure est nattée avec soin et disposée en une infinité de tresses symétriquement arrangées les unes à côté des autres. Un petit bâton long de six pouces y est toujours fixé; ils s'en servent pour raccommoder les nattes qui se dérangent. Ils oignent les cheveux de beurre ou de quelque autre matière grasse, pour les rendre moins rebelles à leurs soins, et lorsqu'ils se couchent ils appuient leur tête sur un coussin de bois, pour ne pas être obligés de les peigner trop souvent. Cette chevelure est remarquable par son originalité; mais comme elle conserve toujours la même position, à cause de sa raideur, elle manque de cette mobilité qui fait la beauté de celle des races caucasiennes.

Ces hommes étranges sont des indigènes de Souakem, attirés à Djeddah par leur négoce. Ce peuple, qui a une haute opinion de lui-même, se promène gravement au milieu des malheureux qui encombrent les rues de Djeddah, et lui seul conserve sans cesse une figure sereine au milieu de la tristesse qui l'environne. Leur costume, simple mais élégant, a toujours un aspect de propreté qui marque leur aisance et leur supériorité d'intelligence. Ils portent des souliers ou plutôt des sandales dans le genre de celles des habitans de Djeddah, mais mignonnes, coquettes, avec une bande de cuir large de deux doigts qui part du bas de la jambe, suit le dessus du pied, et s'avance de quelques lignes en avant des orteils.

Leurs reins sont soutenus par une ceinture de cuir, et ils jettent sur leurs épaules une toile blanche, qu'ils drapent de mille manières, mais toujours avec grâce. Leur figure et leur démarche annoncent des sentimens nobles, et la teinte d'orgueil qui s'y mêle provient de l'habitude qu'ils ont de commander aux esclaves dont ils font le commerce. Il n'y a pas d'exemple qu'un de ces hommes, éloigné de son pays, ait été obligé de mendier. Ils sont libres dans l'intérieur de leur patrie; mais la ville de Souakem obéit à un gouverneur turc nommé par le pacha d'Égypte, et qui actuellement se nomme Mohammed-Ali comme lui.

Ces étrangers font avec Djeddah le commerce des céréales; ils apportent aussi des ballass [1] de beurre pour une quantité qui équivaut aux trois quarts de la consommation de cette ville. Leur pays abonde en dromadaires très-estimés : ils les envoient ici par mer, ou bien ils les dirigent par terre vers l'Égypte, en suivant les côtes de la mer Rouge jusqu'à Kosseir.

II

Plusieurs habitans de la Mekke sont venus nous rendre visite, et j'ai eu le temps de les examiner tout à mon aise. Ces Arabes, qui occupent la ville sainte, se croient naturellement le premier peuple de la terre, et aussi est-il facile de distinguer à travers les apparences d'une politesse exquise les traces évidentes

[1] Nom arabe des jarres.

d'une fierté qu'ils ne peuvent dissimuler. Ceux que j'ai vus ont les yeux noirs et perçans ; un teint brun, des lèvres épaisses et une grande bouche annoncent que la pureté de leur race a été altérée par le croisement des négresses et des femmes gallas qui peuplent les harems de la cité sacrée. Leur conversation est vive, enjouée et semée de traits d'un esprit piquant. Ils ont un tempérament nerveux et très-irritable. Le sang africain, qui coule dans leurs veines, les rend capables d'éprouver de grandes passions, et on sait qu'ils portent au plus haut degré l'amour et le fanatisme, le culte des femmes et celui de Dieu.

Cependant les préjugés des principaux citoyens de la Mekke et de Djeddah contre les chrétiens semblent vouloir se dissiper; mais les sentimens d'intolérance du peuple de ces deux villes n'ont éprouvé aucune atteinte. Chebi-Effendi, gardien de la clef de la maison de Dieu, n'a pas dédaigné d'envoyer de très-beaux présens à quelques Européens de l'expédition, et il a reçu d'eux, en échange, des fusils à piston et des lunettes d'approche, que les Arabes sont encore bien loin de savoir confectionner.

On sait que les Orientaux se soumettent aveuglément au dogme de la fatalité. « Pourquoi ferions-

nous des remèdes? disent-ils lorsqu'ils tombent malades; c'est Dieu qui nous a envoyé le mal, il saura bien nous en délivrer s'il le trouve à propos; et, dans le cas contraire, comment des moyens humains pourraient-ils porter obstacle à sa volonté?»
Cependant les grands de la ville sacrée demandent tous les jours des consultations aux médecins de l'armée; ils leur ont même adressé un de leurs fils atteint d'une maladie de poitrine, et un autre jeune homme attaqué de la pierre, sur lequel on va bientôt pratiquer l'opération de la taille.

Il n'y a pas long-temps qu'Ahmed-Pacha, chef de l'expédition d'Arabie, n'avait aucune foi à la médecine européenne, tandis qu'à la Mekke il ne faisait pas difficulté de livrer sa santé à de mauvais empiriques arabes, et même à de bonnes femmes qui, certes, ne possèdent pas même les premiers élémens de la science médicale. Cependant, voyant que leurs remèdes ne produisaient aucun effet favorable, il s'est décidé à faire le voyage de Djeddah. Les employés de l'armée ont été assez heureux pour lui procurer une prompte guérison, et il a commencé à considérer la médecine avec moins de dédain.

A cette époque il accepta une invitation à diner

chez les Européens de l'armée, représentés par M. Chedufau, médecin en chef, ancien élève de M. le baron Larrey; et M. Mari, dit Bekir-Aga, ancien soldat de l'empire, aujourd'hui bimbachi ou commandant, et attaché au général en qualité de son instructeur particulier.

Mais, avant d'aller plus loin, il est bon de faire connaître le chef de l'expédition à nos lecteurs.

Ahmed-Pacha est neveu de Mohammed-Ali du côté de sa mère. Son père, qui plus tard a été appelé Moustapha-Bey, vendait du poivre et du fromage dans une petite boutique du Caire, pendant que le vice-roi actuel venait de quitter celle où son père débitait du tabac, pour prendre du service dans les armées du sultan. Certains panégyristes salariés, ne pouvant nier que Mohammed-Ali ne fût le fils d'un spéculateur de tabac, ont prétendu que son père était un riche négociant de la Calle, qui faisait en grand le commerce de cette denrée; mais, pour son propre compte, Ahmed-Pacha ne suit pas la conduite des flatteurs de son oncle, et il avoue à qui veut l'entendre que son père était un simple épicier établi dans un bazar de la capitale de l'Égypte.

Ahmed-Pacha est aujourd'hui âgé de trente-deux

ans : sa taille est au-dessous de la médiocre, et il fait partie de ce petit nombre de Turcs qui peuvent laisser pousser leur barbe, quoique portés sur les cadres de l'armée régulière. Lorsque Mohammed-Ali a voulu discipliner ses troupes à l'européenne, il a ordonné aux soldats de se couper la barbe et de laisser croître la moustache, et il a été décidé que ceux qui ne se conformeraient pas à l'ordonnance ne recevraient jamais de l'avancement.

Cependant, au lieu de prêcher par l'exemple, Mohammed-Ali a conservé la sienne; Ibrahim-Pacha l'a aussi gardée, parce que, disait-il, elle avait été frottée, à Médine, sur le tombeau du prophète, et qu'alors il avait formé le vœu de la laisser croître jusqu'à la fin de ses jours. J'ai connu en Arabie un officier très-dévot qui a mieux aimé végéter dans le grade de sous-lieutenant plutôt que de consentir à se priver de la sienne. Lorsque le pacha d'Égypte donna cet ordre, tous les officiers se demandèrent si leur maître voulait les avilir et les déshonorer, et peu s'en fallut que ce ne fût l'occasion d'une révolution[1]; mais aujourd'hui on s'y

---

[1] C'est l'histoire des queues des hussards supprimées par Napoléon, et de la plupart des réformes introduites en Russie par Pierre le Grand.

est habitué, et tous les nouveaux venus se soumettent sans peine au rasoir du barbier.

La barbe d'Ahmed-Pacha est noire, longue et assez touffue. Ses yeux sont de la même couleur, et annoncent une ame bonne, une ame qui souffre mais qui sait se résigner. Sa santé est maladive; il a le dos courbé, et sa tête est inclinée vers sa poitrine. Un simple tarbouch de la forme de ceux de Tunis compose sa coiffure, et le magnifique turban dont les Turcs étaient jadis si fiers a disparu.

Lorsque Mohammed-Ali défendit aux militaires de s'entourer la tête de châles, il éprouva la même résistance que pour faire tomber les barbes. Les pachas et les généraux, se croyant à l'abri de l'ordonnance, s'étaient dispensés d'y obéir. Ibrahim-Pacha, choqué de leur conduite, les convoqua tous chez lui pour un jour désigné. Il fit poster dans les appartemens qui précédaient le sien des kaouas qui reçurent l'ordre d'arrêter les récalcitrans et de s'emparer de leurs beaux turbans.

Au matin indiqué, tous les officiers généraux, sans se méfier de rien, arrivèrent sur leurs beaux chevaux magnifiquement harnachés; ils en descendirent et les confièrent à leurs saïs[1]. Dès qu'ils

---
[1] Palefreniers.

eurent pénétré dans la première salle, qui ordinairement était éclairée, ils furent très-étonnés de la trouver dans une complète obscurité. Les kaouas, qui s'étaient habitués aux ténèbres en y séjournant, exécutèrent leurs ordres, et disparurent furtivement avec leur butin.

Aussitôt des esclaves accoururent et laissèrent pénétrer le jour dans l'appartement. Les chefs, qui avaient craint d'abord pour leur vie, reconnurent qu'on n'en voulait qu'à leur turban et se résignèrent sans murmurer; ils parurent en simple tarbouch devant Ibrahim-Pacha, et la réception eut lieu de part et d'autre comme si rien d'inaccoutumé ne se fût passé. Il n'y a que des Turcs capables d'une pareille résignation à la volonté de leur maître.

Le caractère d'Ahmed-Pacha annonce un homme né plutôt pour goûter le charme de la vie domestique que pour s'occuper d'affaires politiques et de commandemens d'armée. Lorsqu'il se livre aux épanchemens de son cœur, il se plaint à ses confidens du rôle pénible que sa position le force de jouer, et il ne soupire qu'après le repos du harem. Au reste, ce n'est ni l'adresse ni l'intelligence qui lui manquent, c'est plutôt la volonté, la force d'exécution.

Il aime les femmes passionnément, et son plus grand plaisir, quand il habitait le Caire, était de se renfermer avec elles loin du monde et des affaires. Peu de Turcs ont un sérail aussi beau que le sien. Il a consacré à son embellissement des sommes très-considérables, et l'a orné de tout ce que le goût oriental a imaginé de plus riche et de plus voluptueux. Lorsqu'il était au camp d'instruction, à Kanka[1], où son oncle le forçait de demeurer, il faisait semblant de se coucher dans sa tente; mais il s'échappait clandestinement, et, suivi de quelques mameloucks favoris, il entrait au Caire secrètement. Il passait la nuit dans son harem, et avant que le tambour ne battît la diane, il était de retour au camp.

Ce général a passé les plus belles années de sa vie dans le Hedjaz. Mohammed-Ali, avec sa prévoyance habituelle, l'avait envoyé à la Mekke fort jeune, afin que les Arabes, habitués à le considérer comme un compatriote, eussent moins de peine à se soumettre à son commandement. Autrefois il

---

[1] Kanka est le nom d'un village peu éloigné du Caire, où Mohammed-Ali avait formé un grand camp d'instruction pour sa jeune armée.

menait, dit-on, dans la ville sainte une vie assez dissipée. Il convoquait ses amis dans des festins somptueux, où les vins et les liqueurs n'étaient pas épargnés, et, après le repas, on s'introduisait dans les harems des voisins absens. Aujourd'hui son caractère est bien changé. L'âge, les maladies, les fatigues de la guerre, la fin malheureuse de ses expéditions militaires, et la douleur d'être éloigné du Caire, l'ont complètement transformé: il est devenu dévot, et ne soupire qu'après le moment où il pourra s'effacer de la scène politique de l'Égypte.

Le soleil vient de se coucher; c'est l'heure à laquelle les Arabes se lèvent, c'est-à-dire celle où ils donnent le plus d'essor à leur activité. Le pacha se présente dans notre salon : son costume est des plus simples : il a un habit à la mode du nézam [1], vert et sans aucune broderie; sa ceinture est en soie, et a été travaillée dans un atelier de la Syrie.

Chébi-Effendi l'accompagne; il est suivi d'un chérif de la Mekke. Tous deux sont vêtus à la mode des Arabes.

Ahmed-Pacha a amené avec lui trente officiers,

---

[1] Nom de l'armée régulière.

mamelouks ou kaouas attachés à sa personne. Les uns portent son narghilé, une cassette renfermant tous les vases propres à faire le café, une coupe en argent; les autres, des serviettes en soie avec une frange d'or, un bassin d'argent et une aiguière, dont on se sert dans tout l'Orient pour se laver les mains et la bouche après le repas.

Parmi ses officiers, on remarque Emin-Bey, son aide de camp, possédant une éducation européenne; un air de fierté tempéré par un regard assez doux brille sur sa figure. Il est aussi dévot que son maître, et peut-être moins tolérant. C'est lui qui nous recevra si bien à Moka, lorsque je passerai dans cette ville avec M. Combes, pour aller en Abyssinie. Cet homme avec les insignes de colonel, c'est Moustapha-Bey, qui commande le troisième régiment : il est ignorant, orgueilleux; il professe un profond mépris pour tout ce qui n'est pas musulman, et pousse l'indolence jusqu'au dernier degré.

Chébi-Effendi, quoiqu'il ne soit pas chérif, est d'une noblesse beaucoup plus ancienne que les descendans du prophète. Il est gardien de la clef de la kaaba, et sa charge, qui est héréditaire dans sa famille, lui attire le respect et la vénération de tous les fidèles croyans.

Chébi est un homme de moyenne taille ; il a de l'embonpoint, un teint brun très-foncé ; son menton et ses joues sont couverts de bouquets de poils assez rares ; son œil est noir, plein d'expression, et annonce l'adresse, la ruse et la pénétration ; sa tête, couverte d'un de ces takias formés de pièces rapportées, que nous avons déjà décrits, est enveloppée dans un immense châle de cachemire blanc ; sa robe est d'une étoffe de soie rayée de noir et de jaune, son caftan d'un drap rouge étincelant ; ses jambes sont nues, et des sandales arabes composent sa chaussure. Sa famille rappelle celle des patriarches ses ancêtres ; elle compte huit garçons et sept filles ; mais malheureusement l'ainé de ses fils, qui doit hériter de ses fonctions, est rachitique et bossu.

C'est Chébi qui reçoit les offrandes de tous les musulmans qui visitent la maison de Dieu. A l'époque du pèlerinage, leur nombre s'élève souvent à plus de cent mille personnes, qui toutes préféreraient vendre leur pipe plutôt que de ne rien laisser dans la cassette aux offrandes. Les grands personnages surtout se piquent de générosité, au grand profit du saint Pierre de la Mekke. Chébi prend aussi toutes les années la chemise de soie noire qui enveloppe la kaaba extérieurement, dès qu'on l'a remplacée par celle que l'Émir-Hajji apporte du Caire.

Ses richesses sont immenses, et comme il craint de devenir victime de la cupidité des Turcs, il a toujours chaudement embrassé leurs intérêts. Aujourd'hui c'est un zélé courtisan d'Ahmed-Pacha, qui l'aime sincèrement, à cause de ses qualités et de l'emploi auguste qu'il exerce. Dernièrement ce général lui a fait cadeau d'un très-beau carrosse venu de Paris, et qu'il avait apporté du Caire pour son usage particulier.

Voilà donc les moyens de transport usités en Europe intronisés au milieu du foyer religieux de l'Orient. Comment les Arabes n'aimeraient-ils pas ces voitures si douces, où l'on est parfaitement à l'abri du soleil et des tourbillons de sable, où l'on peut dormir, fumer, causer avec des femmes ou des amis, pendant que les vigoureux coursiers du Nedj vous emportent avec la rapidité du vent? De Djeddah à la Mecque, la route qui existe aujourd'hui est assez belle pour être parcourue ainsi. Plus tard, si les riches Mekkaouis veulent se transporter ailleurs de cette manière, ils feront aplanir les routes de leur territoire, et le peuple y gagnera; car souvent ce qui n'est fait que pour l'agrément de quelques-uns devient avantageux aux intérêts de tous. Combien de départemens y a-t-il en France qui sont dotés de belles routes, qu'ils n'auraient jamais eues si le carrosse de tel ou tel personnage avait pu parvenir commodément jusqu'à son château!

Lorsque le pacha veut se mettre à table, un de ses mamelouks met un genou à terre; d'une main il tient un ticht [1], et de l'autre il verse de l'eau sur les mains de son maître, tandis qu'un nouveau mamelouk, dans la même posture, lui présente une serviette pour s'essuyer.

Chébi-Effendi ne fait aucune de ces cérémonies, et s'installe bravement à table.

Le repas est servi à la mode française, avec cette différence qu'on ne voit point de vin. Qu'on se figure l'embarras des Arabes et des Turcs, assis sur des chaises de l'Inde, avec les jambes retombantes sur le parquet, et en présence d'un attirail de cuillers, de fourchettes, de couteaux, de verres et de tout ce qui s'ensuit. Nous avons une reproduction complète de la fable du loup et de la ci-

---

[1] Cuvette en métal.

gogne, et certainement, si le bon La Fontaine n'avait pas eu la louable habitude de ne mettre en scène que des animaux, il eût pu intituler son apologue : *Le Turc et l'Européen;* car on sait que, lorsque nous nous asseyons pour la première fois devant une sanié [1], nous ne sommes pas plus à notre aise que nos convives d'aujourd'hui.

Cependant Chébi-Effendi *ne peut prendre miette*, et les Européens, au lieu *de laper le tout en un moment,* s'amusent à couper les morceaux dans son assiette, afin qu'il n'ait qu'à les prendre avec la fourchette, ce qui ne lui réussit pas toujours du premier coup. Le pauvre Mekkaoui [2] est d'une gaucherie inconcevable; mais il conserve toujours une humeur enjouée et rit le premier de sa maladresse. Ayant vu un Français prendre du poivre avec un couteau, il enfonce les doigts dans une salière, met le sel sur la lame de son poignard et le répand sur son assiette. Lorsque le pacha manifeste l'envie de boire, ses mamelouks lui présentent une coupe d'argent : il la refuse et se sert des verres en cristal qui sont sur la table; tous les convives imitent son exemple. La conversation, d'indifférente

---

[1] Plateau en métal sur lequel les Orientaux prennent leurs repas.
[2] Habitant de la Mekke.

qu'elle était au commencement, s'anime un peu malgré l'absence du vin : on parle politique et religion. Chébi-Effendi a l'apparence d'un homme très-tolérant, et, quand il est en petit comité, il récite en riant la profession de foi musulmane. Il nous assure souvent que, s'il le pouvait, il nous amènerait à la Mekke; mais, à son avis, les préjugés du peuple s'y opposeront encore longtemps.

Lorsque le repas est terminé, on dresse une table dans la salle voisine. La suite du pacha et les Arabes venus avec Chébi-Effendi vont s'y asseoir. En Orient, quand on reçoit le maître, on est habitué à traiter les serviteurs ; on doit aussi nourrir et loger les chevaux et les dromadaires qui portent les hommes et les bagages.

Dans la salle principale, on fume et on boit le café. Un pharmacien italien, renommé par son adresse, exécute des jeux d'escamotage avec vitesse et élégance. Ces jeux étonnent et amusent en même temps. Le pacha est le seul qui, de temps en temps, soupçonne les supercheries. Chébi-Effendi se passionne trop et ne comprend pas; il monte sur une chaise en poussant des exclamations de surprise et d'admiration, afin de mieux voir ce qui se passe sur la table du prestidigitateur; mais il est toujours la dupe de l'habile Italien.

Les jeux cessent, et Chébi, comme pour se délasser de l'effort qu'il vient de faire, s'étend de tout son long sur le divan. Bientôt une musique harmonieuse se fait entendre : c'est un Piémontais qui exécute quelques morceaux d'opéra sur un piano venu des Indes, et qu'il avait acheté pour quinze talaris, avec MM. Mari et Chedufau. Excités par le son de cet instrument, quelques Français commencent à danser. Les Turcs et les Arabes les imitent, et l'on jouit du même coup d'œil des passes rapides et légères de l'Europe et des mouvemens lents et voluptueux des peuples d'Orient. L'orchestre s'augmente encore d'une mandoline italienne. L'ensemble rappelle aux exilés d'Occident la patrie absente et les émotions du foyer paternel. Ils sont les seuls à jouir de ces émotions. Les Turcs et les Arabes n'ont pas une oreille musicale pour ce genre d'harmonie; ils ne comprennent pas.

Le lendemain, tous les habitans de Djeddah, pauvres et riches, grands et petits, hommes et femmes, ne parlaient que de ce fameux repas. Lorsque deux Arabes se rencontraient dans la rue, l'un d'eux disait à l'autre :

— Savez-vous la nouvelle ?

— Laquelle ?

— Et la grande nouvelle ?

— Non.

— Eh bien ! apprenez que deux musulmans riches, puissans, connus également par leur inviolable attachement à la foi musulmane, sont allés dîner avec des Européens, sont allés rompre le pain et manger le sel avec des mécréans.

— Et quels sont ces hommes ?

— Ahmed-Pacha et Chébi-Effendi.

— Allah ! Allah ! machallab ! Les jours de désolation annoncés dans le Koran sont accomplis. Que pouvait-il arriver de bon de ce nuage d'infidèles qui, comme une nuée de sauterelles, est venu s'abattre sur le territoire sacré ?

V

I

Cantonnement des régimens de l'expédition. — Trajet de Djeddah à Bahara.—Campement sous la tente.— Bahara.— Insectes.—Oiseaux. —Climat.—Dromadaires.—Leurs mœurs.

II

Description de la Mekke.—Approche des fêtes du pèlerinage.— Imans. Prière des soldats. — Anglais venus des Indes. — Repas, — Musique militaire.— La Marseillaise.— Un bouton de la 32ᵉ demi-brigade.— Santons.—Bédouins des environs de Djeddah.—Costumes et mœurs.

I

Les trois régimens qui font partie de notre expédition n'avaient pu être réunis en un même lieu, à cause de la rareté de l'eau. Le 3ᵉ de ligne campe sous les murs de Djeddah, le 7ᵉ a été cantonné à la Mekke, et le 16ᵉ a dressé ses tentes à Bahara, large vallée située sur le chemin qui conduit du port de mer à la ville sacrée. Le médecin en chef a l'intention de se fixer pendant quelque temps dans cette position pour y organiser le service de santé. Je me dispose à l'accompagner.

Nous disons adieu pour quelque temps à nos amis de Djeddah. Notre demeure ne va plus se composer de murs de pierre, de moucharabies [1] et de terrasses; elle est suspendue aux flancs d'un chameau. Nous quittons la vie de citadin pour nous initier à celle des Arabes bédouins. Désormais notre maison sera une tente; le foyer, quelques pierres noircies par les voyageurs qui nous ont précédés; un tapis étendu sur le sable nous servira de lit. Nous n'entendrons plus le bruit de la vague qui se brise contre les écueils; notre horizon sera fermé de tout côté par des montagnes stériles, nues et décharnées par le temps.

En sortant de Djeddah, on a devant soi une plaine qui fuit à l'horizon au nord et au sud; à l'est, elle est bornée par une chaîne de montagnes parallèles à la côte, dont elles sont éloignées de deux lieues. Depuis la saison des pluies jusqu'à celle où la chaleur devient très-forte, c'est-à-dire depuis

---

[1] Nom arabe d'une jalousie.

le mois d'octobre jusqu'à celui d'avril, cette plaine se revêt d'une plante verte que les Arabes nomment hachich, et qui sert de nourriture à leurs troupeaux. Quelques Bédouins sèment des concombres et des pastèques sur les terrains arrosés par les torrens qui s'écoulent des hauteurs. Lorsque l'été arrive, les pâturages se dessèchent et laissent à découvert un terrain aride et sablonneux; alors les bestiaux ne trouvent plus à brouter que quelques plantes poudreuses auxquelles leur nature vivace permet de résister à la sécheresse et à la chaleur.

Au nord et au sud de Djeddah, on trouve deux villages dont les maisons sont construites en terre; ils contiennent chacun mille ames de population. Quatre autres, d'une moindre importance, sont disséminés sur la plaine au milieu des douars de Bédouins nomades, que l'on distingue, pendant le jour, à la blancheur de leurs tentes, et, durant la nuit, à la lumière d'un foyer qui ne s'éteint presque jamais.

Après quelques pas faits au milieu des montagnes, nous trouvons un café. Les chameliers et les voyageurs s'y arrêtent ordinairement. Pour l'Arabe et l'étranger, c'est une station aussi agréable que les cabarets qui s'élèvent à côté de nos grandes routes. Nous y trouvons des ulemas de la Mekke, deux arnaoutes et quelques fellas égyptiens. Les collines que nous avons devant nous s'entr'ouvrent pour nous laisser passer sur un chemin sinueux qui serpente au pied des hauteurs. Il est doux et uni jusqu'à la Mekke, malgré que l'on voyage presque toujours au milieu des montagnes.

Cette chaîne est généralement stérile et fracassée; cependant quelques plantes flétries végètent sur ses déclivités, et nous apercevons de temps en temps des groupes de chèvres qui les broutent avec avidité. Les vallées qui ont conservé un peu d'humus ont un aspect moins désolé; elles produisent une végétation plus abondante, et les Bédouins, à force de soins, ont trouvé le moyen d'y planter de petits jardins. Chemin faisant, je remarque des asclépias aux feuilles grasses, des grenadiers et des citronniers sauvages. Les montagnes que nous parcourons n'ont pas une forme continue; elles sont composées d'une infinité de mamelons plus ou moins élevés et comme saupoudrés de petites pierres ou de gros silex tantôt rouges, tantôt noirs.

Lorsque les caravanes, qui apparaissent quelquefois devant nous, ont disparu derrière les sinuosités des collines, nous nous trouvons seuls au milieu d'un horizon bordé de roches calcinées par le soleil. La solitude est affreuse, et les Bédouins entonnent un chant national pour troubler ce silence lugubre, qui attriste l'ame et entraîne l'homme à des pensées de deuil et d'anéantissement. En cette circonstance, comme en beaucoup d'autres, les Arabes agissent instinctivement, et ils arrivent au même point que nous, habitués à procéder par raisonnement. L'instinct et la raison nous conduisent les uns et les autres au même but; mais les Arabes y parviennent plus vite, sinon plus sûrement.

Ici point de sources limpides, point de frais ruisseaux, point d'arbres plantés par la main des hommes, point de ces manufactures actives et bourdonnantes qui peuplent et animent les plaines et les vallées de notre belle patrie. Une terre avare et un soleil brûlant ne produisent ni agriculteurs ni industriels ; mais la nature de l'Arabie avec ses grandes scènes, comme le semoun, le désert, les belles nuits étoilées et calmes, ses jours inondés de lumière et de chaleur, donnent un essor prodigieux au cœur et à l'imagination; il y a plus de poésie dans l'ame de ce pâtre ou de ce chamelier qui ne possède que ses armes et quelque maigre troupeau, que dans celle de nos plus grands banquiers et manufacturiers pour lesquels roule le moderne Pactole.

Nous sommes à moitié chemin : cette lumière vacillante que nous apercevons, maintenant que le soleil est couché, et que l'on prendrait pour une étoile qui se lève à l'horizon, c'est le foyer d'un nouveau café ; le feu se reflète sur les visages bronzés de quelques individus accroupis tout à l'entour. Nous continuons notre marche : nous doublons l'établissement du kaouaji[1] sans nous laisser séduire par l'air de béatitude qui règne sur la figure de ses hôtes du moment ; et, après quelques détours, nous découvrons, à la clarté de la lune, la grande vallée de Bahara, où campe en ce moment une partie de l'armée de Mohammed-Ali avec ses tentes, son artillerie et sa musique toute européenne.

Nous nous installons le lendemain. Notre nouvelle demeure se compose de trois tentes en toile de coton. Ce sont trois grands cylindres appelés *tousluc* par les Arabes, et ils sont surmontés d'un cône ou *koubbé* soutenu au milieu par une colonne en bois de douze pieds de hauteur : en voyage, elle se divise en deux, et on peut la mettre sur les cha-

[1] Cafetier.

meaux sans difficulté. Quatorze cordes attachées au tousluc sont fixées à des pieux enfoncés tout autour, dans la terre, comme les hautbancs des navires; elles protégeront notre tente contre la fureur du vent, qui, par moment, est terrible dans ces parages.

La première tente est notre salon. Deux tapis du Caire sont étendus sur un exhaussement en sable et en pierres, construit par nos domestiques, à gauche et à droite de la porte d'entrée; quelques coussins leur donnent tout-à-fait l'air d'un divan; c'est là que nous recevrons nos visites. La seconde est destinée à servir de chambre à coucher, et la troisième de salle à manger. Deux nouvelles tentes, séparées de ce groupe, renferment nos provisions de campagne; elles servent aussi de cuisine, et, pendant la nuit, les domestiques s'y coucheront sur une simple natte. Si l'on se figure encore quelques chevaux, un baudet et un dromadaire attachés par le pied avec une chaîne terminée par un pieu de fer qui s'enfonce dans le sol, on aura une idée complète de notre petit campement.

La plaine de Bahara est située à six lieues de Djeddah et à sept de la Mekke. Au nord-ouest, elle se prolonge jusqu'à Oadi-Fatma; au sud-est et au nord-est, elle est bornée par deux chaînes de montagnes qui nourrissent dans cette saison quelques chétifs arbrisseaux ; au sud-ouest, elle est interrompue par des dunes et des monticules isolés. Le vent du nord-nord-ouest règne ordinairement le matin, et celui du sud-ouest le soir. Quand il souffle du côté du sud, il apporte toujours avec lui une quantité de sable très-incommode, et qui, joint à la chaleur étouffante, rend le séjour de Bahara presque insupportable.

Ce lieu possède un hameau dont les maisons sont bâties en briques. On y trouve un *souc* ou marché qui, grâce à la présence des eaux, a pris un grand développement. Dans les temps ordinaires, on n'y voit que quelques misérables boutiques ; mais, à l'époque du pèlerinage, elles sont assez bien fournies.

En face du souc, on trouve des puits très-profonds, où se désaltèrent les troupes. L'eau en est amère et fade en même temps : cependant elle n'est pas nuisible à la santé de l'armée. Les soldats ont construit eux-mêmes plusieurs de ces puits. Quand ils seront partis, les sables les auront bientôt comblés, et les habitans du hameau conserveront seulement ceux qui sont nécessaires à leur consommation.

Le terrain compris entre les puits et les montagnes du nord-est nourrit une grande quantité d'arbustes élevés, sous lesquels les Bédouins ont établi leurs tentes. Le côté opposé ne produit que de rares plantes buissonneuses. Sur la partie sablonneuse de la vallée, on voit une assez grande quantité de coloquintes, dont les fruits ronds et jaunis ressemblent de loin à des oranges qu'une caravane aurait laissé tomber à son passage.

Le soir, des papillons, séduits par la lumière de notre *fanous*[1], viennent voltiger à l'entour, et finissent par se brûler les ailes. J'ai mis dans un flacon des scarabées, des demoiselles, des grillons, une grande variété de sauterelles, dont quelques-unes sont d'une grosseur extraordinaire, des scorpions dont la piqûre est si dangereuse, et que nos domestiques trouvent tous les jours sous les ballots, les caisses et les tapis de notre divan; des papillons aux belles couleurs, des tarentules, des araignées, des guêpes et une seule cantharide; mais le manque d'esprit-de-vin, pour remplacer celui du flacon, ne me permettra pas de conserver cette collection. Des oiseaux de proie de toute sorte voltigent con-

---

[1] Fanal.

tinuellement au-dessus du camp. Dans mes promenades j'aperçois des aigles, mais leur rencontre est assez rare.

La température de Bahara est très-élevée. A midi, le thermomètre centigrade marque ordinairement 36 et 39°; à minuit, il descend à 12° et à 15°. Ce contraste de chaleur, qui se succède jour et nuit, occasionne des maladies dangereuses et particulièrement des fièvres et des céphalites. Parfois le vent du sud commence à souffler à dix heures du matin pour ne finir qu'à huit heures du soir, et si nous sommes absens de nos tentes pendant tout ce temps, nous ne reconnaissons plus nos demeures lorsque nous rentrons; car tous nos effets, et surtout nos tapis, sont recouverts d'une couche de sable de 2 à 4 pouces d'épaisseur. Souvent la violence du vent est telle, que nos tentes sont abattues et enlevées à plus de cent pas de distance.

Au plus fort de l'ouragan, nous voyons passer des caravanes de pèlerins assis au soleil sur leurs chameaux. Ils n'ont pour tout costume que l'ihram [1], et ils n'en continuent pas moins leur chemin avec un flegme imperturbable. Nos chevaux bais-

---

[1] Vêtement des pèlerins.

sent tristement la tête, et les dromadaires accroupis enfoncent la leur dans le sable. Les uns et les autres ont le soin de se tourner vers le côté opposé à la direction du vent.

Les chevaux du Hedjaz, comme ceux de toute l'Arabie et de la Syrie, demeurent dehors nuit et jour. Ils sont attachés au moyen d'un licou fixé à un pieu enfoncé dans la terre. On nettoie le cercle où ils se trouvent, et avec de la terre bien épurée on leur fait une litière de trois ou quatre pouces d'épaisseur, qu'on enlève lorsque le cheval l'a mise hors de service. Pendant l'hiver, cette litière se compose de crottin pulvérisé, qui les préserve mieux contre le froid. On ne les couvre jamais, et, quoiqu'ils soient exposés sans cesse aux rayons du soleil et à l'humidité de la nuit, ils ne contractent pas de maladie et ne perdent rien de leur force et de leur agilité.

Lorsqu'on ne les lie pas avec un licou, on emploie une chaîne qui se bifurque à une de ses extrémités pour s'attacher aux jambes de devant. Quelquefois cette chaîne lie une des jambes antérieures à la postérieure. Les palefreniers ne font boire les chevaux qu'une fois par jour, vers onze heures ou midi; on leur donne à manger pendant toute l'année une bonne ration d'orge, du hachich, et un peu de foin tressé en forme de corde, qu'on délie au moment de le leur donner.

A l'époque du fourrage nommé bercim[1], les Bédouins qui en possèdent des plantations leur font manger le vert pendant un ou deux mois. Le cheval est attaché au milieu du champ même, et on le fait changer de place dès que celle qu'il occupait est épuisée. Un domestique, abrité sous une tente, lui apporte à boire et fait la garde contre les voleurs. Pendant ce temps, on ne leur offre jamais de l'orge; ce serait inutile, car ils n'en mangeraient pas. Un cheval d'Europe qu'on laisserait pendant une heure dans un champ de trèfle en mourrait; en Arabie, il éprouve la diarrhée pendant les premiers jours; mais cette indisposition n'a rien de bien dangereux.

Les chevaux arabes sont à tout crin; jamais le ciseau ne se promène sur aucune partie de leur corps. Les fers sont elliptiques, et on ne laisse au milieu qu'un petit trou d'un pouce de diamètre. Pour les étriller, on se sert d'un instrument en fer comme les nôtres, et d'un bouchon de paille ou de

---

[1] *Trifolium commune.*

filamens de palmier. Les Bédouins se servent de selles à la mamelouk ; mais les Arabes des villes ont adopté la mode du Caire : les unes et les autres sont sans croupières.

Les dromadaires les plus estimés par les Arabes sont ceux de Maskat[1], sur le golfe Persique, et j'en ai vu ici qui se sont vendus 400 talaris (plus de 2,000 francs). Le second rang appartient à ceux du Soudan, et du désert des Bicharris, que l'on évacue par le port de Souakem. Ils sont presque blancs, de petite taille, mais effilés comme des levriers de race. Ils courent avec une rare vitesse; cependant il ne faut pas trop les surcharger. Ceux de Maskat ont le poil rouge ; leurs formes sont moins ténues, et ils joignent la force à l'agilité. Les dromadaires du Hedjaz et du Nedj, quoique de bonne race, n'ont pas la réputation des premiers, et on peut les avoir communément pour 50 talaris[2].

Le *Hajjin*[3] ressemble beaucoup au chameau, seulement il est plus élégant, plus svelte : ses jambes et sa charpente tout entière sont extrêmement frêles, et la première fois qu'on voit un de

---

[1] Mascate.
[2] Un peu plus de 250 francs.
[3] Nom arabe du dromadaire.

ces animaux, on se demande s'il ne va pas mourir d'inanition. Cependant un bon dromadaire doit parcourir 9 milles dans quarante-cinq minutes, et 90 milles en dix heures par une marche forcée. Dans les voyages de longue haleine, ils peuvent faire 18 lieues par jour, et si on ne leur en impose que 12 ou 15, on ne doit rien craindre pour leur santé.

Dans le Hedjaz, on les nourrit avec des fèves et du hachich. Les Bedouins de l'Assir leur donnent des dattes. Lorsque l'eau est abondante, on les fait boire tous les deux ou trois jours; mais, en voyage, ils demeurent quelquefois quarante-huit heures sans manger et quatre jours sans boire, et leur marche n'en est pas interrompue. Dans le Téhama, leur ration consiste en doura ou en doukhoun; on leur distribue aussi des branches tendres de l'*acacia mimosa*, coupées en petites baguettes et rôties sur la braise. Ceux qui appartiennent à des gens pauvres mangent des noyaux de dattes et les chétives plantes qui se trouvent dans les pâturages. Les hajjins sont liés devant la demeure de leurs maîtres, de la même manière que les chevaux, et lorsqu'on veut qu'ils demeurent accroupis, on leur attache la jambe à la cuisse, au-dessus du genou.

Pour les guider, on se sert d'un simple licou. On perce les narines de ceux qui ne sont pas très-dociles; on y passe un anneau en métal, où l'on attache un cordon : celui qui les monte le tient à la main, et, au moindre mouvement, ils exécutent la volonté de leur cavalier. Cet animal est doué de mœurs extrêmement douces : il s'attache aisément à son maître; mais il n'aime pas à en être battu injustement. Si on le frappe sur la tête, c'est vouloir le tuer, et sur les épaules, le ruiner : il a cette partie du corps extrêmement sensible, et le simple frottement du pied de l'homme qu'il porte suffit pour le châtier lorsqu'il commet quelque faute. On peut lui donner de temps en temps des coups de *courbach* [1], mais toujours avec ménagement. Le dromadaire est généralement disposé à marcher selon le désir de son maître; lorsqu'on le presse trop, il redouble de vitesse et prend tout l'essor dont il est capable : si dans ce moment on le frappe, il fait un nouvel effort, et continue sa marche jusqu'à ce qu'il succombe d'épuisement; ou bien, dégoûté par les coups qu'il reçoit, il se couche sans vouloir se relever, et tâche de mordre si on l'irrite davantage.

[1] Cravache arabe, en peau d'hippopotame.

Lorsque les hajjins sont bien lancés, ils courent les uns avec la tête relevée; d'autres, au contraire, l'abaissent jusqu'à effleurer le sol : ces derniers sont en général plus solides à la marche. Quelques-uns ont la mauvaise habitude de s'agenouiller tout-à-coup au plus fort de leur course, et si celui qui les monte n'est pas un fin cavalier, il fait une culbute de vingt ou trente pieds qui n'est jamais sans danger.

Lorsqu'on marche dans le désert, terre de prédilection du hajjin, il faut éviter avec soin les trous à peine apparens formés par les fourmis, et contre lesquels il se casse les jambes s'il vient à s'y enfoncer. On sent facilement l'importance de cette précaution : un voyageur privé de sa monture dans un désert d'une grande étendue, est comme un marin dont le bâtiment sombre en pleine mer.

Le dromadaire, dont les mœurs sont si douces, devient terrible lorsqu'il est en rut. Il n'écoute plus le frein de son maître; il se retourne contre lui, tâche de le mordre, et fait tous ses efforts pour le jeter à terre. Il demeure en cet état pendant tout le temps qu'il est amoureux. Le rut est appelé toum[1] par les Arabes, parce que, pen-

[1] Jeûne.

dant cette époque le dromadaire ne veut ni boire ni manger, et cela dure pendant une période de dix à douze jours au commencement du printemps.

A cette époque, une écume blanchâtre couvre ses lèvres et sa bouche, et il pousse des bramemens lugubres. Les femelles, quoique amoureuses aussi, ne sont pas dans cet état; cependant, généralement, elles ont plus de caprices et sont moins faciles à gouverner que les mâles.

Un individu bien exercé ne fait jamais agenouiller son dromadaire lorsqu'il veut le monter : il prend le pommeau de la selle avec une main, met un pied au-dessus du genou de l'animal, l'autre sur le cou, et de là il se place facilement sur le dos.

La selle s'étend depuis les épaules jusqu'aux hanches, elle est fixée par deux courroies qui sanglent le ventre. Au milieu on laisse la place pour la bosse, qu'on ne tond jamais, afin qu'elle puisse mieux résister au frottement; car, une fois blessé, cet animal ne se guérit pas facilement, et il lui faut plusieurs mois de repos pour si peu que la plaie soit considérable.

La selle se compose de trois morceaux de bois

qui se bifurquent pour prendre la forme du dos ; ceux des extrémités s'élèvent d'un pied au-dessus du siége du cavalier. Ils sont travaillés au tour ; quelquefois peints et sculptés, ou bien on les orne de jolis dessins formés avec de petits clous enfoncés dans le bois. Cette selle, rembourrée en paille, est recouverte d'un cuir ou d'une toile très-forte ; on place par-dessus un coussin, et on en dispose un nouveau sur les épaules pour soutenir les jambes lorsqu'on veut les croiser. Le tout disparait sous un grand tapis de cuir garni de petites étoiles ou de dessins tracés au compas : une frange, composée de lanières de maroquin, retombe avec grâce sur les flancs de l'animal.

Les gens riches mettent encore par-dessus un tapis que l'on confectionne en fabrique pour cet usage. Il est d'une contexture très-forte et bariolé de couleurs éclatantes : de longs flots de laine ou de soie s'agitent au vent et préservent le dromadaire de la piqûre des mouches. Quand on fait un long voyage et que l'on doit coucher plusieurs nuits à la belle étoile, on le remplace par ce tapis de six pieds de long sur deux ou trois de large, sur lesquels les Orientaux ont l'habitude de prier et de dormir. Les hajjins de la suite du grand chérif que j'ai vus à Djeddah portaient une selle recouverte de belles fourrures et de magnifiques peaux de mouton abyssiniennes teintes en rouge ou en bleu. Quelques-uns avaient des chabraques en drap écarlate, où l'on avait fixé de petits miroirs que le soleil rendait éblouissans. Les selles élégantes sont extrêmement chères ; j'en ai admiré plusieurs dont les marqueteries du pommeau seul avaient coûté trente talaris [1].

Les beaux licous sont en cordons de soie unis ou ornés de coquillages et de galons d'or ; par dessus la tête du hajjin s'élève un beau panache en plumes d'autruche ; cette espèce de chaperon est tout-à-fait coquet et gracieux.

Prenons un Bédouin au moment où il va se mettre en marche pour un voyage long et dangereux à travers un pays sans eau. Lui-même selle son dromadaire : il attache sous le flanc une ghirbé[2], où il peut renfermer de l'eau suffisamment pour dix ou quinze jours ; une zimzémié[3], fixée au pommeau par un crochet, contient la provision de la journée ; on peut la décrocher et

---

[1] Plus de 150 francs.
[2] Outre en cuir.
[3] Petite outre.

boire tout à son aise sans ralentir en rien sa course. Des khourdj ou besaces avec de beaux flots retombans sont placées sur la selle : elles contiennent de la farine, du beurre, des dattes sèches, un petit sachet plein de café, du riz et une marmite pour faire le pilau : voilà pour la nourriture du Bédouin ; quant à son lit, il se compose d'un tapis et d'une couverture de laine ; un fusil en bandoulière est suspendu au pommeau de derrière ; le sabre est fixé à celui de devant ; sa lance, il la tient toujours à la main, et elle lui sert à rattraper la corde du licou si elle vient à lui échapper. Un dromadaire ainsi équipé n'est pas trop chargé ; cependant il porte tout ce qui peut être utile à un homme pendant quinze jours, son divan, son buffet et son arsenal.

II

Pendant mon séjour à Bahhara, je m'occupais à prendre des renseignemens sur la Mekke, et j'étais aidé dans ce travail par plusieurs Européens qui, en qualité de chrétiens convertis au mahométisme, avaient pu séjourner pendant long-temps dans cette ville. Depuis mon retour en France, j'ai vu la relation que Burckhardt a donnée des lieux saints, et je dois dire en l'honneur de ce voyageur que l'on ne peut ni mieux observer ni mieux exposer le résultat de ses observations. Je m'étais décidé à ne rien dire de cette ville; cependant, comme la plupart de mes lecteurs ne connaissent peut-être pas la relation anglaise, je transcris ici, pour leur commodité, quelques fragmens des notes que j'avais rédigées dans le pays. . . . . . .

. . . .

DESCRIPTION DE LA MEKKE.

La Mekke, la ville sacrée des musulmans, qui se glorifie d'avoir donné le jour à l'apôtre de l'islamisme, est située au fond d'une vallée dont le territoire est sec et stérile faute de culture.

La Mekke est défendue par une citadelle et deux petits forts. Privée de murailles d'enceinte, elle est ouverte de toutes parts aux nombreuses caravanes qui viennent y accomplir chaque année le saint pèlerinage consacré par Mahomet. Forte d'une population de dix mille ames, cette ville étend ses bras en forme de fer à cheval parallèlement aux montagnes au milieu desquelles elle est située, et qui, comme le disent les Arabes, semblent l'envelopper d'un voile, pour la dérober aux regards impurs des mécréans.

Le territoire sacré ne possède qu'une seule source dont l'eau soit potable; c'est celle du fameux puits de Zemzem; mais, comme cette source ne pouvait pas suffire aux besoins de la ville, les Arabes avaient dû nécessairement chercher un moyen industriel pour se procurer l'eau que leur triste patrie leur refusait. Des hommes avaient fait plusieurs essais qui tous avaient été infructueux, lorsqu'une femme, l'épouse d'un Soliman, empereur des Turcs, eut le courage de l'entreprendre et la gloire d'y réussir.

L'eau est conduite de Zébéda à la Mekke par un canal en pierre et en ciment fort dur. Ce canal, de huit lieues de longueur, alimente huit fontaines ornées de robinets de bronze. Ces fontaines coulent sans cesse, et chacune d'elles a un homme préposé à sa garde; il est en même temps le chef des sakas chargés de distribuer l'eau dans toute la ville.

En dehors, on a creusé quatre vastes citernes, réservées aux quatre grandes caravanes du pèlerinage : l'une désaltère la caravane du Caire, l'autre celle de Bagdad, la troisième sert aux pèlerins de Damas, et la dernière à ceux de l'Iémen. Les Moggrabins, ou les autres peuples de l'Afrique et des iles de l'Asie, se pourvoient à la Mekke, parce que leur nombre n'est jamais fort considérable.

En fait d'architecture, la Mekke ne renferme rien de remarquable. Le monument le plus intéressant sous le rapport de son antiquité, mais surtout de sa renommée, c'est la Kaaba, ou maison de Dieu.

On sait que certains voyageurs ont débité beaucoup de fables sur les richesses de ce sanctuaire et de la grande mosquée qui l'environne, sur la quantité innombrable des candélabres, des lustres et des lampes d'or ou d'argent qui embellissent de leur éclat les murs et les colonnes du temple.

Mon premier soin, en arrivant à Djeddah, a été de m'informer de ce qu'il y avait de vrai dans tous ces récits. Voici les renseignemens que j'ai recueillis :

Le lieu saint, au milieu duquel est une grande

cour, se compose d'un édifice de forme rectangulaire fermé en dehors, ouvert en dedans, et reposant sur des rangs de colonnes en marbre de mauvaise qualité de différentes couleurs.

La mosquée a trois cents pieds de long sur deux cent cinquante de large. Au milieu des deux façades principales, on remarque un portique saillant à l'extérieur.

Le faite de cet ensemble est arrondi en une infinité de petites coupoles fort basses, déprimées au sommet et soutenues par une colonnade dans le style arabe tel que le comprennent les indignes successeurs des architectes auxquels on doit les monumens du Caire, de Grenade ou de Bagdad.

Les deux grands côtés du rectangle possèdent trois rangs de colonnes dans toute leur longueur, excepté vers la hauteur du portique, où ils en ont cinq. Un des petits côtés en a trois et l'autre quatre.

C'est sous cette colonnade que se mettent les pèlerins pour éviter les feux du jour. Chaque secte se tient en face de sa maison de prière, bâtie autour de la Kaaba.

Sous les portiques, on voit un grand nombre de lampes en verre noir suspendues par quatre petites chaînes de fer scellées chacune dans une colonne. On les allume tous les soirs depuis le magreb jusqu'à l'esché : à l'époque du ramadan, on en double le nombre.

Au milieu de la cour, s'élèvent huit petits monumens, dont le plus remarquable est la Kaaba.

Ismaël, chassé de la maison paternelle, vint s'établir à la Mekke avec sa mère Agar, et y bâtit la Kaaba. Si l'on en croit les Arabes, c'est le premier monument que les hommes aient élevé à la gloire de l'Éternel.

L'histoire place sa fondation 2793 ans avant l'hégire, 293 ans avant celle du temple de Jérusalem, 2208 ans avant l'ère chrétienne.

Dieu, pour aider le patriarche à construire cet édifice, lui envoya Abraham, et l'ange Gabriel lui apporta la célèbre pierre noire que l'on y voit encore aujourd'hui. Les croyans disent qu'à cette époque c'était une hyacinthe blanche, mais si brillante, qu'on en distinguait la clarté à quatre journées de chemin. Dans la suite, une femme impure l'ayant touchée, elle devint noire, et d'autres prétendent que les pleurs qu'elle a répandus sur le péché des hommes lui ont fait perdre sa couleur primitive.

Pendant la jeunesse de Mahomet, et avant que le prophète eût annoncé sa mission divine, les Koreïch[1] jugeant l'enceinte du temple trop étroite, la démolirent, et la reconstruisirent sur une plus grande échelle, mais d'après le même plan. Lorsqu'il fallut poser la fameuse pierre noire, toutes les tribus voulaient avoir cet honneur; enfin, pour terminer la discussion, on convint de s'en rapporter à la décision de la première personne qui se présenterait pour entrer dans le temple.

Mahomet, qui déjà méditait sa révélation, s'y rendit le premier, et eut occasion de manifester son amour pour la conciliation, qui plus tard faillit lui devenir funeste.

Afin de s'attirer l'estime de toutes les tribus, il décida que la pierre qui formait l'objet de leur querelle serait étendue sur un tapis dont un homme de chaque tribu tiendrait les bouts, et lorsqu'elle fut assez élevée, il la prit lui-même avec ses mains, et la plaça dans la muraille à l'endroit qu'elle occupe aujourd'hui.

Plus tard, les diverses tribus qui avoisinaient la

---

[1] A cette époque, les Koreïch, mieux connus en Europe sous le nom de Coréishites, étaient la plus puissante tribu de l'Arabie. Je donnerai plus tard quelques détails sur cette kabyle, qui existe encore aujourd'hui.

Mekke ayant perdu la trace du vrai Dieu, que les patriarches leur avaient laissée, représentèrent dans le sanctuaire du temple Abraham et Ismaël tenant les flèches du sort, et la Kaaba fut environnée d'une galerie circulaire de trois cents idoles.

Lorsque Mahomet eut pris la Mekke en l'an 8 de l'hégire, sa première action fut d'effacer ces peintures, de renverser les idoles qui entouraient le temple, et il le fit rétablir tel qu'il existe aujourd'hui.

La Kaaba proprement dite, si respectée des musulmans, est un petit édifice à base rectangulaire; sa longueur est de 56 pieds et sa largeur de 48, sur une hauteur d'environ 80.

La porte par laquelle on pénètre dans l'intérieur est en argent massif; elle est située du côté du sud et à huit pieds au-dessus du sol. Au lieu d'y monter par un escalier fixe, on se sert d'une échelle portative, qui est enlevée à la fin de chaque cérémonie religieuse.

Cette porte s'ouvre onze fois par an :
Dans le mois de ramadan, deux fois;
En zel-gadé, une fois;
En zel-hajji, deux fois;
En sefer, une fois;

En rabi'-el-aouel, deux fois;

En chaban, deux fois;

En regeb, une fois;

Enfin dans le mois de rabi'-el-akher, on l'ouvre pour la nettoyer et la purifier par de nombreuses aspersions.

En outre, lorsque quelque grand personnage vient à la Mekke, et qu'il n'est pas dans l'intention d'y séjourner jusqu'à l'époque de la cérémonie, il peut obtenir du gardien qui est en possession de la clef la permission d'y entrer moyennant une forte redevance.

Chaque fois que le public y est introduit, elle reste ouverte pendant deux jours : le premier est consacré à la visite des hommes, et le second à celle des femmes. Toute personne qui y entre fait cinq prières, une à chaque angle de l'édifice, et la cinquième près de la porte. Elle en sort ensuite pour céder sa place à la foule nombreuse qui attend avec impatience le bonheur de l'imiter. Le soir, on met sur le seuil des candélabres allumés, et les bonnes femmes dévotes viennent y attacher des petits cierges de quelques paras.

L'intérieur de la Kaaba est tapissé en mosaïques arabes de différentes couleurs. A la hauteur d'un homme commence un brocart d'or qui tapisse le sanctuaire jusqu'au sommet.

Au milieu s'élèvent trois colonnes en fer massif, qui supportent tout le poids de l'édifice. En dehors, la Kaaba est recouverte d'une chemise de soie noire damasquinée, couverte de versets du Coran, brodés en relief. Entre la porte et le faîte de l'édifice brille une ceinture en fil d'or, qui fait tout le tour de la maison de Dieu.

Sur cette zone est écrite la profession de foi des Musulmans. La chemise de soie se brode toutes les années au Caire dans la mosquée du fils de Fatma, fille du prophète ; elle arrive à la Mecque avec les caravanes du pèlerinage, escortée par quatre cents cavaliers. La chemise de l'année précédente devient la propriété de l'Arabe dont l'emploi auguste consiste à garder la clef de ce sanctuaire sacré.

Du côté de l'est on voit, adossée contre le mur de la Kaaba, une demi-lune en marbre blanc, où Abraham faisait, dit-on, ses prières pendant qu'il aidait le patriarche Ismaël à construire le temple. Au coin du sud-ouest, à quatre pieds au-dessus du sol, la fameuse pierre noire maçonnée dans le mur est enchâssée dans des lames d'argent de peu de valeur.

Cette pierre est un silex noir tel qu'on en trouve

par milliers sur toutes les montagnes voisines de la Mekke. Un iman a prétendu qu'autrefois, au milieu de cette pierre, était un trou qui correspondait directement à l'oreille de Dieu.

Tout mortel qui faisait sa prière près de ce trou était sûr d'être exaucé. Plus tard, lorsque les Arabes s'adonnèrent à l'idolâtrie, Dieu ferma le trou, et ne l'a plus rouvert depuis.

Il n'existe pas de pierre au monde qui ait été autant adulée, autant caressée. Chaque fois qu'un musulman fait le tour de la maison sacrée, il y dépose un baiser, et quand, à cause de la trop grande affluence du peuple, il ne peut y parvenir, du moins est-il heureux de pouvoir la toucher avec la main.

Tout autour de la Kaaba règne une galerie circulaire de pilastres en bronze, espèce de candélabres qui supportent chacun sept cierges qu'on allume religieusement tous les soirs. En dehors, et non loin de ces pilastres, s'élève une chaire en marbre blanc; on y monte par un petit escalier orné d'une rampe formée par de petites colonnettes sculptées avec goût.

Tous les vendredis, le grand iman de la mosquée monte sur cette chaire pour expliquer et commenter le Coran au peuple dévotement assemblé autour de lui.

Vis-à-vis de chaque face de la Kaaba, surgit un petit monument soutenu en l'air par quatre colonnes. Ces monumens, assez semblables à certains pigeonniers que l'on voit encore en France, sont consacrés comme maison de prière aux quatre sectes orthodoxes de l'islamisme. Le premier appartient aux Chafites, le second aux Hanbalites, le troisième aux Malekites, et le quatrième aux Hanéfites.

Cette cour renferme encore un autre petit édifice à coupole, qui recouvre la tombe d'Agar, mère d'Ismaël.

A côté, on voit encore la maison d'un juif qui ne voulut point la céder lors de la construction du temple; elle fut laissée intacte, et les gens attachés à la mosquée s'en servent aujourd'hui pour serrer les nattes, les tapis ou les lampes nécessaires à la célébration du culte.

Enfin, le dernier monument, construit en pierre de taille, surmonté d'une coupole, et pavé en marbre, recouvre le puits miraculeux de Zemzem que l'ange découvrit à Agar.

Selon d'autres, la malheureuse Agar, mourant de soif, étant parvenue en ce lieu, posa Ismaël par terre pour voir si elle pourrait découvrir quelques gouttes d'eau ; elle retournait vers son fils, désespérée de ne pouvoir étancher sa soif, lorsque, à sa grande joie, elle aperçut une source jaillissante qui se jouait aux pieds de son enfant.

Le public pénètre dans l'intérieur de la mosquée par seize portes dont voici les noms :

1. Bap Salame[1].
2. Petite bap Salame.
3. Bap Ibrahim.
4. Bap Schérif.
5. Bap Safa.
6. Bap Oumra.
7. Petite bap Oumra.
8. Bap Ziade.
9. Petite bap Ziade.
10. Bap Allah.
11. Bap Séid.
12. Petite bap Séid.
13. Bap-el-Bacha.
14. Bap Ali.
15. Bap-el-Nébi[2].
16. Petite Bap-el-Nébi.

[1] Porte du Salut.
[2] Porte du Prophète.

La mosquée est surmontée de sept minarets qui n'offrent rien de remarquable sous le rapport de l'architecture.

La Mekke a joué un grand rôle dans l'histoire de Mahomet ; c'est dans cette ville que le révélateur arabe a donné presque tous les versets dont se compose le Coran. Les habitans de la ville sainte sont extrêmement fiers d'habiter un lieu illustré par la présence de leur prophète ; et aujourd'hui même ils montrent avec respect aux étrangers tout ce qui rappelle quelque acte du grand drame accompli par l'apôtre de Dieu.

C'est dans cette ville que Mahomet a reçu le jour ; la mort lui ayant enlevé ses parens dans un âge très-tendre, il y fut élevé par son grand-père el-Motalleb, et après la mort de ce dernier, le jeune Arabe fut reçu dans la maison de son oncle Abd-el-Motalleb, possesseur de l'intendance du temple, qui lui donna quelques notions sur le commerce d'échange pratiqué chez les diverses tribus de l'Arabie.

Son oncle jouissait d'un grand crédit, et recevait chez lui les chefs arabes les plus distingués. Mahomet se fit aimer d'eux en étudiant leur caractère, et ce commerce ne dut pas lui être désavantageux par la suite, lorsqu'il annonça hautement sa mission religieuse.

Plus tard, il se maria avec Khradiga, riche veuve qui l'avait chargé de la direction de son commerce, et qui fut la première à embrasser la religion de son époux.

Mahomet prêcha d'abord sa nouvelle doctrine à la Mekke : il y fut en proie aux railleries et aux injures, et tous ceux qui avaient embrassé l'islamisme se virent condamner à l'exil. Après la mort de son oncle, il se dirigea vers Taïffa, où il fut très-mal reçu, revint dans sa ville natale, se sauva à Médine, et c'est de cette époque que commence l'hégire[1] ou ère musulmane.

Huit ans après il rentre en vainqueur à la Mekke : il y reçoit le serment d'obéissance de ses habitans et des tribus environnantes. Le 24 ramadan, il en sort pour aller attaquer Taïffa, s'en empare, revient à la Mekke, fait les cérémonies d'usage autour des lieux saints, et part pour Médine, sa ville de prédilection. Trois ans après, il en sort et vient accomplir les cérémonies du pèlerinage avec la plus belle pompe et la plus grande solennité.....

[1] La fuite.

Les habitans de la Mekke, au milieu d'un pays chaud et sablonneux, qui n'est arrosé par aucun cours d'eau, ont dû nécessairement négliger l'agriculture; les arts industriels de luxe y sont aussi peu développés, mais il n'en est pas de même de ceux de première utilité.

Les Mekkahouis se sont adonnés de tout temps au commerce d'échange, seul moyen de suppléer à la stérilité de leur pays. Mahomet lui-même a été marchand et a conduit en Syrie avec beaucoup d'habileté une caravane pour le compte de la riche veuve Khradiga.

Autrefois la Mekke était le centre d'un mouvement commercial immense; elle recevait en entrepôt toutes les marchandises apportées par les caravanes de la Syrie, de la Perse, de l'Inde et du fond de l'Afrique. De là elle les distribuait aux tribus arabes ses voisines, et Djeddah lui servait de port pour les envoyer chez les nègres par la voie de Cosséir, de Souakem ou de Massaouah; et en Europe, par celle de Suez et du Caire.

Mais à mesure que la Mekke perdait de son importance religieuse, la marine de la mer Rouge se développait considérablement. De plus, Djeddah ayant servi de rendez-vous aux bâtimens venant de l'Inde, du golfe Persique et de Suez, est devenu peu à peu le centre des opérations de commerce et l'entrepôt de Médine et de la Mekke, qui aujourd'hui tirent de ce port une foule d'objets nécessaires à leur consommation.

Les caravanes, dont l'importance a diminué en raison de l'accroissement de la marine indienne, persane ou africaine, portent cependant à la Mekke toute sorte de denrées, mais particulièrement des objets de luxe, surtout celles qui arrivent de très-loin.

Les Arabes en achètent une partie, soit pour leur compte, soit par spéculation, et le reste, qui forme toujours la majeure partie, est échangé entre les pèlerins de différens pays, qui les rapportent aux lieux d'où ils sont partis ou les vendent chemin faisant.

Les Bédouins tiennent à la Mekke un marché où l'on trouve des chevaux, des chameaux, des dromadaires, et de plus, ils fournissent aux habitans de la volaille et le nombre de veaux, chèvres et moutons nécessaires à leur consommation.

Taïffa envoie à la Mekke ses fruits renommés. En outre, aux environs de cette ville, et sur la route de Djeddah, on trouve la fertile vallée de Fatma, que Mahomet donna en héritage à sa fille, et quatre grands jardins qui ne sont éloignés que d'une heure de cette vallée.

Sur le chemin qui conduit à Taïffa, on voit encore un grand nombre de nouveaux jardins, vrais oasis qui fournissent un heureux contraste aux yeux du voyageur habitué à la stérilité effrayante des montagnes et des plaines sablonneuses du Hedjaz.

Tous ces jardins, d'une couleur fraîche et verdoyante, sont très-bien arrosés au moyen de l'eau qui s'écoule par torrens des montagnes voisines pendant la saison pluvieuse, et que les habitans conservent dans des réservoirs d'où ils la puisent selon les besoins de la culture.

Le nombre de ces jardins pourrait être facilement augmenté, car les réservoirs se trouvent en trop petite quantité, et l'excédant de l'eau s'écoule au milieu de la campagne; là elle se corrompt, et pendant les fortes chaleurs elle donne naissance à des exhalaisons qui se répandent dans l'atmosphère et sont très-nuisibles à la santé des habitans. A Oadi-Fatma et aux environs on trouve des sources, mais malheureusement les Bédouins les tiennent cachées, et ne savent pas ou ne veulent pas les utiliser en leur donnant un libre cours.

Le territoire de la Mekke se compose, en certains

endroits, de sable, tantôt de gravier, quelquefois de gros silex noir. Toutes les vallées ont des cours d'eau momentanés provenant des pluies, et d'autres permanens cachés sous le sol. Le fond de ces vallées et des plaines est ordinairement couvert d'arbustes rabougris et d'une végétation triste, il est vrai, mais qu'il serait très-facile de rendre féconde.

Dans tous les lieux que j'ai parcourus, j'ai remarqué, soit à la couleur du sol, soit à l'aspect de la végétation, un système de cours d'eau souterrain. Je crois que lorsqu'on s'occupera sérieusement de faire cesser l'horrible stérilité qui pèse sur cette terre, on devra commencer par pratiquer des sondages, afin de dresser une carte de ce système, et tâcher de le rendre superficiel par le moyen des puits artésiens ou de tout autre procédé mécanique.

Le voisinage des montagnes qui couvrent toute cette partie de l'Arabie me fait croire à la réussite de ce projet, et ce problème d'une importance vitale une fois résolu, la fécondation de ce pays marchera à grands pas, puisqu'elle sera délivrée du plus grand obstacle qui s'oppose à son progrès.....

L'époque des fêtes du pèlerinage approche, et l'ardeur religieuse des Musulmans semble s'accroître tous les jours. Les imams, aumôniers arabes attachés aux troupes de l'expédition, font régulièrement la prière, et tous les militaires du camp imitent leur exemple. Le matin, un moment avant le lever du soleil, et le soir un instant après son coucher, tous les soldats se réunissent comme pour une manœuvre, et les officiers les forment en colonne sur trois hommes de profondeur. Une grande vallée sablonneuse bordée par des montagnes d'une stérilité affreuse, un ciel où la clarté de la nuit lutte avec celle du jour, une immense ligne d'Arabes avec leurs beaux costumes d'un rouge éclatant, s'agenouillant, se prosternant le front contre terre et se relevant debout avec cette harmonie et cette précision des mouvemens militaires; toutes les pensées diverses de ces hommes se réduisant en une seule pensée, celle de la prière, en un seul culte, celui de Dieu : voilà plus qu'il n'en faut pour émouvoir l'ame la moins sensible; nulle scène ne m'a plus fortement impressionné, le paysage et les acteurs sont encore profondément gravés dans mon souvenir.

Nous recevons plusieurs Anglais venus des Indes, et quelques officiers de marine dont le navire s'est échoué sur une île dans les parages de Souakem.

Ce sont les premiers chrétiens qui se soient avancés aussi loin vers le chemin de la Mekke sous le costume européen. Une immense table est dressée sous une tente, les colonels des régimens assistent au repas. Nous, nous buvons du vin : les Turcs semblent approuver notre conduite, mais ne l'imitent pas; à la fin du repas ils imbibent un morceau de sucre d'essence de menthe, et le mangent. La musique militaire exécute de temps en temps des morceaux français; la Marseillaise, importée en Égypte par l'expédition française, est passée des bords du Nil aux sables du Hedjaz, et partout elle excite le même enthousiasme.

Rien n'est aussi délicieux que ces souvenirs de la patrie que le pèlerin trouve sur son chemin. A peine débarqués à Alexandrie, un vieux mendiant aveugle, conduit par une femme, vous demande l'aumône en français : « Citoyen, donnez-moi un sou, je n'ai pas dîné. » A Bahara je m'amusais un jour à contempler le costume d'un Bédouin dont les longues tresses de cheveux noirs étaient enfermés dans une koufie[1], lorsqu'en regardant attentivement sa petite giberne, j'aperçus à l'un des

---

[1] Mouchoir arabe.

angles un bouton en métal où on lisait tout autour : *République française*, et au milieu 32. Le propriétaire prétendait que son père l'avait apporté d'Égypte, où il était allé combattre les infidèles débarqués sous la conduite de Soultan-el-Kébir [1]. J'aurais pu me procurer ce bouton pour quelques piastres, mais j'ai préféré le laisser à l'armure de l'Arabe.

On sait que lorsque Mourad-bey se fut retiré dans la haute Égypte devant les troupes françaises, il reçut un corps d'auxiliaires arabes, partis de Djeddah, la Mekke et Iambo. « Armés jusques aux dents, » disent les auteurs de l'*Histoire scientifique et militaire de l'expédition française en Égypte*, « ils portaient sur eux trois javelots, une pique, un poignard, deux pistolets et une carabine, dont ils faisaient tour à tour usage dans les combats. » A l'affaire de Samhoud ces Arabes s'étaient embusqués dans un canal à sec, et ils inquiétaient vivement la brigade Belliard. Desaix envoya contre eux Rapp et Savary, qui les débusquèrent; mais le premier, blessé d'un coup de sabre, allait perdre la vie, lorsqu'un houzard vint le délivrer.

---

[1] *Sultan-le-Grand.* On sait qu'en Égypte les Arabes donnaient ce nom à Napoléon.

Parmi les nombreux pèlerins qui se rendent à la Mekke, je remarque souvent des santons, que les Orientaux honorent du nom de saints, et qu'en Europe on enfermerait dans une maison de fous; généralement ils sont très-mal vêtus, et quelques-uns même sont absolument nus; mais une coutume qui leur est commune est celle de porter un petit drapeau au bout d'un bâton.

En voici un qui s'achemine vers nos tentes; il est aveugle, et un jeune enfant le conduit. Le vieux marabout a une longue barbe grise et ondoyante, il tient de la main gauche un étendard vert; à son cou est suspendu un sac de toile rempli de paille hachée en menus morceaux, et quelques musulmans assis avec nous prétendent que c'est sa seule nourriture. De temps en temps il en prend une poignée et la porte à sa bouche; une partie se répand sur sa barbe, mais le reste est mâché et avalé aux grands applaudissemens des assistans, surtout lorsque le saint pousse un cri perçant qui annonce d'une manière évidente qu'il n'y a pas supercherie de sa part.

L'époque du pèlerinage est enfin arrivée : en ce moment la Mekke est un grand centre où convergent toutes les populations des environs. Bahara va être abandonné; nous nous disposons à plier nos tentes et à nous diriger vers Djeddah.

Nous partons après le coucher du soleil : la route est parsemée de pèlerins chantant et cheminant dans le plus grand désordre. Au milieu de la confusion générale, nous nous égarons, et nous trouvons un abri chez des Bédouins de la plaine qui s'étend jusqu'à la mer.

Les femmes de ces Bédouins, comme celles de tous les peuples pasteurs, s'occupent à traire leurs chèvres ou leurs brebis; elles font le beurre et préparent le café, boisson favorite de l'Arabe. Si, dans beaucoup de pays, le sexe se fait distinguer par la variété de ses costumes, ici, au contraire, les vêtemens de toutes les femmes sont absolument semblables, et ne s'écartent en rien de la description que je vais en donner. Nos hôtesses portent une longue robe en toile bleue des Indes : les manches sont très-amples et traînent jusqu'à terre; l'extrémité est souvent entourée d'une pièce rapportée pour remplacer celle qui s'était usée par son frottement contre le sol. Lorsqu'elles se présentent dans l'intérieur des villes, leurs pieds disparaissent sous les jupes; mais, chemin faisant, elles relèvent l'étoffe autour de la ceinture, afin que leur marche ne soit pas ralentie. La tunique est fixée autour des reins par une ceinture composée d'une multitude de cordons très-fins formés de petites lanières de cuir tressées avec art et recouvertes d'anneaux brillans en plomb ou en argent.

Une longue et ample pièce d'étoffe de laine noire est fixée sur leur tête et retombe en plis ondoyans jusque sur le jarret. Le bas est orné d'une frange de la même couleur terminée par de longs flots qui se balancent au moindre mouvement. La partie supérieure est bordée d'un galon de soie ou de laine rouge où l'on attache de petits anneaux en métal qui retombent le long des joues. C'est là l'origine de la belle mantille espagnole; des déserts de l'Arabie elle est passée dans les murs de Grenade, de Séville ou de Cordoue, et la mode s'en est conservée même après que les Maures ont été obligés de fuir la péninsule, qui était devenue leur seconde patrie.

La figure des Bédouines disparait sous un borgo [1] rouge d'où s'échappent de chaque côté deux cordons de soie terminés par de grands flots. Ajoutez à cela des sandales en cuir de chameau, et vous

[1] Nom arabe du voile.

aurez une idée complète du costume de toutes les femmes arabes des environs de Djeddah.

Parmi les Bédouines que leurs affaires attirent à la ville, on remarque surtout celles qui vendent le lait et le beurre frais ou fondu : elles y viennent régulièrement tous les jours, et y demeurent jusque après l'asser, afin d'avoir le temps de vendre leurs provisions. Pour les transporter, elles se servent de petites peaux d'agneau ou de jeune gazelle, qui gardent absolument la forme de l'animal. Les pattes de derrière sont nouées, et les Bédouines s'en servent comme de l'anse d'un panier.

Le matin, dès que les postes ont ouvert les portes de la ville avec leurs clefs de bois, elles s'introduisent dans les murs, criant à haute voix : *lében, lében*[1]. Mais les industrieuses Bédouines ne vendent pas seulement le beurre et le lait, et je les ai entendues souvent crier *lében, lében*, lorsque leurs ghirbes étaient entièrement vides : ce cri est une espèce de signe convenu pour attirer l'attention de quelques habitans de leur connaissance qui ont établi avec elles les relations les plus intimes.

---

[1] Lait, lait.

Ce n'est pas que les Bédouines soient plus passionnées que les autres femmes d'Orient ; si elles font des infidélités à leurs maris, c'est uniquement dans le but d'amasser de l'argent, et elles n'en aiment pas moins le chef de leur famille. Ces femmes n'ont de l'estime et de l'affection que pour les hommes de leurs tribus, et méprisent souverainement les habitans des villes : dans aucun cas elles ne veulent se marier avec eux.

Je vois souvent dans les rues de Djeddah une pauvre femme bédouine qui est obligée de tendre la main de porte en porte pour vivre; elle a pour compagne d'infortune une jeune fille nubile belle au-delà de toute expression : cette jolie enfant pourrait prétendre à la main des plus riches Djeddahouis; mais elle préfère la tente en poil de chameau de l'Arabe aux plus beaux harems, et lorsque je lui demandais si elle n'aimerait pas mieux se marier que de demander l'aumône, elle me répondait : « Nous, Bédouines, nous croirions déroger si nous nous mariions à l'un de ces marchands de la cité. »

Peu de peuples ont plus la réputation d'être jaloux que les Arabes; cependant, lorsque, le soir, les laitières retournent chez elles avec leur bourse plus enflée qu'elle ne devrait l'être, leurs avides maris se contentent de prendre l'argent, et feignent d'ignorer la source où il a été puisé. L'essentiel pour lui, c'est d'entasser piastres sur piastres, pour pouvoir acheter un chameau ou une brebis de plus; le reste lui importe peu, s'il arrive à cette fin.

Les Bédouines sont rusées et économes, sinon avares. Leur teint est foncé, mais d'une belle couleur; leurs traits sont beaux et réguliers, leurs yeux grands, noirs et pleins d'expression. Elles ont les cheveux longs et noirs, les dents blanches et bien disposées. Leurs membres sont admirablement bien tournés, et présentent une apparence de grâce et de force. Elles sont douées d'une complexion robuste, à cause de l'exercice continuel auquel elles se livrent pendant toute leur vie. La passion des bijoux leur est commune avec toutes les Orientales. Elles n'ont guère l'habitude de se tatouer; cependant j'en vois qui ont des petites mouches dessinées en bleu sur le visage ou sur d'autres parties du corps.

En arrivant à Djeddah, nous trouvons la ville presque déserte : des femmes, des enfans, des vieillards, apparaissent seuls dans les rues, on dirait un pays que la peste serait venue dépeupler. Nos domestiques nous ont tous abandonnés pour aller assister aux fêtes du pèlerinage ; nous n'avons pour nous servir qu'un petit nègre esclave, appartenant à M. Chédufau. Son maître a eu beaucoup de peine à le retenir ici ; peu s'en est fallu même qu'il n'ait déserté.

Après les fêtes de l'Arafat, les troupes de l'expédition doivent se rendre à Taïffa, pour entrer de là en campagne. Nous espérons partir tous les jours pour cette ville délicieuse, tant vantée par les Arabes. Elle se trouve à cinq journées au levant de Djeddah.

On nous annonce maintes fois le jour de notre départ, mais le contre-ordre est toujours donné un instant plus tard. Enfin, après bien des délais et des hésitations, nous recevons les chameaux qui doivent former notre caravane. Nous disons adieu à nos amis de Djeddah, et nous faisons tous les préparatifs nécessaires pour lever notre camp.

VI

I

Départ de Djeddah.—Tribu de Koréïch. — Mahomet issu de cette tribu. — Malédiction du prophète. — Adieux des Djeddahouis. — Imprécations. — Ulémas prêchant dans les mosquées contre les Européens. — Prophétie. — Notre caravane. — Cheikhr des Beni-Koréîch.—Une caravane qui se met en marche.

II

Crépuscule. — Ruines d'un fort.— Pierres expiatoires. — Hadda. — Sources. — Semoun. — Chemins de Djeddah à Taïffa. — Oadi-Fatma.— Repos sous les palmiers.— Nous nous égarons.— Djeriet-es-Cheikhrs. — Madrag. — Forteresse. — Tribu des Hédouan.

I

17 mai 1834. Premier jour de marche.

Le muëzzein de la mosquée de Hassan montait sur la galerie extérieure du minaret pour annoncer aux fidèles la prière de l'asser. Il entourait sa bouche de ses deux mains, afin de concentrer le son de sa voix, pour aller réveiller au fond de leur harem les musulmans paresseux; car, dans ces climats inondés de chaleur, les hommes se livrent au sommeil un moment après midi, et ne se lèvent de dessus leur divan que pour faire leurs ablutions, afin d'être prêts à adresser leurs vœux à Dieu lorsqu'ils y sont invités par le serviteur de la mosquée.

C'est l'heure à laquelle les indigènes reprennent leur activité : peu à peu les rues, naguère désertes et silencieuses, se peuplent et s'animent; les marchands fument gravement leur narghilé, assis les jambes croisées sur le devant de leur boutique, et les Bédouins qui ont pour métier de transporter à l'intérieur les hommes ou les marchandises chargent leurs chameaux, et se tiennent prêts à partir au premier signal de leur cheikhr.

Les Arabes qui avaient reçu du grand chérif l'ordre de nous conduire à Taïffa appartenaient à l'ancienne tribu de Koréich, renommée jadis par son urbanité et sa puissance. Elle a eu la gloire de compter parmi ses enfans l'envoyé de Dieu, et la honte de le persécuter violemment lorsqu'il commençait à prêcher sa religion. Ses compatriotes ne se doutaient guère alors de l'immense avenir réservé à sa croyance. Mahomet, disent les musulmans, irrité des persécutions qu'on lui faisait subir, appela la colère divine sur les Koreïch ; il leur prédit qu'un jour leur importance serait détruite, et que leurs familles démembrées seraient dispersées sur la terre.

Cette malédiction semblerait avoir eu réellement pour résultat le démembrement de cette ancienne tribu ; car plusieurs Cabyles qui portent le même nom sont répandus sur divers points de l'Arabie, et nous en trouverons plusieurs sur notre chemin. Ces cheikhrs ont cependant un air de fierté et d'indépendance que l'on ne sait comment justifier; car ils sont censés porter aujourd'hui le châtiment du crime de leurs pères, et les musulmans qui les connaissent les considèrent comme des espèces de renégats qui ne méritent que le mépris. La tribu qui habite les environs de la Mekke ne compte que trois cents hommes capables de porter les armes. Elle s'adonne presque exclusivement à la vie nomade et pastorale, et on voit très-peu de ses Bédouins faire servir leurs chameaux au transport des marchandises. Ceux qui vont nous accompagner paraissent pauvres : leur costume ressemble à celui de leurs compatriotes qui campent aux alentours de Djeddah; mais il est beaucoup moins riche; les Koreïch n'ont pour se défendre que des djambies [1] et des fusils à mèche, et encore tous ne sont-ils pas armés.

Notre caravane eut quelque peine à se former. Chaque Bédouin se plaignait que la charge de son chameau était plus forte que celle des autres : de là des querelles interminables contre lesquelles l'autorité des cheikhrs était impuissante; mais, grâce à l'intervention des kaouas du gouverneur et à quelques coups de poing que les plus récalcitrans recevaient avec presque la soumission d'un fellah égyptien, nous nous trouvâmes prêts à partir une demi-heure avant le coucher du soleil.

Il serait difficile de se faire une idée d'un tout dont les parties seraient moins hétérogènes que celles dont se composait notre troupe. Celui-ci était juif, celui-là catholique; on y voyait aussi des protestans et des anglicans, des cophtes et des arméniens, des musulmans et des renégats, certains même n'avaient aucune foi. A cette bigarrure de croyances venait se joindre encore celle des nations. Lorsqu'une circonstance venait impressionner cette masse, c'était un mélange de langues aussi diverses que celles de l'antique Babel; on enten-

---

[1] Poignard que les Arabes portent à la ceinture.

dait un feu croisé de mots français, anglais, italiens, maltais, corses, grecs, piémontais, turcs, arabes, formant un ensemble aussi fortement tranché que la couleur des pièces d'un habit d'arlequin. A cette description, quelques lecteurs s'imagineront sans doute que nous étions au nombre de plusieurs centaines de personnes; quelques-uns même pourront le porter à plusieurs milliers : mais les uns et les autres seraient dans l'erreur, car nous n'étions pas plus d'une vingtaine d'individus.

Les habitans de Djeddah nous voient prendre avec joie le chemin qui conduit hors des murs. Ils sont impatiens de se délivrer d'hôtes dangereux et incommodes, et ne peuvent s'empêcher de manifester leur contentement à haute voix, sans aucun ménagement pour les étrangers.

— Voilà le bâtiment des infidèles qui lève l'ancre, disait un marin.

— Que Dieu fasse pousser un écueil sous sa proue, répondait le voisin.

— Il était temps que la tribu infidèle changeât de campement.

— Il y avait six mois qu'elle était à Djeddah.

— La septième lune n'éclairera que des fidèles dans notre cité.

— Je craignais que la plante étrangère n'eût pris racine pour toujours parmi nous.

— Ils ont été aussi difficiles à déraciner que les mauvaises herbes.

— Il faut espérer que le désert ne les vomira pas sur nous sains et saufs comme la mer.

— La mer, passe; c'est leur élément; ils la maîtrisent à leur gré, surtout depuis que le diable leur a suggéré l'idée des bâtimens de feu; mais le désert, c'est la patrie exclusive de l'Arabe. Ils laisseront plus d'un morceau de laine dans les buissons.

— Il faut espérer que le samoun les empoisonnera avant qu'ils atteignent la vallée de Fatma.

— Et que les corbeaux et les faucons mangeront leurs carcasses, pour que leur présence ne souille pas un lieu aussi saint.

— Que Dieu fasse tarir les sources devant leurs pas.

— Qu'il fasse sécher la verdure sous leurs pieds.

— Tout cela est bel et bon, disait un marchand, chez qui l'amour du gain l'emportait sur le fanatisme; mais les boutiques de la ville vont certainement perdre à leur départ.

— Ils achetaient beaucoup.

— Et sans marchander.

— Et ils payaient toujours comptant.

— Et les filles de joie, reprenait un autre personnage, elles n'y gagneront rien non plus.

— Elles seront à meilleur marché. Tant mieux !

— Il faut espérer aussi que nous en verrons jeter une demi-douzaine à la mer, pour leur apprendre à l'avenir à lier des relations avec d'autres que de vrais croyans.

— Réjouissons-nous, frères, de leur départ; car la terrible prophétie dont le cheikhr nous a parlé dans la mosquée ne s'accomplira pas encore.

Au milieu de cet ouragan d'imprécations et de quolibets, qu'une seule menace de notre part eût suffi pour réprimer, cette dernière particularité fixa principalement mon attention.

— Mohammed, dis-je à mon domestique, il parait que les ulémas de Djeddah nous ont fait l'honneur de s'occuper de nous le vendredi?

— Ce que vient de dire cet individu à barbe grise et à turban blanc, semblerait le faire croire.

— On pourrait s'imaginer que nous ne sommes pas en odeur de sainteté parmi vos prêtres.

— S'ils trouvaient un honnête moyen pour se

défaire de vous, ils croiraient attirer sur eux les bontés du prophète.

— Et toi, penses-tu comme eux?

— Les cheikhrs nous apprennent à l'espérer ainsi; mais cependant ils me paraissent injustes cette fois. Il y a parmi vous des mécréans qui certainement mériteraient de rôtir avec le diable; mais plusieurs d'entre vous n'auraient besoin que de réciter le *La illah ell' allah* [1] pour devenir de vrais et dignes croyans.

— Mais quelle est cette prophétie dont on a menacé les fidèles de Djeddah?

— La voici. Les habitans de la ville croient avec tous les musulmans du Hedjaz qu'un jour les chrétiens aborderont en si grand nombre dans ce pays, qu'ils pourront former une longue chaîne qui s'étendra depuis Djeddah jusqu'à la Mekke. Dans la cité sainte, quelques infidèles s'occuperont à démolir la Kaaba, tandis que leurs frères s'en feront passer les pierres de main en main et les jetteront au fond de la mer.

— Pour le moment, vous pouvez être parfaitement tranquilles; nous n'avons pas les bras assez

---

[1] Commencement de la profession de foi musulmane. « Il n'y a d'autre
» Dieu que Dieu... »

longs pour exécuter cette terrible menace, et d'ailleurs aujourd'hui les Européens ont pour principe de respecter les religions de tous les peuples.

— C'est possible; mais les musulmans ne le croient pas, et ils savent que vous avez des bâtimens fins voiliers qui, d'un instant à l'autre, peuvent vomir des milliers de soldats sur le territoire sacré; car on prétend que la mer de Kolsoum [1] communique avec les vôtres, chose que certainement le prophète n'aurait pas dû permettre; mais, après Dieu, lui seul est grand et magnifique, et il n'appartient pas au dernier des croyans de blâmer ce qu'il a fait.

Notre petite caravane se composait de quatre-vingts chameaux conduits par quinze Bédouins, et nous avions pour escorte quelques cavaliers turcs irréguliers que le pacha nous avait envoyés. Il paraît que cette circonstance avait été peu agréable au cheikhr des Koréich, et il cherchait parmi nous un homme auquel il pût faire part de son mécontentement. Comme je portais la barbe, j'eus la préférence, et le vieillard, s'approchant de moi, me dit :

---

[1] Les Arabes nomment la mer Rouge *Bahar-el-Kolsoum*.

— Crois-tu que les Beni-Koréïch manquent de courage ou de bonne foi?

— Jusqu'ici rien ne peut me le faire soupçonner.

— Parce qu'autrefois notre tribu était puissante, et qu'aujourd'hui elle est réduite à quelques centaines de guerriers, peut-on penser qu'elle veuille manquer à ses engagemens?

— Non. Mais enfin, où veux-tu en venir?

— Eh bien, puisque vous n'avez pas de soupçon, d'où vient que vous avez demandé une escorte turque à Ahmed-Pacha?

— Nous n'avons rien demandé; nous nous fions à la parole des Bédouins, et nous sommes sûrs que nous n'avons rien à craindre avec vous.

— Nous avons juré sur notre œil et notre tête de vous amener à Taïffa, et vous y arriverez sains et saufs; mais si nous sommes attaqués en route, les Turcs pourront se défendre seuls. Il n'y a ni paix ni trève possibles entre un Osmanli et un Bédouin. Nous sommes peu nombreux aujourd'hui, il est vrai; mais les fils héritent de la gloire de leurs pères. Si la majorité des étoiles venaient à disparaître du ciel, celles qui resteraient n'en seraient pas moins brillantes.

Pendant que nous parlions, la caravane avait

pris une allure régulière : les jambes de chaque chameau oscillaient avec la précision d'un pendule; en sorte que, si l'on imaginait un instrument qui pût tenir compte de leur nombre, on pourrait se passer de montre en chemin. Tous les animaux se suivaient à la file, attachés les uns à la queue des autres au moyen d'une corde de palmier. Le premier est toujours conduit par un homme qui prend le licou dans sa main. Quelquefois c'est un âne qui est chargé de cette fonction, et il s'en acquitte à la satisfaction générale; ceci soit dit sans avoir la pensée d'établir aucune comparaison entre un âne et un Bédouin, mais seulement pour rendre hommage à la vérité.

Je ne puis m'empêcher de comparer une caravane qui se met en marche au bâtiment qui sort du port. Jusqu'à ce que tout soit mis en ordre dans la cale et sur le pont, sa marche paraît vacillante : c'est que l'attention de l'équipage se porte d'abord sur une foule de points. La chaloupe est amarrée d'une manière plus solide, les canots sont suspendus aux flancs du navire, les ancres caponnées, les câbles roulés dans l'entrepont, et les chaînes symétriquement disposées sur l'avant; les effets des passagers sont distribués dans les cabines. Peu à peu on largue les hautes voiles ; tous les focs se balancent sur le beaupré ; on ride les écoutes, et le navire, chargé de toile, s'avance sans hésiter vers le but que lui indique le timonier.

Ici, au lieu de la mer, ce sont des sables parfois aussi mouvans que les vagues de l'Océan ; le navire, c'est un quadrupède qui ne vous en donnera pas moins le mal de mer, pour si peu que votre estomac soit délicat. Voyez le Bédouin, qui a besoin d'autant de prévoyance que le marin, attacher avec soin les ghirbés remplies d'eau, arranger les charges mal disposées, relever les cordes qui traînent à terre et les fixer en faisceau sur la selle, qu'il avance ou recule selon les mouvemens trop prononcés du terrain. Celui-ci attache au cou de son chameau le sac où il doit recueillir le poil [1] qu'il pourra perdre en route. L'autre accommode avec une simple natte le lit où il doit reposer pendant la nuit. Bientôt tout ce mouvement cesse, les cheikhrs, qui allaient et venaient pour veiller à tout, prennent les devans, chaque homme marche

---

[1] Les Arabes ont toujours en voyage un petit sac où ils renferment le poil que les chameaux perdent en chemin, et en arrivant chez eux ils le remettent à leurs femmes, qui en font des tentes ou des tissus à leur usage.

à côté de son chameau, ou se suspend à sa queue, le mouvement est imprimé à toute la masse, et ne cessera qu'au lieu désigné d'avance pour la station.

En Arabie, on est habitué, pendant les fortes chaleurs, à partir vers les quatre heures du soir; on chemine pendant toute la nuit, et les étapes sont combinées de manière à s'arrêter à deux heures après le lever du soleil; les chameaux font le trajet d'un seul trait.

II

Parvenu à l'extrémité de la plaine où est bâti Djeddah, j'aperçus la ville à demi voilée dans cette atmosphère nébuleuse produite par le crépuscule malheureusement si court sous les climats du tropique, temps d'arrêt entre le jour et la nuit, qui tient de l'un la lumière et la chaleur, de l'autre l'obscurité et la fraîcheur : j'aspirai encore une fois la douce brise venue de la mer, dont j'allais me séparer pour long-temps. La clarté déclinait à chaque instant; bientôt il ne resta plus de la cité commerciale que de légers minarets, pareils aux mâts d'une flotte à l'ancre dans le port. La route me conduisit brusquement au milieu des collines, et un détour du chemin les jeta comme un rideau devant mes yeux, me dérobant ce que la nuit allait bientôt confondre avec le ciel.

Je ne décrirai pas la route de Djeddah à Bahara, mes lecteurs la connaissent; je ne parlerai pas des cafés, où les oisifs de la caravane se hâtaient d'arriver pour boire le moka ou écouter un fragment d'un conte oriental qu'ils n'abandonnaient qu'à regret, de peur de perdre les traces de leurs compagnons. Pourquoi se laisser attrayer par le charme des conteurs, pour ne s'arracher d'auprès d'eux qu'avec douleur et le cœur plein de regrets? Mais quel est le plaisir qui ne soit précédé ou suivi d'une peine? Puisque aucun de nous ne peut s'affranchir de ce tribut, payons-le sans murmurer, et sachons nous résigner.

En partant de Bahara, les deux chaînes de montagnes qui forment la vallée se continuent dans la même direction, et se rapprochent insensiblement. A quelques pas du lieu où existait le camp égyptien, les Bédouins vous font remarquer, sur une petite éminence, les ruines d'un fort construit, disent-ils, par Abou-Zet. Les pèlerins en passant déposent à côté quelques pierres qu'ils croient charger de leurs péchés, afin d'arriver à la Mekke purs de toute souillure [1]. C'est la transformation du bouc émissaire des anciens Israélites, et quelques tribus conservent encore cet ancien usage dans toute son intégrité.

Au bout d'une demi-heure, l'horizon d'arbrisseaux de Bahara cesse tout-à-coup, le chemin devient sablonneux; quelques touffes de hachich sont éparses çà et là, et l'on aperçoit un village formé de quatre ou cinq groupes de maisons assez nombreuses. Ce lieu se nomme Hadda, et sert ordinairement de station aux caravanes qui vont de Djeddah à l'intérieur.

Hadda doit son existence au pèlerinage et au voisinage de Ouadi-Fatma [2]. On trouve quelques sources au pied des montagnes voisines; mais elles sont toutes saumâtres; en s'enfonçant derrière les premières collines, on en découvre quelques-unes

---

[1] Ces amas de pierres forment souvent un cône de vingt et trente pieds de haut.
[2] Ouadi, oadi, ouady, signifient toujours vallée. Certaines tribus prononcent oadi et d'autres ouadi.

dont l'eau est moins mauvaise ; j'ai trouvé son goût presque insipide : les Kaouadji[1] la réservent pour les touristes du pays. Ceux que la fortune a peu favorisés boivent de la première ; sous ce rapport, toutes les contrées du globe se ressemblent assez.

La nuit précédente avait été extrêmement chaude, c'était un mauvais présage pour la journée du lendemain ; le vent était brûlant, chargé de sable, et le thermomètre de Réaumur est monté sous la tente jusqu'à 38 degrés. Jusqu'à midi le temps a été assez supportable ; mais alors le vent, devenu plus violent, faisait ployer sous ses efforts les tentes dressées sur la plaine. L'atmosphère était couverte d'un brouillard de sable, les montagnes voisines avaient disparu, chacun se renfermait dans sa tente, abrité sous la moustiquière. Les chameaux, ces fils du désert, familiarisés autant que leurs maîtres à cette étrange nature, ne pouvaient s'empêcher cependant de souffler fortement par leurs narines, et leurs flancs étaient oppressés. Je les voyais venir de loin à travers la fumée de l'ouragan ; leurs jambes se perdaient au milieu des nuages de poussière. Leur corps et l'arc de leur cou flexible étaient seuls apparens, et on les voyait s'avancer, sans qu'il fût

---

[1] Cafetiers, de kaoua (*café*).

possible de découvrir le moteur qui mettait en mouvement cette étrange apparition.

On peut prendre trois chemins pour se rendre de la mer à Taïffa[1] : l'un passe par Hadda et la Mekke; c'est celui qui est réservé aux Musulmans; l'autre se dirige vers Oadi-Fatma, et, quoiqu'il soit plus long, les caravanes lui donnent la préférence, parce qu'il est moins montagneux que le premier. Le troisième laisse Hadda au sud, et va rejoindre Oadi-Lamoun, ou la Vallée des Citrons : à la rigueur, c'est le seul qui soit ouvert aux infidèles. Celui de Oadi-Fatma se trouve dans le territoire sacré; mais comme nous faisons partie de l'armée, nous avons reçu la permission d'y passer.

18 mai. Deuxième jour de marche.

A l'asser[2] l'ouragan se calma; nous pûmes alors apercevoir la colonne de dattiers qui indique l'entrée de la vallée de Fatma. Empêcher des Européens d'aller s'asseoir sous l'ombre des arbres dont ils sont privés depuis si long-temps, ce serait vouloir défendre à un lazzaroni affamé de fourrer ses doigts dans un plat de macaroni fumant. Pendant que les Arabes chargent les chameaux, nous prenons les

[1] Les Arabes prononcent indistinctement Taïffa, Taïf ou Tayef.
[2] Trois heures après midi environ.

devans, et au bout d'une demi-heure nos chevaux déchirent à belles dents le bercim de l'Oadi [1].

Nous nous étendons au pied des palmiers : j'avoue que, pour mon compte, j'aurais mieux aimé alors me reposer sous l'ombre d'un chêne, d'un platane ou d'un ormeau. Il y a dans la senteur des arbres qui croissent au bord des champs où l'on a passé son enfance un lien magnétique qui vous transporte tout entier sur la terre natale. Un instant vous croyez être au milieu de vos camarades et parcourir avec eux le sentier de vos montagnes, ou côtoyer le bord de la rivière qui arrose leurs pieds. Le palmier alors ne fut pas le bien venu pour moi ; mais aussi maintenant, lorsque je vois en France ses fruits exposés sur nos boulevarts, ou les rameaux d'un chétif palmier à une exposition du Louvre, je me sens transporté au milieu de la nature de l'Orient ; je reconnais que je fus injuste, et j'en fais amende honorable fort humblement.

Mais ce que toute la caravane trouva plein de charmes, ce fut une source abondante qui sort du pied d'un monticule par un conduit souterrain, et forme un véritable ruisseau qui va se perdre un peu plus loin dans le sable, après avoir servi à ar-

[1] Vallée.

roser les plantations des Bédouins. Cette eau est aussi pure, aussi limpide que celle des Alpes ; cependant, dès que vous y plongez la main, vous éprouvez une sensation désagréable : elle est plus chaude que la température de l'atmosphère ; mais, en revanche, elle est d'une excellente qualité. Elle dépose sur le lit du ruisseau un limon noirâtre couleur de soude, comme les collines d'où elle sort. C'est cette source qui autrefois avait été amenée jusqu'à Djeddah au moyen d'un aqueduc dont on ne distingue plus aujourd'hui aucun vestige.

— Messieurs, dit l'un des voyageurs, voilà déjà deux heures que nous sommes partis de Hadda; notre caravane devrait nous avoir rejoints depuis long-temps.

— Ne craignez rien, lui répondit un voisin : je connais la route comme je connais le chemin de Pise à Florence, et je pourrai au besoin vous servir de guide.

— Jouissons encore de la fraîcheur des arbres, des murmures de l'eau. C'est une si douce chose ! Je ne m'étonne pas que Mahomet n'ait rien pu promettre de plus séduisant aux élus qui iront en paradis. Celui qui venait de parler ainsi était un Français né sous le ciel du midi. Il aspirait le plaisir par tous ses pores, et, plutôt que de quitter la belle vallée, il aurait volontiers consenti à s'égarer, au risque d'aller tomber tête baissée dans la Mekke, pour se faire circoncire au pied de la Kaaba.

— Mon cher, répondait un Italien qui avait sans doute fait ses classes, ne nous laissons pas amollir comme Annibal à Capoue : nous n'avons que les vivres nécessaires pour arriver à Taïf, et je ne suis pas disposé à mourir de faim en chemin.

La citation carthaginoise ne fit rire personne ; les Européens qui habitent l'Orient ne sont pas encore habitués à plaisanter du classique ; mais il faut espérer qu'ils y viendront.

— Ali, dit l'Italien à son domestique, monte au sommet de la colline, et vois si tu aperçois la caravane.

L'Égyptien revint un moment après, annonçant qu'il n'avait pu rien découvrir.

Celui des voyageurs qui avait proposé de servir de guide parut plus déconcerté que les autres à cette nouvelle. Je le remarquai, et j'en tirai un mauvais augure.

Nous n'avions pas un moment à perdre : nous

montons à cheval, en nous dirigeant vers Oadi-Lamoun. La nuit arrivait à grands pas, le crépuscule touchait à sa fin, et nous n'avions aperçu aucune trace de la caravane. Quelques-uns d'entre nous poussèrent une reconnaissance vers divers points; mais leurs tentatives ne furent pas heureuses. Nous nous engageons dans un terrain sablonneux tout couvert d'arbrisseaux verts et assez élevés; notre guide nous fait faire une infinité de tours et de détours, en croyant aller toujours en ligne droite. L'obscurité était devenue assez dense pour nous laisser apercevoir des Bédouins à la clarté de leurs feux. Tout-à-coup notre cicerone s'écrie que nous rejoignons nos Arabes : un moment après, nous apercevons des chameaux; mais ils étaient libres et revenaient des pâturages. Ils appartenaient aux habitans d'Oadi-Fatma : nous étions revenus à la source d'où nous étions partis trois heures auparavant. Il était dix heures du soir.

Ceux qui avaient conservé leur gaîté inondèrent le guide malencontreux d'un déluge de quolibets; d'autres, irrités, murmuraient entre leurs dents; ceux qui avaient peur gardaient le plus profond silence.

— Mes compagnons, dit l'un de nous, réjouissons-nous de ce que nous ne nous sommes pas égarés du côté de la Mekke : le fanatisme des habitans nous aurait pu jouer quelque vilain tour. Remettons-nous en route; mais, afin de ne pas revenir à Pise au lieu d'aller à Florence, prenons un Bédouin qui nous conduira à notre caravane.

Son conseil fut suivi. Au bout d'une demi-heure, l'Arabe que nous avions pris reconnut les traces de nos chameliers.

— Je suis les vestiges de votre troupe, nous dit-il ; voilà les empreintes du pied des chevaux turcs. Celles des nôtres ne sont pas aussi profondément imprimées : je les suivrais jusqu'à Bagdad sans m'écarter d'une ligne.

L'Arabe avait dit vrai, et au bout de deux heures, nous nous trouvâmes au milieu de nos camarades, qui étaient passablement inquiets sur notre compte.

Nous étions dans Oadi-Lamoun. A cinq heures de nuit, j'aperçus le village des Cheikhrs (Djeriet et Cheikhrs), ainsi nommé parce qu'il est habité par des Bédouins qui prétendent descendre tous d'une noble origine. Les montagnes de l'ouest sont bordées de quelques colonnes de dattiers souvent interrompues. L'eau ne manque nulle part, et elle est de bonne qualité.

A six heures de nuit, la voix des chiens nous annonce un second village; c'est celui de Madrag. Nous nous y arrêtons pour faire provision d'eau pour le lendemain. Nous dressons nos tentes à quelques pas des dernières chaumières.

Outre les dattiers, Madrag possède des plantations de doura que l'on entoure d'une palissade pour y maintenir l'eau dont on les arrose. Cette eau est fournie par un petit ruisseau bordé de palma-christi et d'asclépias. Nous faisons placer nos tapis sur la rive pour jouir de la fraîcheur de ce site, et les habitans nous apprennent qu'il sert de station aux caravanes du pèlerinage.

— Quel est l'homme ou la chose, nous disait un Bédouin, qui ait causé autant de bien à un aussi grand nombre d'individus que ce mince filet d'eau?

Sur une élévation voisine se détache une forteresse arabe bâtie par Othman-el-Medhaïfe, cheikhr de la tribu de Hédouan, qui s'est rendue si célèbre dans les dernières guerres religieuses de l'Arabie. Elle est aujourd'hui en la possession de Mohammed-Ali, qui y entretient une garnison de quelques

Bédouins, dont le devoir est de protéger les tribus voisines.

Bientôt le soleil vient me chasser de la place que j'avais d'abord choisie, et je vais m'étendre à l'ombre d'un grand sycomore. Au moment où je prenais mes notes, arriva un vieillard qui portait deux pastèques. Je lui en achète une, et je l'invite à la manger avec moi. Le bonhomme m'assura qu'à une demi-lieue au-dessus, on voyait un petit bassin de quatre ou cinq pieds de profondeur, qui donnait naissance au ruisseau, et qui renferme une multitude de petits poissons.

Pendant que le vieillard parlait, les merles et les tourterelles venaient se percher sur les branches des arbres voisins.

— Depuis combien de temps est bâtie cette forteresse? demandai-je à l'Arabe.

— Depuis dix-neuf ans : Othman, qui avait embrassé la religion et les intérêts des Ouahabites, contraignit les prisonniers que le sort de la guerre avait mis entre ses mains à travailler à cette construction. Ils devaient porter les pierres sur leur tête, et on donnait impitoyablement la mort à ceux qui ne voulaient pas se soumettre à ce genre de travail. C'était un beau temps alors ; le poids d'un long fusil ne faisait point vaciller mes pas; la tribu des Hédouan était nombreuse et puissante. Hélas! que sont devenus tant de guerriers infatigables? Leurs os blanchissent les plaines de Bessel [1]; on ne leur a pas même accordé les honneurs de la sépulture.

— Depuis lors votre nombre a beaucoup diminué.

— Avant la ruine du ouahabitisme, nous pouvions amener au combat quinze cents hommes et trois cents chevaux. Dans les dernières guerres, ce nombre s'est réduit à trois cents hommes mal armés. Nous avons été obligés de quitter la terre où nous étions nés, et nous nous sommes retirés à quelques journées dans l'intérieur. Mais depuis lors nous avons eu quelques jours heureux, et nous avons ramené sur le sol que vous foulez nos jeunes guerriers, que leurs mères avaient emportés endormis sur leur dos, lorsqu'ils n'étaient encore que des petits enfans.

Le village de Madrag est composé de quelques maisons en pierre, d'environ soixante échés [2],

---

[1] Lieu célèbre en Arabie à cause d'un combat qui s'y est donné entre Mohammed-Ali et les Ouahabites, qui y furent vaincus. Plus tard nous trouverons ce lieu sur notre route.

[2] Chaumières.

construites avec des troncs de doura [1]. La forteresse, qui n'est éloignée que d'une portée de fusil, est carrée ; chaque angle est défendu par une tour surmontée d'une coupole ; la porte d'entrée ne se trouve pas en face, mais par côté, comme c'est l'usage dans tous les forts bédouins. On peut encore pénétrer dans l'intérieur par une seconde porte que l'on aperçoit lorsque l'on vient par la route de Djeddah. Le cheikhr de la tribu fait sa résidence dans le château, et la cour était remplie de moutons et de chameaux qui lui appartenaient. Les alentours sont plantés en jardins, qui forment le principal revenu des Arabes Hédouan.

[1] Maïs.

VII

I

Puits. — Les Bédouines me donnent à boire. — Route, ses pèlerins. — Granit. — Voleur de nuit. — Nous nous égarons de nouveau. — Bir-el-Barout. — Tribu de Lohhian. — Vent brûlant. — Bédouins. — Troupeaux. — Ruines. — Route. — Côte rapide. — Chant des Arabes. — Zeima. — Ruines. — Tribu des Hodeïl.

II

Tribu des Hétheba. — Leurs richesses. — Manière de puiser de l'eau dans les torrens. — Bédouines Hétheba. — Leur costume. — Mœurs. — Voleurs déguisés en mendians. — Négresses. — Bédouins issus d'un Arabe et d'une esclave. — Température. — Tonnerre. — Pluie. — Pâtres. — Granit. — Amiante des montagnes. — Bédouins et chameaux. — Oum-el-Hamat.

I

19 mai. Troisième jour de marche.

Nous levons notre camp, et au bout de quelques minutes nous arrivons devant un puits bâti en pierre, dont l'ouverture était très-étroite, afin de pouvoir être plus facilement fermée en temps de guerre. Quatre jeunes filles bédouines et une esclave noire se tenaient à côté pour nous voir passer. Elles m'ont donné à boire dans un vase tressé en paille. Quelle immobilité chez ce peuple! je croyais assister à une scène de la vie patriarchale ; c'est toujours le même ciel, la même hospitalité, les mêmes races, les mêmes mœurs; il y avait dans une action aussi simple ce charme indéfinissable que l'on éprouve toutes les fois que l'on voit la réalisation vivante d'un fait écrit depuis des milliers d'années, dont on s'était cru séparé pour toujours, et que l'on voit se réaliser sous ses yeux.

L'eau du puits était bonne et abondante.

En ce lieu on quitte Oadi-Lamoun et la colonne des dattiers pour prendre la direction de l'est ; nous traversons le chemin des grandes caravanes du Caire. Les nombreux sentiers dont il se compose sont unis et bien battus. Les environs présentent d'énormes blocs de granit que le temps a rongés et couverts d'une teinte de vétusté; mais en cassant les aspérités, on trouve que l'intérieur est composé d'une très-belle roche mélangée de blanc et de noir. Les couches supérieures ont perdu toute végétation et se détachent au choc le plus léger.

La route est couverte d'arbrisseaux épineux, et les montagnes présentent une stérilité et une aridité effrayantes ; bientôt elles se rapprochent et laissent à leur pied un sentier étroit, rempli de silex roulés, qu'il serait bien difficile de forcer si l'on éprouvait la moindre résistance de la part des Bédouins. Les chiens, dont on entend les aboiemens, et la clarté des feux, nous annoncent la présence des Arabes. Un voleur, à la faveur de l'obscurité, avait pris place auprès d'un chameau, et jouait le rôle d'un homme appartenant à la caravane; mais s'étant aperçu qu'il était observé, on l'a vu disparaître sans qu'il ait été possible de distinguer le chemin qu'il avait pris.

Au sortir de ce défilé, le terrain redevient sablonneux : ennuyés de la marche monotone de la caravane, nous prenons les devans; après une assez longue course, nous nous reposons pour attendre les chameaux ; mais, ne les voyant pas arriver, il fut bientôt évident que nous nous étions égarés de nouveau. Heureusement nous avions avec nous les cavaliers de l'escorte. Leur chef, qui faisait depuis long-temps la guerre en Arabie, avait pris quelque chose du tact des Bédouins, et grâce à son habileté, nous eûmes bientôt rejoint nos compagnons. Le cheikhr nous donne un de ses hommes pour nous accompagner jusqu'à la station où nous devons établir notre camp. Nous la reconnaissons à un grand arbre qui indique le puits d'où nous devons tirer notre eau. Je me couche sur le sable, ce lit si doux que la Providence offre presque partout en Arabie aux voyageurs et aux malheureux; ma ceinture roulée me sert d'oreiller, et je m'endors bientôt du plus profond sommeil.

En m'éveillant, je me trouve sous la tente que nos domestiques avaient dressée pendant que j'étais endormi. Il était grand jour, et je sors pour jeter un coup d'œil sur le paysage, que je n'avais observé qu'à travers la demi-obscurité de la nuit. Le lieu où nous campons forme une plaine assez vaste, entourée d'un réseau de montagnes; le terrain est sablonneux et couvert d'arbrisseaux épineux. Le puits que les Arabes nomment Bir-el-Barout a une profondeur de trente à trente-cinq pieds sur dix-huit ou vingt de large. On voit que ces dimensions sont peu ordinaires. Il est bien bâti, et les larges pierres dont il se compose ne sont liées par aucun ciment. Un grand sycomore plane au-dessus du puits et le couvre de son ombre épaisse. Les tourterelles, attirées par l'eau, sont très-nombreuses dans les environs, et viennent s'abattre par troupes sur les branches de l'arbre. Elles sont d'une excessive familiarité, car elles savent que l'Arabe est leur ami. Quelques Européens, qui ne respectent rien, et qui auraient préféré les voir dans leur marmite, ont voulu leur faire la chasse ; mais les Bédouins s'y sont opposés. Le sycomore est suspendu au-dessus de l'eau, il sort à travers les parois du puits à six pieds environ de profondeur. Au-dessous on remarque les restes d'une voûte qui paraît avoir supporté jadis un escalier pratiqué pour descendre sans danger dans l'intérieur ; il s'appuyait au bas sur le rocher où se trouve la source, et c'est sans doute pour ménager la place des degrés que les parois sont aussi écartées. L'eau de Bir-el-Barout est très-abondante, très-fraiche, et d'une excellente qualité.

Tous les lieux que j'ai parcourus jusqu'ici sont fréquentés par les Bédouins. Ils sont généralement stériles, et depuis la forteresse de Madrag je n'ai aperçu aucun dattier. Les environs de Bir-el-Barout sont habités par les Lohhian ; cette tribu, nombreuse et guerrière, possède une grande quantité de chèvres et de moutons.

La journée du 20 a été extrêmement chaude, mais le vent nous a peu incommodés. Ce vent, qui s'élève souvent dans ces parages, dure ordinairement trois jours ; il commence à souffler vers dix heures du matin, et se renforce jusqu'au coucher du soleil, époque à laquelle il cesse tout-à-fait. Il apporte avec lui une chaleur excessive; et, absorbant sur-le-champ la sueur par le sable dont il est imprégné, il maintient la peau dans un état d'aridité très-pénible. Le thermomètre, sous la tente, s'est élevé à 38° vers onze heures, et à 40 après midi [1].

A l'asser, quelques Bédouines conduisent leurs troupeaux vers le puits, je m'avance à leur rencontre pour les examiner. Leur aspect ressemble à celui de leurs compagnes des environs de Djeddah; mais ce qui les distingue d'elles, c'est un caleçon étroit qu'elles portent avec beaucoup de grâce. Elles ont toutes un voile, malgré que l'on prétende que les femmes arabes de l'intérieur ne se couvrent pas la figure. Un moment après, je vois arriver quelques Bédouins qui viennent puiser de l'eau : comme ce travail est long et fatigant, ce sont les hommes qui s'en chargent. Ils portent avec eux un grand vase demi-sphérique, en cuir, adapté à un cercle en bois; ils le posent sur quatre pierres et le remplissent. Les troupeaux y boivent avec une grande

---

[1] J'avertis, une fois pour toutes, que je donne les degrés de la température d'après le thermomètre de Réaumur.

avidité. On laisse approcher chaque fois une vingtaine de chèvres; et leurs têtes, qui plongent en même temps tout autour, forment un groupe charmant.

Il paraît qu'autrefois Bir-el-Barout possédait une population nombreuse, qui avait établi ses demeures dans les environs. J'appuie cette assertion d'abord sur la forme et les dimensions du puits, mais principalement sur des ruines imposantes et nombreuses, qui, quoique à fleur de terre, prouvent évidemment que jadis une ville a existé ici. J'ai remarqué un grand rectangle, formé de murs en granit; à l'extrémité on voit des pierres énormes, qui, par leur disposition, semblent avoir appartenu à un escalier; à côté se trouve un grand cercle bâti aussi en granit; il est d'un très-grand diamètre, et dans le même genre que celui qui forme le puits existant aujourd'hui, et peut-être a-t-il servi primitivement au même usage.

Plus loin se déroule un nouveau rectangle, plus grand et plus beau que le premier; ses fondemens, qui ont cinq ou six pieds de large, paraissent avoir appartenu à un édifice immense et d'une solidité étonnante; à côté reposent les restes d'un mur plus grand et plus imposant que les précédens. Sa surface, inclinée à l'horizon, est parfaitement plane, et, dans l'état où il se trouve aujourd'hui, on dirait une digue élevée pour soutenir le terrain. Cette ligne est coupée par une autre, sous un angle de quarante-cinq degrés; elle est plus longue, mais moins épaisse que la première. Aux environs du puits et au loin, ce site est couvert d'autres ruines d'une moindre importance, mais qui donnent une bien haute idée de la puissance de ceux qui avaient élevé ces constructions.

Mais quel est le peuple qui en est l'auteur? à quelle époque remontent-elles? quelles sont les catastrophes qui les ont réduites à l'état où on les voit aujourd'hui? Questions obscures, pour ne pas dire impénétrables, et qu'il ne m'est pas permis de résoudre d'après un aussi simple examen. Ces restes, comme ceux de ces villes condamnées par un impitoyable vainqueur qui labourait leur sol et y semait du sel, ne dépassent pas, n'atteignent pas même la corolle des plus humbles fleurs. Les villes et les empires s'écroulent, la nature seule est toujours pleine de force et de fraîcheur.

Parmi toutes ces ruines, je n'ai remarqué que le carré, le rectangle et le cercle, formes simples, qui ont dû se présenter les premières à l'esprit des antiques architectes. Il est à regretter que les siècles n'aient rien épargné de ce qui s'élevait au-dessus du sol. Puisqu'il en est ainsi, contentons-nous de ce qui nous reste. Les gouvernemens d'Europe savent bien faire surgir de terre les débris de vieilles civilisations englouties sous les sables; ici, avec un travail moindre, des archéologues pourraient exhumer ces ruines, et ajouter une page oubliée à l'histoire de l'humanité.

Cependant, en observant avec plus de soin, je découvre quelques pierres éparses sur le sol, mais je n'aperçois aucune trace d'inscription ni de sculpture. Ce qui me paraît certain, c'est que les matériaux ont été tirés des montagnes voisines, et que ces constructions sont de beaucoup antérieures à Mahomet. Il n'existe aucun rapport entre ces lignes sèches et droites et l'architecture des mosquées du Caire ou de l'Alambrah. L'art arabe moderne n'est pas passé par là. Consultez les Bédouins qui habitent aux environs ; tâchez de leur arracher quelque tradition qui puisse jeter un trait de lumière au milieu de ces ténèbres : que vous répondront-ils ? « Nos ancêtres ont appris de leurs pères, et nous ont dit à leur tour, que ces ruines étaient antérieures au monde (aouel-ed-dounia), et nous transmettons cette croyance à nos enfans. » C'est la réponse que me fit un Arabe de Hodeïl, à qui je fis cette question, tout en vidant nonchalamment un seau d'eau dans le vase où ses brebis se désaltéraient.

20 mai. Quatrième jour de marche.

Cependant les Arabes font leurs adieux au puits, idole que les habitans du désert ne sauraient trop adorer. Notre chemin serpente toujours le long des montagnes. Il est uni, recouvert d'une couche de sable, et semble avoir été construit ainsi pour ménager le pied délicat des chameaux. A côté ce sont toujours des masses de granit rayées, des lignes noires qui descendent de leur sommet jusqu'à leur pied. Cependant la terre végétale y est moins rare que du côté de Madrag. Les blocs sont couchés les uns sur les autres et forment avec l'horizon un angle de quarante-cinq degrés : au moment où nous passions, le soleil allait disparaître derrière les montagnes, ses rayons tombaient obliquement sur leurs flancs, et formaient un étrange mélange d'ombres et de lumières; les pierres avancées offraient l'image de ces animaux fantastiques taillés en gouttières, que l'imagination de nos pères a placés sur les basiliques du moyen âge. La route se continue encore quelque temps à travers des gorges obscures. Bientôt les Bédouins s'arrêtent, ils placent les charges plus avant sur leurs chameaux, et on voit qu'ils se préparent à monter une côte voisine, la première que nous ayons rencontrée depuis Djeddah.

Cette montée est assez rapide : comme elle est encombrée de pierres, chacun descend de sa monture et s'apprête à faire la route à pied. Les Bédouins commencent à entonner une espèce de chant guttural que les chameaux connaissent parfaitement et qui leur communique une nouvelle ardeur. Ce chant est combiné de manière à ce que tous y puissent prendre part par intervalles. Des cris sauvages et dénués de cette seule harmonie qui puisse toucher au premier abord des oreilles européennes, me firent éprouver alors une sensation étrange, mais qui ne me parut pas agréable. Plus tard, je m'y suis habitué, et je les entendais avec plaisir.

Au bout de quelques minutes on arrive au sommet. La descente, très-rapide au commencement, le devient moins après quelques instans. Elle se continue jusqu'à Zeima, où nous devions camper. Les gorges des montagnes, sur lesquelles est bâtie à droite une forteresse à demi ruinée, laissent apercevoir des plantations de palmiers, et le murmure d'une eau courante vient délicieusement frapper votre oreille. Ce bruit est si agréable pour les Arabes, qu'ils ne peuvent pas supposer qu'un homme qui l'entend puisse être complètement malheureux, quels que soient ses chagrins.

La forteresse est bâtie en pierres jusqu'au premier étage, et le haut est construit en briques crues. A côté l'on voit les débris de quelques vieilles maisons; dans l'intérieur on remarque encore les chambres qui servaient de caserne à la garnison, et une citerne parfaitement bien conservée; elle est enduite d'un ciment fort dur. Ce fort avait été élevé par les Ouahabis lorsqu'ils se furent emparés du territoire sacré. Ibrahim-Pacha le détruisit au retour de son expédition contre Déréyeh.

La petite plaine située un peu plus bas est couverte de palmiers et de berceaux, et on y compte quelques sycomores. Le tronc des palmiers n'est pas privé de ses basses branches, ce qui prouve que les Bédouins entendent peu la manière de les soigner. Au milieu du triangle formé par les cultivations s'élève un groupe de cinq maisons, et deux hameaux sont construits au pied de la montagne, d'où sort l'eau limpide et délicieuse qui arrose l'oadi. Les jardins produisent des raisins, de la meloukia et des melons. Ce site ne manque pas d'agrémens, et comme il se trouve sur les chemins de la Mekke à Taïffa et de cette ville à Madrag, Bahara et Djeddah, les Ouahabis n'avaient pas manqué de s'en emparer et de le fortifier. Les Bédouins qui l'habitent aujourd'hui appartiennent à la tribu de Hodeïl.

21 mai. Cinquième jour de marche.

Nous quittons Zeima. A quelques pas du lieu où nous avons campé on trouve une digue en terre sur laquelle on a pratiqué un petit canal qui conduit l'eau sur le terrain fertile que l'on veut cultiver. En ce lieu commence une vallée étroite couverte de temps en temps d'arbustes épineux. Les montagnes voisines sont très-élevées; celles du nord sont en granit; au sud elles paraissent d'une forme plus récente et sont composées de pierres calcaires calcinées. Le sol ressemble parfaitement au lit d'un fleuve desséché; il est couvert de sable et de cailloux que les courans ont amenés de loin, car les lieux voisins n'en renferment pas d'une qualité semblable. Cette vallée est excessivement longue, et les chameaux ont employé six heures à la parcourir. A son extrémité, les deux chaînes se rapprochent et l'on passe dans un chemin creux; bientôt ce chemin devient sablonneux, et un peu plus loin on marche sur une couche unie de granit. Nous nous trouvons alors sur une plaine, dont on ne touche l'extrémité qu'après cinq heures de marche. Cette plaine reçoit les eaux de pluie de toutes les vallées voisines : ces eaux s'élancent avec impétuosité vers Oadi-Fatma par la gorge que j'ai déjà décrite, et là elles s'évaporent ou se perdent dans les sables. Malheur à la caravane qui se trouverait dans ce défilé au moment de la crue des torrens! elle serait infailliblement détruite, et les Bédouins ont bien garde de s'y exposer. Une heure et demie après avoir quitté la plaine, nous campons au bord d'un torrent borné au sud par un arc de petites montagnes toujours aussi affreuses de stérilité. Ce lieu est occupé par la puissante tribu des Heteiba, qui sont en guerre avec les Hodeïl. Les Bédouins ne donnent point de nom particulier à ce site inhabité ; ils l'appellent tout simplement sel, ou torrent.

II

Les Heteiba sont plus riches que toutes les autres tribus que nous avons rencontrées sur notre route : ils possèdent une grande quantité de chameaux et de dromadaires ; leurs troupeaux de chèvres et de moutons sont encore plus nombreux. Ces Bédouins prétendent qu'ils tirent leur origine des Koreich, et ils ont formé depuis long-temps avec ceux-ci une étroite alliance. Il serait difficile d'évaluer exactement le nombre de soldats dont ils peuvent disposer. Les rapports des Bédouins à ce sujet sont très-contradictoires ; mais tous assurent que ceux qui habitent entre Zeima, Taïffa et la Mekke, peuvent mettre de six à sept cents hommes sur le pied de guerre. Si la tribu de Koreich possède peu de chevaux, celle des Heteiba, au contraire, en élève un assez grand nombre qui sont originaires du Nedj. Ils sont très-dociles et se laissent gouverner avec un simple licou ; leurs maîtres ne les ferrent jamais.

Aoun, cheikhr de Heteiba, ayant appris que Samenoul, le cheikhr de notre caravane, passait par son territoire, est venu le visiter. Plusieurs Bédouins ont mené leurs troupeaux sur les bords du torrent pour les faire boire : ils font une excavation de deux pieds dans le sable, l'eau la remplit à demi sur-le-champ, et nous l'avons trouvée d'une excellente qualité. Dans tout le pays, et même jusqu'à Bagdad, on se sert de ce moyen pour se procurer de l'eau, ce qui fait croire aux Arabes qu'il y a un courant souterrain qui s'étend depuis la Mekke jusque sur les bords de l'Euphrate.

Le costume des petites filles et des garçons de cette tribu est très-simple et se compose uniquement d'un pagne en cuir formé d'une infinité de petites tresses qui retombent comme une frange jusqu'à demi-cuisse. Les femmes sont mises plus élégamment : elles portent des bracelets en métal aux poignets et au-dessus du coude; leur cou est orné de deux colliers; l'un est un cercle de fer et l'autre une petite chaîne où l'on suspend une amulette qui retombe jusque sur la ceinture. Celle-ci consiste en une bande de cuir fortement serrée autour de la taille; elle est couverte de petits anneaux qui se superposent les uns aux autres comme les écailles d'un poisson, et il s'en échappe quelques rares chaînettes qui descendent sur les hanches. Nous avons acheté une de ces ceintures à une Bédouine qui se méfiait un peu de nous, et qui, quoique mariée depuis long-temps, ne voulut pas la vendre sans la permission de son père.

— D'où vient, disais-je à un Bédouin, que je ne vois ici ni chevaux ni dromadaires, quoique l'on prétende que vous en possédez un grand nombre?

— Nous avons l'habitude de laisser le gros bétail dans les montagnes voisines, parce que la végétation y est plus abondante; quant au cheval, il ne s'écarte jamais de la tente de son maître.

— Vos chèvres et vos moutons, quoique petits, sont si gras! comment font-ils pour acquérir cet embonpoint au milieu d'un terrain aussi aride?

— Les troupeaux sont comme nous : habitués à supporter les privations, ils se sont fait une seconde nature. D'ailleurs, le désert ne paraît stérile qu'à celui qui n'y est pas né. Le bon pasteur ne rentre jamais le soir au douar sans que ses bestiaux soient rassasiés.

— Mais pourtant, lorsque les années ne sont pas pluvieuses?...

— Voilà le seul fléau redoutable. Nous ne connaissons pas chez nous de maladies épidémiques, comme dans les contrées plus fertiles de l'Arabie, l'Yemen, par exemple; mais, lorsque les pluies sont peu abondantes, la mortalité devient très-forte parmi nos troupeaux, et souvent celui qui se couche riche la veille se réveille bien pauvre le lendemain.

— Mais vous avez toujours la ressource de transporter ailleurs votre camp et de planter vos tentes en un lieu mieux traité par les saisons?

— Qui vous l'a dit? Nos domaines sont aussi bien marqués que les limites des champs des pays les plus fertiles. Chaque portion de territoire appartient à une tribu; elle peut en disposer comme elle l'entend : c'est une propriété que ses pères lui ont transmise avec leur sang. N'en est-il pas de même chez vous?

— Sans doute; mais nous sommes tous enfans d'une même famille, nous devons nous secourir les uns les autres dans le malheur.

— L'Arabe est hospitalier; les preuves ne manquent pas : voyez-vous des mendians parmi nous? tandis qu'ils pullulent chez les populations qui entourent leurs maisons de murailles.

Je venais d'apercevoir auprès de ma tente un Bédouin qui demandait l'aumône; je le fis voir à mon homme : il ne parut pas déconcerté, et se contenta de me dire :

— Croyez-vous que le mirage soit de l'eau, quoiqu'il en présente l'aspect?

Je ne pus pénétrer alors le sens de ces paroles énigmatiques; mais plus tard j'appris que ces prétendus mendians n'étaient que des voleurs, qui se servaient de ce déguisement pour s'introduire dans les camps des caravanes sans éveiller de soupçons.

— L'Arabe est hospitalier, reprit le Bédouin, mais peut-il nourrir la famille de son frère pendant un an? lorsqu'il l'a gardé trois jours dans sa tente, il ne lui doit plus rien.

— Mais à quoi reconnaissez-vous les limites du territoire de chaque tribu?

— La terre nous donne mille moyens pour cela: il suffit d'un torrent, d'une vallée, d'une montagne; dans une plaine, une lisière de sable ou de gravier, une rangée de mimosas ou d'étels[1] remplissent le même but.

— Et si vous le dépassez?

— Alors la tribu dont on viole le territoire a le droit de prendre ou de tuer vos bestiaux, et de là naissent des guerres et des haines funestes, qui favorisent les projets de ces chiens qui vous escortent.

[1] Arbre de la famille des pins.

Depuis Djeddah j'avais remarqué un assez grand nombre d'esclaves noires parmi les personnes que le hasard ou la curiosité conduisait sur notre passage. Les Bédouins font souvent leurs femmes de ces négresses, et les enfans issus de ce mariage conservent pendant plusieurs générations quelque chose du type de leur mère. Ils sont faciles à distinguer à leurs cheveux un peu laineux et à leurs lèvres proéminentes; leur corps d'ailleurs est moins élancé et plus musculeux que celui des autres Bédouins. Les Arabes les considèrent comme au-dessous d'eux, et leur donnent le nom de *Mouellet*, qui veut dire dégénéré. L'enfant qui naît d'un Bédouin et d'une négresse est libre; celui qui est issu d'un couple nègre est esclave, comme ses parens; mais leurs maîtres ne peuvent pas les vendre, et quand même ils en auraient l'intention, personne ne se présenterait pour les acheter. Ils sont considérés comme faisant partie de la famille, dont ils ne peuvent pas se séparer. Quant aux enfans issus d'une Bédouine et d'un nègre, il est inutile de s'en occuper; on ne voit jamais de semblables mariages.

— Ne faites-vous pas de distinction politique, dis-je à mon Arabe, entre les Mouellets et les Bédouins de race pure?

— Aucune, me répondit-il; le sang du père qui circule dans leurs veines les rachète entièrement de l'esclavage, n'y en eût-il qu'une goutte. Ils jouissent des mêmes droits que nous et supportent les mêmes charges. Par exemple, lorsqu'une Kabyle est obligée de payer un tribut pour accommoder une querelle avec ses voisins, les Mouellets fournissent leur part comme les autres; et lorsqu'un Bédouin veut tirer vengeance du sang répandu, s'il en met un à mort, il se trouve satisfait comme s'il avait tué un ennemi de la race la plus noble.

Hier le thermomètre s'est élevé à midi à 29 degrés, quoique le soleil fût voilé par des nuages; aujourd'hui le ciel est très-pur, et il marque 30 degrés.

22 mai 1834. Sixième jour de marche.

Nous quittons Sel une heure avant l'asser. Notre chemin est tracé sur une montagne que nous sommes obligés de gravir; la montée est recouverte en larges dalles formant un escalier très-doux, que les chameaux dépassent avec facilité. Les Bédouins ont pavé ce chemin creux, parce que pendant l'époque des pluies il sert de lit à un torrent, qui le rendrait impraticable sans cette précaution. Nous rencontrons successivement plusieurs montagnes de ce genre, et nous nous élevons sans cesse au-dessus du niveau de la mer. Cependant, dans ces passages, les travaux exécutés par les Arabes sont mieux combinés; ils ont creusé à côté du chemin un canal qui suffit à l'écoulement des eaux, et par ce moyen les communications ne sont jamais interrompues. Ici le tonnerre commence à se faire entendre, et ses roulemens nous accompagnent jusqu'au coucher du soleil. La pluie leur succède, mais elle cesse au bout de quelques instans.

Les montagnes où nous voyageons appartiennent à cette grande chaîne qui longe le Tehama sur presque toute l'étendue de la mer Rouge. Dans ces parages, elles sont très-hautes et très-escarpées; quelques rares herbes croissent sur leurs flancs. Les moutons et les chèvres qui les broutent paraissent rester en équilibre comme par enchantement; le pâtre qui les observe se perche sur un pic plus abrupte et plus élevé; il a sur son épaule son fidèle fusil à mèche, enveloppé dans un fourreau de cuir; sa silhouette se détache vigoureusement sur le ciel, et l'ensemble du paysage vous rappelle les sites des Alpes ou des Pyrénées.

Pour rendre votre illusion plus complète, le lit d'un nouveau torrent vous présente une nappe d'eau limpide, résultat de quelque orage : ses bords, couverts d'un tapis de verdure, réjouissent votre vue, fatiguée des teintes sèches et blafardes du désert. Les roches granitiques font place à des couches d'amiante des montagnes minces et verticales : les premières reparaissent plus tard, et des blocs énormes sont amoncelés sur le sol. L'on aperçoit enfin une plaine plantée de mimosas, dont le ton vert et vigoureux semble vous annoncer le voisinage de Taïffa, que les Arabes surnomment le jardin de l'Arabie. Dans le lointain on croit déjà voir une ville avec ses fortifications, ses mosquées, ses minarets et ses maisons; l'on dirait même que l'on distingue les sentinelles occupées à monter la garde sur les remparts. Mais bientôt l'illusion disparaît; à mesure que l'on approche, les maisons se transforment en blocs de granit, les mosquées et les minarets en d'autres blocs plus grands ou plus élancés; les remparts sont les flancs à pic d'une montagne, et les soldats se changent en rochers qui les dominent.

Cette plaine est d'une étendue désespérante; les chameaux emploient quatre heures pour la traverser; ils paraissent très-fatigués, et leurs maîtres, au lieu de cette sévérité souvent brutale que les

Européens déploient contre leurs animaux, les encouragent par leurs paroles et compatissent à leurs douleurs. L'Arabie est un des pays du globe où les rapports entre les hommes et les animaux sont les plus intimes : ils ont compris mutuellement qu'ils devaient s'aimer et s'aider, car la terre sèche et brûlée se refuse à leurs embrassemens. Aussi l'Arabe se console-t-il avec ses chameaux de la stérilité de sa terre natale, et ceux-ci, qui semblent comprendre l'isolement de leurs maîtres, leur rendent cet amour autant du moins que leur organisation peut le permettre.

Les Arabes considèrent le chameau comme un des plus grands bienfaits du ciel; ils comprennent parfaitement que sans lui leur pays serait inhabitable : lui seul est chargé de transporter au loin la fortune et la famille errante de son maître ; il l'accompagne jusque sur le champ de bataille, et le soustrait souvent à une mort presque certaine. Par son infatigable activité, il est le soutien d'une infinité de familles qu'il entretient dans l'abondance, et qui le regardent comme un second père, puisque c'est à son travail et à sa sobriété qu'elles doivent leur bonheur. Aussi l'Arabe reconnaissant ne considère pas le chameau comme un animal esclave, dont il peut user ou abuser à volonté ; il voit en lui un ami, et un ami qu'il vénère au point qu'il le fait participer à certaines pratiques religieuses que le prophète a imposées aux vrais croyans.

A cette occasion, je citerai un usage relatif à l'accouplement du mâle et de la femelle. On sait que les musulmans se considèrent comme souillés après s'être approchés d'une femme, jusqu'à ce qu'ils se soient purifiés par une ablution ; eh bien ! les Bédouins croiraient manquer à un devoir religieux si, dans une circonstance semblable, ils ne jetaient pas de l'eau ou du sable sur les organes génitaux de leurs chameaux ; il en est même qui poussent le préjugé plus loin, en enveloppant le couple avec une toile pendant l'accomplissement de l'acte générateur, et ceux qui sont allés seulement en Égypte peuvent en avoir été témoins.

Le Bédouin partage avec son chameau ses peines et ses plaisirs, et, chemin faisant, il lui raconte, pour le distraire de ses fatigues, les prouesses de sa jeunesse ou des anecdotes que les anciens lui ont transmises. Le chameau parcourt plusieurs lieues de son pas lent et mesuré, pendant qu'il écoute attentivement et avec plaisir les récits de son maître. Lorsque celui-ci est content de son courage, il lui

parle de ses ancêtres et de sa famille, en lui disant
que la race dont il descend était une des plus re-
nommées pour les longs voyages, et lui promet une
heureuse vieillesse et une nombreuse postérité.

Il lui parle en ces termes : « Tes aïeux ont été
de tout temps les serviteurs des miens; tu dois savoir que l'un d'eux les transporta souvent d'un
pays dans un autre sans se plaindre; je vois que tu
es digne d'eux et capable de soutenir leur vieille
réputation : pour te prouver ma satisfaction, je te
promets que nous serons toujours amis, et je vais
te raconter les hauts faits de ma famille, et la gloire
de ma tribu. » Alors, nonchalamment couché sur
le dos du noble animal, il commence une narration
longue et variée, semée de ces métaphores brillantes dont l'imagination des Orientaux est si pro-
digue.

Lorsque son récit est terminé, il lui fait une
foule de promesses séduisantes, lui donne le plaisir de la pipe en lui jetant dans les narines quelques bouffées de fumée : il lui assure qu'il sera le
premier d'entre tous ses chameaux, qu'il le ma-
riera, lui fera un sort digne d'envie, ne négligera
rien de ce qui pourra le rendre heureux, et, dans
sa conversation, il ne manque jamais de lui donner

le titre d'ami, de frère, et d'autres noms les plus chers. Dans ses momens de gaîté, l'Arabe lui chante des chansons amoureuses ou guerrières, que le chameau écoute très-attentivement ; et pour lui prouver le plaisir qu'il ressent, il presse fortement les mâchoires, grince des dents, et tourne la tête vers celui qui chante pour lui prêter une plus grande attention. Alors, absorbé par cette sauvage harmonie, il semble oublier le fardeau dont il est chargé, et franchit des espaces incroyables dont les maîtres transmettent le souvenir à leurs descendans.

Mais si l'aridité du désert est affreuse, et qu'il montre, par des signes certains, une fatigue supposée ou sa mauvaise volonté, le maître irrité l'accable d'imprécations au lieu des bienfaits qu'il lui promettait et des vœux qu'il formait pour son bonheur. « Enfant de chien (*ibn-el-kelb*), lui dit-il, *iaoudi* (juif), *nosserani* (chrétien), as-tu oublié que tu descends d'une race maudite, et que tu es mon serviteur ? Sais-tu que dans ce moment je puis te tuer sans que personne ait le droit de s'opposer à ma volonté ?

» J'invoquerai la colère divine contre ta paresse et ton mauvais caractère ; je ferai passer à tes fils le souvenir de ton ignoble conduite et de ton manque de courage; je bénirai à jamais celui qui te donnera la mort; et, pour te punir de ta méchanceté, Dieu te fera devenir la pâture des chiens et des oiseaux de proie.

» Sais-tu bien que j'ai été le soutien de ta famille et le directeur de ton enfance? Tu n'ignores pas que j'ai fait toutes sortes de sacrifices pour te conduire en l'état où tu te trouves aujourd'hui. Eh! quel est le chameau qui porte sur son dos une bosse plus grasse que celle qui est sous ta selle [1]? As-tu oublié que je t'ai acheté des amulettes pour te préserver de l'œil envieux, afin de te faire parvenir sans accident jusqu'à une vieillesse digne d'envie?

» Mais, *kiafer* infidèle! je vois que tous mes bienfaits sont prodigués en pure perte, et que tu es un infâme! Que [2] Dieu vengeur t'envoie une balle dans l'œil et une autre dans ton ventre ou ton cerveau; qu'un chien mange ton foie; que le mal

---

[1] Les Arabes jugent de l'embonpoint d'un chameau d'après la grosseur de la bosse.

[2] Les Arabes, et en général tous les musulmans, ne disent pas *le* Dieu vengeur, car on pourrait croire en employant cette locution qu'il y a plusieurs espèces de Dieu, hérésie que les croyans ont à cœur d'éviter, car on sait qu'ils sont partisans zélés de l'unité en matière religieuse et politique.

vénérien vienne t'accabler! et puisses-tu devenir impuissant, afin que ta maudite race s'éteigne avec toi! car il est honteux pour moi que tu sois en vie, et plus honteux pour toi d'être né. Enfant de voleur! mécréant! maudits soient tes ancêtres et ceux à qui tu as donné le jour! »

Les Arabes, pour préserver les chameaux de l'œil envieux, achètent des amulettes qu'ils leur suspendent au cou; elles sont ordinairement bizarres et d'une forme étrange, afin qu'elles puissent attirer sur elles les mauvais souhaits des ennemis du maître, qui regardent ainsi le charme plutôt que l'animal. Elles sont ordinairement formées de dépouilles d'animaux malfaisans ou d'Européens, parce que tout ce qui appartient aux infidèles étant maudit et voué au démon, attire à soi toutes les malédictions. Aussi choisissent-ils ordinairement des queues de renard, des pattes de loup, des dents d'hyène, et surtout des petits souliers d'enfans dont les parens ne sont pas musulmans.

Reprenons. L'ardeur de notre caravane, un moment ralentie, se ranime tout-à-coup : les chameaux ont senti que leur marche allait finir, et ils manifestent par leurs cris sauvages qu'ils sentent le voisinage de l'eau. Les Bédouins nous indiquent, à travers l'obscurité des gros massifs d'arbres, en nous disant que c'est là que commencent les jardins qui environnent Taïffa. Nous campons en un lieu nommé Oum-el-Hamat ; nous dressons nos tentes sous d'immenses sycomores, et les jardiniers, malgré l'heure avancée de la nuit, nous apportent des fruits délicieux que nous achetons pour quelques paras.

23 mai 1834. Septième jour de marche.

Nous étions impatiens d'arriver au terme de notre voyage; le soleil n'avait pas encore lancé ses premiers feux, que nous nous mettons en marche, laissant à la station quelque-uns de nos gens et les chameaux fatigués occupés à ranimer leurs forces en ruminant le fourrage vert d'Oum-el-Hamat. Au bout de deux heures, nous arrivons en face de Taïffa, et nous établissons notre camp provisoire à l'ombre de grands figuiers. Vers midi les Arabes nous rejoignent avec nos effets : Les chameaux avaient mis quatre heures à parcourir cette distance.

VIII

Ville de Taïffa.— Position.— Portes.—Murailles.—Fossé. — Château. — Tours. — Fort. — Monumens. — Mosquée d'Aboul-Abbas. — Rissings. — Tombeaux. — Aboul-Abbas. — Cimetière.— Femmes. — Laadi. — Zaouïa. — Bazar. — Cafés. — Maisons. — Aqueducs. — Histoire. — Population. — Température. — Les habitans de la Mekke se réfugient à Taïffa pendant l'été. — Femmes. — Caractère des Taïffites.

La ville de Taïffa est construite sur une plaine sablonneuse, qui n'est que la continuation de celle que nous avons suivie en venant de Djeddah : ici elle est resserrée par deux chaînes de montagnes qui vont se réunir à un quart de lieue plus loin, et placent la cité au milieu d'un fer à cheval dont l'ouverture est tournée vers l'ouest. Sa forme est celle d'un quadrilatère allongé, mais irrégulier ; les grands côtés se dirigent du nord-nord-ouest au sud-sud-est, et les petits de l'est-nord-est à l'ouest-sud-ouest.

On pénètre dans la ville par trois portes : la première se trouve du côté du nord-est; on la nomme Bab-el-Mekka[1], Bab-es-Sel[2], ou Bab-el-Cherif[3]; elle est défendue par une tour carrée nouvellement construite par les ordres d'Ahmed-Pacha; elle a deux embrasures pour recevoir des canons; mais elle les attend encore. A l'autre côté de la porte s'élève une petite tour en forme de fer à cheval; elle est construite en pierre, comme la grande; ce sont les Ouahabis qui en ont jeté les fondemens. Bab-el-Salamé[4] est située au sud-ouest; ses montans sont en bois et lui donnent l'aspect d'une porte de nos bergeries; on a beaucoup de peine à y passer quand on est à cheval; elle n'est défendue que par une petite tour. La troisième est celle

---

[1] Porte de la Mekke, parce que les gens qui viennent à la ville sainte entrent par cette porte.

[2] Porte du Torrent, à cause d'un torrent qui, à l'époque des pluies, se dirige de ce côté.

[3] Porte du Chérif.

[4] Porte du Salut.

d'Aboul-Abbas, qui donne vers le sud-sud-ouest ; elle n'offre rien de remarquable. Autrefois il existait une quatrième porte nommée Bab-el-Tarabé [1]; mais lorsque Mohammed-Ali eut pris la ville sur les Ouahabis, il ordonna de la murer, parce que les incursions des ennemis avaient toujours lieu de ce côté ; elle n'a pas été rouverte depuis.

Les remparts de Taïffa sont en assez bon état, quelques portions même ont été réparées tout récemment ; ils ont environ vingt pieds de hauteur au-dessus du fond du fossé. Les murailles sont bâties en pierres jusqu'à fleur de terre ; ce qui s'élève au-dessus du sol est construit en briques crues ; elles sont percées de meurtrières dont quelques-unes sont si étroites qu'elles laissent à peine la place nécessaire à un canon de fusil. Les tours sont presque toutes construites dans le même genre ; elles sont dépourvues d'artillerie, mais on peut s'en passer à la rigueur, parce qu'on n'est exposé qu'aux attaques des Bédouins, qui ne font pas usage de canons. Ces murailles, quoique construites en terre, présentent des moyens de défense plus puissans qu'on ne croirait d'abord ; et en supposant même

---

[1] Porte de Tarabé. Tarabé est une ville bédouine assez importante.

que l'ennemi attaque la place avec l'artillerie, les boulets, au lieu d'ébranler le mur, font un simple trou dont le diamètre est égal à celui du boulet, et il est extrêmement difficile de pratiquer une brèche suffisante pour donner un assaut; cette opération exigerait beaucoup de temps, et surtout beaucoup de munitions.

Le fossé a dix pieds de large sur huit de hauteur. Pendant tout le temps de mon séjour à Taïffa, je n'y ai jamais vu une goutte d'eau. Cependant, dans le cas d'un siége, on pourrait le remplir si l'on savait y conduire les eaux de pluie; mais je doute qu'elles puissent s'y conserver long-temps, à cause de la nature sablonneuse du terrain. Au reste, devant toutes les portes, le fossé est interrompu parce que les Arabes ignorent l'usage des ponts-levis. Dans certaines parties, on n'a pas tenté de le creuser, parce qu'il se trouvait sur des rochers de granit; et pour fortifier ces points, qui eussent été trop faibles, les Turcs ont construit des tours en pierre, qu'ils ont garnies d'un plus grand nombre de meurtrières.

Le château est situé sur un rocher de granit; ses murailles sont en pierre; elles forment une partie du rempart de l'ouest. Ce château renferme la caserne, les magasins de vivres et la poudrière ; en temps de guerre, le gouverneur y fait sa résidence. C'est là que se trouvait Mohammed-Ali lorsque le célèbre voyageur Burckhardt alla le visiter. Ahmed-Pacha en a laissé la libre jouissance au gouverneur, et lui-même loge dans une maison de campagne de Chebi-Effendi, où il trouve plus d'ombre et de fraîcheur.

J'ai fait un jour le tour de la ville en longeant le fossé extérieurement aussi près que possible, et j'ai trouvé que la circonférence avait 3,657 pas de développement ; j'ai compté 9 tours cylindriques, 14 en forme de fer à cheval, 1 hexagone, 1 en arc de cercle très-surbaissé. Du côté du nord, on remarque un petit fort bâti en pierre ; il est saillant et entouré d'une muraille qui s'élève de huit pieds au-dessus du sol.

Quand on entre dans la ville par Bab-el-Salamé, on aperçoit à gauche une forteresse carrée, bâtie en briques crues. Elle s'élève au-dessus d'une roche de granit qui a la même hauteur que les remparts ; elle est flanquée à chaque angle d'une tour ronde, et chacune d'elles possède une petite pièce d'artillerie. Cette colline, toute parsemée de blocs de granit, se prolonge parallèlement aux murailles et les dépasse vers le sud, pour aller un peu plus loin se niveler avec le sol. On voit sur sa crête deux ou trois constructions nouvelles et une très-ancienne, dont il reste encore un arceau assez bien conservé. Ce lieu est dans une position extrêmement favorable pour être fortifié, et il le serait si la garnison avait affaire à des ennemis plus redoutables que les Bédouins.

Le fort de Bab-el-Salamé communique avec le château, et l'un et l'autre sont isolés des maisons par une muraille qui part de Bab-el-Salamé et va rejoindre le rempart du côté de Bab-el-Mekka, en sorte que la garnison peut faire résistance même après la prise de la ville. Le château est défendu par deux petits canons.

Tout ce que Taïffa possédait d'anciens monumens a été détruit par les Ouahabis; il ne reste aujourd'hui de remarquable que la mosquée d'Aboul-Abbas, située à côté de la porte du même nom, et encore les coupoles qui formaient son plus bel ornement ont été démolies par ces guerriers fanatiques. Cette mosquée a cent pas de long sur soixante de large : on y pénètre par une porte jumelle. Le mur qui est en face est percé de cinq ouvertures grillées en fer, celui de gauche en a onze, et vers la droite on en compte six seulement. Le minaret est octogone jusqu'à la galerie circulaire où les mezzeins chantent la prière ; au-dessus il affecte la forme d'un cylindre surmonté d'un cône. La muraille extérieure de la mosquée se confond avec le rempart, et elle est défendue par une tour. En Orient, cet assemblage n'a rien d'extraordinaire; les titres de roi et de pontife, de guerrier et de prêtre sont presque toujours réunis dans les mêmes mains.

Du côté de la ville, cette mosquée est située sur une place irrégulière : ses portes sont beaucoup trop petites pour un édifice aussi considérable ; mais les Orientaux sont peu sensibles à ces défauts d'harmonie. Ce que j'y ai trouvé de plus remarquable, c'est une galerie intérieure qui règne tout autour des murs; elle est formée de plusieurs petites colonnes qui supportent cette partie de la toiture, dont les formes simples et naïves ont trouvé grâce devant le vandalisme des Ouahabis. C'est à l'ombre de cette partie de la mosquée que les dévots cherchent l'ombre lorsqu'ils viennent prier pendant le jour. Certains mendians en font leur séjour habituel, grâce à cette idée heureuse inspirée aux hommes par le sentiment religieux qui donne pour asile la maison de Dieu à celui qui n'a pas de maison à lui, privilége anticipé que personne n'envie, il est vrai, mais qui commence à mettre en rapport avec Dieu les êtres malheureux auxquels les diverses religions promettent une vie future qui doit les récompenser de leurs douleurs.

L'absence des coupoles, qui laisse le parquet du temple exposé aux intempéries de l'air, vous fait regretter ces cintres élégans et hardis, ces nefs, ces sanctuaires, soutenus par d'immenses colonnes, et en général cette belle architecture arabe des grandes villes orientales, où les architectes ont donné de si belles preuves d'un génie dont leurs descendans ont oublié jusqu'au souvenir. Dans toutes les villes d'Arabie que j'ai visitées, le culte est bien peu vivant, les mosquées n'ont aucune élégance, aucune solidité; cependant, quant à celle d'Aboul-Abbas, le ciel qui supplée à l'absence de la voûte est par lui-même une magnifique coupole, airain pendant le jour, azur éclairé de mille lumières scintillantes pendant la nuit. Félicitons-nous qu'elle ait été à l'abri des atteintes des vandales arabes, car sans cela nous d'en jouirions pas aujourd'hui.

En dehors de la ville, à côté de cette muraille de la mosquée qui fait partie du rempart, s'élèvent quatre beaux rissings avec leurs fruits hérissés de petites pointes. Ils sont d'une grosseur peu commune ; le plus grand a dix pieds de haut, et son tronc a huit pouces de diamètre : on les a plantés dans un terrain creux, et on les arrose avec l'eau d'une saquia voisine. Un peu plus loin apparaît un nouveau rissing isolé ; ses rameaux sont d'un vert magnifique, sa forme est plus gracieuse que celle des premiers. Les Arabes savent en extraire l'huile.

Quels sont ces deux monumens funéraires dont les teintes blanches contrastent si fort avec la couleur verdoyante des rissings? Leur forme annonce qu'ils ne recouvrent pas la cendre d'une personne vulgaire. Le premier renferme les restes d'une femme, de la mère du chérif Ghraleb, le second est le sépulcre de Cheikhr Chouada, nom qui signifie témoin ou martyr ; c'était un des compagnons bien aimés du prophète. Si le fanatisme l'avait respecté, nous pourrions contempler avec intérêt un monument des premières années de l'hégire ; mais il a été détruit par la même main qui renversa les coupoles de la mosquée d'Aboul-Abbas. Le tombeau d'aujourd'hui n'offre rien qui puisse mériter notre attention.

Sautons encore par-dessus le rempart, et asseyons-nous avec les dévots à la porte de la grande mosquée. Un monument funèbre, plus remarquable que les autres, dont la coupole est plus vaste et les murs embellis de pilastres, se présente à notre vue. Les cendres de celui qui repose en ce lieu, aussi près du temple qu'il touche et dont il est le prolongement, doivent appartenir à un croyant bien recommandable. Les musulmans, en effet, ne prononcent son nom qu'avec respect : c'est que le saint a vécu à l'époque où le prophète commençait à prêcher sa religion ; il l'a vu, entendu, et a été un de ses plus fervens disciples. Demandez son nom au plus petit enfant de Taïffa ; le premier qu'ils apprennent à bégayer, c'est le sien, celui d'Aboul-Abbas lui-même, qui donne son nom à la mosquée vénérée.

Au pied de la koubbé[1] reposent humblement cinq petits mausolées, qui dans un autre lieu mériteraient d'attirer l'attention, tandis que là ils sont écrasés par le voisinage du monument érigé à Abbas. Ils ont dû être richement ornés, car on remarque encore çà et là quelques traces de dorures, que le temps fera bientôt disparaître. Plus loin, on aperçoit de nouvelles tombes où sont ensevelis

[1] Coupole.

les habitans les plus distingués de Taïffa ; au sommet on a laissé un espace vide, que l'on a rempli de terre végétale ; elle nourrit des aloès, plante vivace, que les Arabes ont consacrée aux morts comme symbole de l'immortalité.

Le vendredi, les femmes de Taïffa, comme celles du Caire, de Constantinople et des côtes barbaresques, vont visiter les cimetières. Leur démarche est grave et mesurée ; et, quoiqu'elles soient ordinairement très-nombreuses, toutes les cérémonies se passent au milieu d'un recueillement profond. Avec les grands mélayés dont elles s'enveloppent entièrement, on dirait des ombres revenues de l'autre monde pour errer autour des monumens qui renferment leurs dépouilles. J'ai observé plusieurs fois ces réunions, et j'y trouvais toujours un nouvel intérêt. Regardez cette femme qui s'incline vers le sol, elle entoure d'un cadre de petites pierres le tombeau d'un de ses parens, peut-être de son propre enfant ; une autre plante de ses mains l'aloès séculaire ; et celles qui forment un groupe séparé, dont les diverses personnes s'entretiennent entre elles, ce sont des veuves qui viennent prononcer une espèce d'oraison funèbre sur la tombe d'un mari. Leurs prières ne sont pas préparées comme ces discours que l'on débite en Europe dans de pareilles circonstances ; leurs paroles sont simples, sans apprêt ; elles ne décèlent pas la moindre trace de rhétorique, mais elles doivent être douces comme tout ce qui part du cœur des femmes.

En fait de monumens religieux, il ne me reste à parler que d'une petite mosquée nommée *laadi*, et de deux autres petites chapelles, que les Arabes appellent Zaouïa. La première est surmontée d'un minaret, mais les autres en sont privées.

Taïffa ne possède qu'un bazar d'une grandeur très-médiocre ; il est approvisionné par les Bédouins qui habitent les environs de la ville ; les jardiniers viennent y apporter leurs fruits, et tous les produits étrangers sont fournis par les caravanes qui viennent de temps en temps de la Mekke ou de Djeddah. La plupart des marchands se placent en plein air sous une immense natte ronde qui leur sert d'ombrelle et de parapluie. Tout autour on remarque quelques magasins d'assez triste apparence ; ils sont tenus par des Arabes ou par des soldats turks. Les cafés ne sont pas plus remarquables ; mais on a l'avantage de s'y reposer sous des treilles (*vita perpetua*), et d'y boire de l'excellent moka.

Les maisons de Taïffa sont plus petites et beaucoup moins élégantes que celles de Djeddah ; elles n'ont ordinairement qu'un seul étage au-dessus du rez-de-chaussée. Les habitations des grands sont ornées de moucharabies ; celles des pauvres en sont dépourvues, et les architectes les remplacent par des jalousies en briques cuites disposées de manière à laisser un libre passage à l'air. Chaque propriétaire a le soin de blanchir toutes les années les murs extérieurs de sa maison ; la porte est peinte, et des escaliers rouges sont figurés à droite et à gauche de l'entrée. L'intérieur est assez propre et bien distribué. Ces habitations sont mieux alignées que celles des villes maritimes de la côte d'Arabie ; les rues sont plus larges, et on a soin de les balayer et de les nettoyer tous les jours.

Le bâtiment le plus remarquable appartient au grand chérif ; il est situé du côté de la porte de la Mekke. Ici, comme dans toutes les villes d'Orient, les constructions de vieille date sont plus élégantes et plus riches que les nouvelles. Une seule maison ancienne est restée debout à Taïffa ; elle a survécu, comme pour montrer à la génération présente la décadence et la pauvreté de l'art. Chacune de ses moucharabies a coûté plus de travail et de talent que toutes les habitations modernes. La porte, richement sculptée, vous rappelle les belles époques de l'architecture arabe; ses murs sont bâtis en pierres irrégulières jointes par un ciment rouge, et présentent l'effet d'une étoffe chamarrée de dessins. Elle est située sur la place où se trouve la mosquée d'Aboul-Abbas. Hassan-Pacha, pendant son séjour à Taïffa, en faisait sa résidence, et il lui a donné son nom, que les Arabes lui ont conservé.

Les habitans de Taïffa ont su ménager la pente des rues vers les remparts, et ils se délivrent ainsi des maladies dues à ces miasmes que produisent les eaux stagnantes. On leur fait franchir les fossés par de petits conduits en bois qui les traversent, et on les a soutenus au moyen de quelques piles en maçonnerie. J'ai compté quatre de ces aqueducs extérieurs : les deux premiers se trouvent placés l'un à 200 et l'autre à 70 pas de la porte de la Mekke; un troisième débouche vers le nord, et le dernier est éloigné de 120 pas de Bab-el-Salamé. Quant à l'eau potable, les habitans se pourvoient à un puits qui se trouve dans l'intérieur des murs, et il en existe deux autres en dehors, à côté de la porte d'Aboul-Abbas.

La ville de Taïffa est célèbre dans les annales musulmanes. Mahomet, fatigué des obstacles que les habitans de la Mekke opposaient à sa mission religieuse, se retira dans ses murs, espérant y être accueilli plus favorablement ; mais le peuple le força à se retirer. Plus tard, lorsque le prophète quitta Médine pour aller attaquer la Mekke, Aroua, prince de Taïffa, qui faisait cause commune avec les Koreïch[1], fut envoyé au camp des croyans, et il dit à Mahomet : « Les guerriers de la tribu ont revêtu la peau de léopard, et ils ont juré à la face du ciel que tu n'entreras pas dans leur cité sans violence. » Cependant Aroua fut frappé du respect profond que l'envoyé de Dieu avait su inspirer aux Musulmans, et à son retour il ne put s'empêcher de faire part de ses impressions aux alliés : « J'ai vu, leur dit-il, la cour des empereurs ; j'ai vu Cosroës dans tout l'éclat de sa gloire ; j'ai vu Héraclius entouré de la pompe des Césars ; mais je n'ai pas vu de roi respecté de ses sujets comme Mahomet l'est de ses compagnons. »

Cependant Mahomet devint maître de la Mekke.

Les Koreïch, tribu dont Mahomet était issu, se montrèrent toujours les ennemis les plus acharnés du prophète. Cela se conçoit : ils avaient l'intendance du temple et toutes les fonctions importantes, et le but de Mahomet était de les en dépouiller au profit de ses partisans.

Plusieurs tribus du Hedjaz refusèrent de se soumettre et vinrent le surprendre à Honein, au moment où il se mettait en marche pour aller les attaquer. Les croyans furent d'abord maltraités et ne durent leur salut qu'à la fermeté d'Aboul-Abbas. Les Taïfites se firent massacrer plutôt que d'abandonner leurs drapeaux; les alliés se retirèrent à Taïffa, et le prophète ne tarda pas à investir la ville. Un premier assaut ne fut pas heureux. Les chefs, d'après les ordres du général, ordonnèrent aux troupes de plier leurs bagages; mais l'armée manifesta son mécontentement par ses murmures, et Mahomet, voyant sa bonne volonté, ordonna un nouvel assaut pour le lendemain. Cette tentative ne réussit pas mieux que la première : les efforts des Musulmans vinrent se briser contre le courage des Taïfites, et Mahomet, ayant donné l'ordre de lever le siége, ne trouva point d'opposition dans son camp.

Cependant les tribus ennemies de Mahomet, séduites par ses bonnes grâces et son éloquence, abandonnèrent le parti des Taïfites, et Aroua, leur chef, qui était absent lors du siége, suivit leur exemple : il alla trouver le général musulman à Médine, récita la formule religieuse, et conçut le projet de devenir l'apôtre de ses concitoyens. Il partit, malgré les conseils du prophète, pour aller mettre son projet à exécution : la mort fut le prix de sa témérité. Cependant ces idolâtres, abandonnés de tous leurs alliés, furent forcés de se soumettre, et ils envoyèrent des députés à Médine pour s'entendre avec Mahomet. « Permets-nous, dirent-ils au prophète, de conserver notre grande déesse *El Lat* pendant trois années. » Leur demande fut rejetée. « Eh bien ! nous ne te demandons qu'un mois pour lui faire nos adieux. » Nouveau refus. « Dispense-nous au moins des ablutions et de la prière. » Mais l'envoyé de Dieu leur répondit qu'une religion sans prière était un non sens, et les envoyés furent forcés de céder sans avoir obtenu aucune concession.

Quelques jours après, toute la population de Taïffa était rassemblée sur la place où s'élevait la statue de la déesse *El-Lat*; c'était l'époque à laquelle deux des compagnons de Mahomet devaient abattre l'idole, afin de s'assurer clairement que la volonté de leur maître avait été accomplie. Le peuple attendait avec impatience les conséquences d'un pareil sacrilége. Tout-à-coup, Abou-Zofian assène un coup de marteau violent sur la statue, et aussitôt il tombe à la renverse. Le peuple s'écrie que la déesse a puni l'impiété du Musulman, et on crie de toutes parts au miracle; mais El-Mogaira, son compagnon, saisissant une massue d'une main plus vigoureuse, brise la statue en plusieurs pièces et change la joie des Taïfites en une douleur profonde.

Les vieilles femmes, plus superstitieuses alors que les jeunes, comme aujourd'hui, prononcèrent, les yeux remplis de larmes, cette oraison funèbre en l'honneur d'El-Lat :

« Pleurez, jeunes enfans qui sucez encore le lait de vos mères; pleurez, faites vos adieux à la grande déesse; vous ne verrez plus voltiger autour d'elle les petits oiseaux qui lui étaient consacrés! »

Ce n'est pas seulement alors que les querelles religieuses ont été funestes aux habitans de Taïffa : dans ces derniers temps, ils ont été encore plus maltraités par les Ouahabis. En 1802, Othman-el-Medhaifé prit la ville, malgré la plus vigoureuse résistance; la population fut exterminée en masse, et les vainqueurs, dans leur fureur, n'eurent aucun égard ni pour l'âge ni pour le sexe des vaincus. Taïffa devint alors le principal boulevart de ces guerriers religieux et le centre de leurs opérations jusqu'à la prise de la Mekke. Elle resta au pouvoir de ses nouveaux maîtres jusqu'en 1813. A cette époque, les Turcs s'en emparèrent sous les ordres de Moustapha-Bey. La position de cette place avancée a été très-précieuse pour Mohammed-Ali dans toutes les guerres qu'il a eues à soutenir contre les Bédouins de l'intérieur.

Les habitans de Taïffa portent aujourd'hui sur leur figure une empreinte de tristesse que l'on doit attribuer en partie aux malheurs qui les ont accablés depuis l'invasion des Ouahabis. Les descendans des anciens Taïffites, qui déployèrent un si grand courage contre Mahomet, se réduisent à sept ou huit familles honorées dans le pays; le reste de la population se compose de Bédouins, de fellahs égyptiens, d'Indiens et de Turcs qui ont croisé leur race avec le sang des négresses et des Abyssiniennes. Cependant la tournure générale des Taïffites se rapproche infiniment de celle des Bédouins. Le costume du peuple est celui de ces Arabes; les marchands, les grands et les cheiks sont vêtus à la mode de la Mekke, qui est celle de toutes les personnes distinguées. La religion dominante est le mahométisme tel qu'on le conçoit à la Mekke; on compte aussi beaucoup d'habitans qui professent en secret la doctrine des Ouahabis. Le choléra, qui a régné dans le Hedjaz en 1831 et 1832, a décimé la population. Je crois qu'aujourd'hui elle ne s'élève pas à plus de 2,500 ames; mais la ville pourrait en contenir jusqu'à 10,000 sans difficulté.

D'après la nature des plantes qui croissent sur le territoire de Taïffa, les médecins et les pharmaciens qui s'étaient occupés de botanique pensaient que les montagnes de Ghrazouan, sur lesquelles la ville se trouve bâtie, devaient s'élever environ à 3,000 pieds au-dessus du niveau de la mer; c'est ce qui explique la différence de climat que l'on observe entre Taïffa et les villes de la partie basse du Hedjaz, quoiqu'elles ne soient séparées que par une faible distance. La température dont nous jouissons me paraît très-modérée, quand je la compare à celle de Djeddah ou de Bahara. Sous la tente, dans le mois de juin, la chaleur me paraît aussi supportable que dans le midi de la France pendant la même saison.

J'avais fait dresser ma tente sous trois figuiers, qui me donnaient de l'ombre pendant la plus grande partie de la journée. La plus basse température que j'aie observée le matin a été de 18°, et la plus haute de 21; à midi le thermomètre marquait de 25 à 31°; le soir de 21 à 23°. A minuit il n'est jamais descendu au-dessous de 16 ni monté au-dessus de 18°. Généralement, au lever du soleil, j'avais 20°, à midi 28°, le soir 22°, et à minuit 18°. Ceci est la température observée sous la tente; dans les maisons bien aérées ou sous les grands arbres des jardins on ne comptait que 27°, pendant que mon thermomètre marquait 31°.

Cette température est à peu près celle qui règne dans beaucoup de pays d'Europe pendant les fortes chaleurs; cependant les Bédouins sont bien plus noirs que les peuples qui habitent ces contrées, et cette couleur est évidemment propre à la race arabe, indépendamment du climat. Les femmes, qui sortent moins, ont cependant le teint moins foncé que leurs maris; mais elles sont toutes privées de ce teint brillant et rosé que l'on remarque chez celles d'Occident.

Pendant que le thermomètre marquait 30°, l'eau de puits renfermée dans les outres se trouvait à 14°. Les habitans instruits que j'ai consultés pour savoir si la neige leur était connue m'ont dit que, terme moyen, il en tombait tous les cinq ans. Les gelées blanches sont plus communes, et il est rare, m'a-t-on dit, qu'il se passe une année sans que l'eau ne gèle, soit en plein air, soit dans les vases abrités dans les maisons.

C'est au commencement du mois de juin que les riches propriétaires de la Mekke abandonnent leur ville pour venir jouir ici d'une fraîcheur de 30°, et la ville prend à cette époque un aspect animé, que je n'avais pas remarqué les premiers jours. Au reste, j'ai rarement vu une population aussi insignifiante que celle de Taïffa : les femmes, qui partout recherchent le bruit et le plaisir avec tant d'empressement, semblent ici vouloir donner un démenti à leur caractère. Pendant les longues nuits que j'ai passées à Taïffa, je n'ai pas entendu une seule fois le son du tarabouk ou du tambour de basque venir de la ville; et sans la brise qui apportait jusqu'à nous le bruit lointain des instrumens de musique maniés par les joyeuses et insouciantes Égyptiennes du camp, pas un de ces sons ne serait venu frapper mon oreille.

Cette froideur, cette tristesse des femmes de Taïffa forment-elles le fond de leur caractère, ou bien sont-elles le résultat des circonstances malheureuses qui pèsent depuis si long-temps sur leurs familles? je crois que l'on doit s'arrêter à la première supposition, en reconnaissant cependant que le choléra, les guerres et leur pauvreté. actuelle ont un peu contribué à développer cette disposition naturelle. Dans tout le Hedjaz, les Bédouins ont un air de mélancolie qui ne les abandonne jamais, et ce n'est qu'à de rares intervalles qu'on les voit se livrer à cette humeur gaie et enjouée, indice d'une existence heureuse et facile; et même alors ce n'est qu'une apparence trompeuse; en les observant attentivement, on s'aperçoit qu'ils sont toujours préoccupés par une arrière-pensée.

IX

I

Encore Taïffa.—Jardins des environs.— Soirées.—Jeux.— Danses.— Montagnes. — Jardins.— Arbres.— Vignes. — Plantes potagères.— Fleurs.— Rosiers.—Méthode d'irrigation.— Culture.— Puits à roue indiens.— Domestiques.— Un nuage de sauterelles. — Manière de les conjurer.

II

Agriculture.—Semailles.—Charrue.—Labourage.—Argile.—Orages.— Pluie.—Vents.— Tourbillons.— Animaux.— Chameaux.—Selles.— Maladie singulière.—Chevaux.—Mulets.— Anes.—Bœufs.—Chèvres. Moutons.—Gazelles.—Singes.—Oiseaux.—Reptiles.—Insectes.

I

Voilà donc cette ville que les auteurs arabes ont tant vantée dans leurs descriptions ! Ceux qui liront le chapitre qui précède trouveront sans doute qu'elle ne mérite pas la brillante réputation dont elle jouit en Orient ; mais qu'ils prennent patience un moment : Taïffa est comme un mauvais tableau, mais son cadre ne saurait être assez estimé; c'est un sabre dont la lame peu précieuse est enfermée dans un fourreau d'or. Le voyageur qui a été brûlé par le soleil ardent du Tahama, celui dont l'œil a été habitué à contempler les torrens desséchés, les plaines de sable et les montagnes rocailleuses de cette contrée, s'épanouira de plaisir à l'aspect des nombreux jardins qui environnent la ville; et son corps, délivré d'une température brûlante, savourera avec douceur les délicieuses sensations d'une atmosphère rafraîchie.

Les habitans de Taïffa possèdent peu de jardins; ils appartiennent, pour la plupart, aux chérifs cheikhrs et ulemas de la Mekke, qui viennent s'y établir lorsque la chaleur rend le séjour de la ville sainte insupportable. A cette époque, les environs prennent un aspect animé. Ce sont des hommes attachés au service de la kaba, des négocians que le commerce a enrichis, qui viennent ici se délasser de leurs travaux. A l'heure de la prière, de nombreux cortéges parcourent rapidement la plaine stérile qui conduit aux portes de Taïffa, et ils convergent tous vers la mosquée d'Aboul-Abbas. Le maître monte une belle mule, assis sur une large selle enrichie d'ornemens et de broderies : de nombreux esclaves l'accompagnent et déploient sur le parvis du temple le riche tapis où l'on a coutume de prier. Tantôt ce sont des femmes qui se visitent, chevauchant modestement sur des ânes et enveloppées d'un melayé qui les préserve et des regards et du soleil. Les Mekkouis portent toujours un harem dans leurs bagages comme nos dessinateurs un album, quand ils font un voyage à la campagne ; et cette précaution est bien prise, car les Musulmans ne peuvent guère se servir des femmes des autres. Taïffa est donc le Bade ou le Spa du Hedjaz. Les personnages les plus importans réunissent chez eux une nombreuse société. Dans ces soirées, on cause gravement affaires politiques ; rarement on y parle de religion. Le café et le thé circulent sans cesse ; on joue au trictrac ou aux échecs une partie où l'amour-propre est le seul enjeu. Dans les grandes circonstances, on appelle des almés, qui dansent au son de la musique, au mépris des préceptes du Coran.

Les montagnes qui forment autour de Taïffa un fer à cheval, qui se rétrécit un peu vers la ville, sont coupées par des petites vallées qui aboutissent toutes sur la plaine où se trouvent les jardins, et ce sont autant de débouchés faciles offerts aux Bédouins qui ont affaire au marché. Ces montagnes sont composées de silex, d'amiante et de granit rouge ou gris de première et de seconde formation. Quelques-unes de ces dernières n'offrent qu'une masse compacte; d'autres, au contraire, sont coupées en couches parallèles, tantôt horizontales, tantôt inclinées à l'horizon. Les lignes qui les séparent sont interrompues par de nouvelles lignes verticales ou obliques qui décomposent les masses en carrés, rectangles et parallélogrammes. Souvent aussi, au milieu des roches de granit, on aperçoit des lignes de quelques pouces d'épaisseur, formées de quartz, qui suivent la même direction que les autres; mais ces légères couches ne se coupent jamais entre elles. Ces montagnes présentent partout une affreuse stérilité; cependant quelquefois j'y ai rencontré de petites plantes qui appartenaient généralement à la famille des antemides.

C'est sur le terrain compris entre la ville et les montagnes que sont plantés les jardins. Ceux qui appartiennent aux gens riches sont entourés d'une haute muraille de terre. En dedans, à l'ombre des grands arbres, se trouvent les maisons et les kiosques du maître; quelques cabinets de verdure lui permettent de recevoir sous le feuillage la visite de ses femmes à l'abri des rayons du soleil. Les propriétaires moins aisés se contentent d'entourer leur jardin d'une simple palissade de terre ou d'une rangée de plantes épineuses; à côté on a l'habitude de construire des petites fermes destinées à ceux qui les cultivent.

On trouve dans les jardins de Taïffa beaucoup d'arbres et de plantes que l'on est habitué à rencontrer dans ceux d'Europe : ce sont

Des figuiers.	Des pêchers.	Des citronniers.
Des sycomores.	Des amandiers.	Des bananiers.
Des mûriers.	Des pruniers.	Des pommiers.
Des abricotiers.	Des grenadiers.	Des poiriers.
Des nébacs.	Des dattiers.	

Le figuier est l'arbre le plus commun. Les Taïffites le recherchent à cause de son ombre. Son fruit n'est pas plus gros qu'une noix; il commence à être mûr dans la première quinzaine de juin.

On plante aussi beaucoup de mûriers; ils deviennent immenses et produisent un fruit rouge et acide qui, pour le goût, ressemble assez à la framboise. Si les Arabes voulaient élever des vers à soie, je ne doute point qu'ils n'y réussissent complètement.

Le nébac[1] est ici l'arbre qui s'élève le plus haut. A l'état sauvage, il produit un fruit qui devient jaune; mais il est meilleur à manger quand il est couleur de feuille morte. Son goût est aigre-doux et un peu nauséabond. On en trouve beaucoup dans le haut Hedjaz, et il est d'une grande ressource pendant les voyages. Celui que l'on cultive dans les jardins est plus gros et plus agréable à manger. Cet arbre est en grande vénération parmi les Arabes, à cause d'un passage du Coran qui le place dans le séjour des bienheureux.

« Les justes, dit le prophète, se promèneront parmi les nébacs, qui n'auront point d'épines. »

Iahia, un des commentateurs du livre divin, prétend qu'ils conserveront une verdure éternelle et donneront un ombrage délicieux.

Les dattiers sont extrêmement rares. Dans mes diverses courses, je n'en ai aperçu que trois. Il paraît que pour eux le climat n'est pas assez doux.

Les grenadiers produisent un fruit de la grosseur d'une pomme de reinette ordinaire. Généralement les grenades sont blanches à l'intérieur, très-douces, et on commence à en manger vers le 15 juin.

---

[1] Ziziphus lotus.

Les citronniers sont de la même espèce que ceux d'Égypte; le fruit est un peu plus gros qu'une noix.

Les bananes y ont un goût exquis, mais elles sont très-inférieurs en volume à celles de l'Iémen.

En Arabie, Taïffa doit être considérée comme la terre classique des raisins. Certains jardiniers disposent les vignes en treilles élevées ; d'autres ne laissent parvenir les ceps qu'à trois ou quatre pieds de haut, et ils les soutiennent au moyen d'échalas. On expédie une grande quantité de ces raisins à la Mekke et à Djeddah, où les soldats turcs et les habitans les dévorent avec avidité : ils sont généralement blancs et très-doux ; les pepins sont extrêmement petits, et on ne les sent pas sous la dent. Les Arabes n'en font pas du vin ostensiblement ; cependant on sait qu'ils distillent de l'eau-de-vie, dont les Mekkaouis surtout font une grande consommation. Les Taïffites font aussi le commerce des raisins secs. Les feuilles des vignes sont d'une belle couleur foncée, qui contraste agréablement avec les teintes brûlées des montagnes.

Si maintenant nous arrivons aux plantes potagères, voici celles qui sont les plus communes.

Citrouilles.	Pommes d'amour.	Pourpiers.
Melons.	Aubergines.	Meloukia.
Pastèques.	Poivrons.	Bamié.
Concombres.	Oignons.	

Je n'ai pas de remarque à faire sur ces plantes; je ferai observer cependant que les melons sont excellens, et que moyennant vingt, dix, et même cinq paras, le peuple se procure des pastèques, qui, avec un peu de pain, suffisent pour nourrir un individu pendant une journée. Je conseillerai aussi aux voyageurs qui iront à Taïffa de se méfier des fruits en général : on ne doit en manger d'abord qu'avec discrétion, si l'on veut jouir d'une bonne santé.

Les jardiniers de Taïffa cultivent très-peu de fleurs; ils possèdent cependant des rosiers, qu'ils répandent dans tout le Hedjaz : c'est une des principales sources de leurs revenus.

Tous ces jardins sont arrosés au moyen d'une saquias [1] construites en pierres; l'eau ne se trouve qu'à vingt ou trente pieds de profondeur; pour la puiser on se sert d'une ghirbé attachée à une corde, qui passe dans une poulie tournant autour d'un axe, appuyé sur deux montans qui s'élèvent des deux côtés du puits. Comme ce travail serait

[1] Puits.

trop rude pour des hommes, on se sert des animaux domestiques : on attelle à la corde tantôt un âne, tantôt un chameau, mais généralement une vache : elle s'écarte en ligne droite de la saquie jusqu'à ce que la ghirbe[1] soit parvenue au niveau convenable. Le terrain parcouru par ces animaux est légèrement incliné, afin de leur épargner la fatigue, et une femme ou un enfant se tient à l'extrémité avec une poignée de paille ou de foin pour les exciter à arriver au but de leur course.

L'eau se répand dans un bassin construit en terre glaise ou en maçonnerie, et on le remplit plus ou moins, selon les besoins du moment. Tout le terrain cultivé est enfermé entre quatre palissades creusées en canal sur leur sommet; l'espace qu'elles comprennent est divisé en petits carrés, d'une toise de côté, dont les bords sont un peu exhaussés. L'eau, en sortant du bassin, coule sur les palissades, et on la dirige à volonté en faisant une brèche aux carrés que l'on désire arroser.

Tous les terrains cultivés par les jardiniers ou les agriculteurs sont disposés de la même manière; les palissades ont encore pour but de préserver les

---

[1] Outre en cuir.

plantations des eaux des torrens, qui, à l'époque des pluies, descendent des montagnes. Ces espèces de digues, les saquies et les animaux nécessaires pour puiser l'eau, sont d'une absolue nécessité, et empêchent les Taïffites de donner aux cultures une plus grande extension. Cette dépense ne saurait être supportée que par des gens riches, et les pauvres ne pouvant pas se former une propriété qui leur porterait quelque profit, sont obligés de demeurer les humbles serviteurs des grands.

J'ai parcouru la plus grande partie des jardins, et je n'y ai trouvé qu'un seul véritable puits à roue; il appartenait à un Indien, qui l'avait construit d'après le modèle de ceux de son pays. La machine est semblable à celle dont on se sert en Égypte. Elle est composée d'une grande roue, qui supporte une corde où sont attachés des vases en terre cuite; au centre, on a construit une lanterne où vient s'engrener une roue dentée horizontale, armée d'un grand levier mû par un âne ou un chameau, quelquefois par tous deux en même temps, ce qui produit un effet des plus bizarres.

— Pourquoi, dis-je au propriétaire, ne graisses-tu pas les rouages de ta machine?

— Ce serait trop cher, me répondit-il.

— Cependant il me semble que par ce moyen tu économiserais plus que ne te coûterait cette dépense.

— Cela est très-vrai, mais il en résulterait un grand inconvénient.

— Lequel?

— Le voici. Pendant que je serais éloigné de mon jardin pour vaquer à mes affaires, mes gens ne manqueraient pas d'abandonner la saquie pour aller se reposer à l'ombre des arbres; le bruit de la machine est un surveillant fidèle qui m'avertit de tous leurs mouvemens; ils le savent, et il leur est impossible de se dérober un instant à leur travail; car ils n'ignorent pas que dans ce cas le bâton les attend.

— Tu crois donc que l'homme ne travaille que dans la crainte d'être battu.

— L'homme est semblable à l'eau, ils suivent l'un et l'autre leur pente naturelle.

« Le bâton pour le domestique, c'est comme une digue pour cet élément : enlevez l'obstacle, l'eau prend son cours; brisez le bâton, l'homme se livrera aussi au sien, qui le porte à vouloir jouir sans travailler. »

Voilà la théorie de tous les riches Orientaux sur

les travailleurs; ils ne s'aperçoivent pas que leur principe pourrait être facilement rétorqué contre eux-mêmes; car leur suprême bonheur consiste dans la jouissance du *far niente*. Mais, ici comme ailleurs, les oisifs croient que Dieu les a mis sur la terre pour jouir à eux seuls du travail des producteurs.

J'étais encore en proie à ces réflexions, lorsque je vis mon Indien se lever tout-à-coup; son visage portait les empreintes visibles de la terreur. Je ne savais à quoi attribuer ce changement si subit, lorsque je l'entendis s'écrier : « Allah! Allah! détourne le fléau qui nous menace, et dirige-le vers les terres des infidèles. » J'allais le remercier de ses souhaits, lorsque me prenant par le bras, il me dit : « Lève tes yeux du côté de l'Orient. » Je regardai dans cette direction, et je m'aperçus que l'horizon n'était pas aussi pur que de coutume.

Au même instant, il ordonnait aux domestiques d'aller prendre tous les ustensiles de fer et de cuivre qui se trouvaient dans sa maison. Ceux-ci partirent à toutes jambes : pendant qu'ils s'éloignaient, je demandai à l'Indien quel était le sujet de ses craintes.

— On voit bien, me dit-il, que tu es né dans des

contrées favorisées de la nature. Tu peux quitter sans crainte l'ombre de cet arbre; dans l'espace d'un fécre[1], le soleil sera obscurci par les sauterelles. Que Dieu vienne en aide aux croyans!

J'avais été déjà témoin plusieurs fois de ce phénomène à Djeddah, et j'étais certain que mon homme avait raison. Bientôt des ombres passèrent sur le sol; l'atmosphère devint trouble, et cet effet fut si sensible, que beaucoup d'Européens qui étaient dans leurs tentes sortirent pour en connaître le motif. Au même instant, la terre fut couverte de sauterelles qui la dérobaient à nos yeux; elles avaient les ailes plus longues que le corps et marquetées de taches noires sur un fond blanc.

Tous les habitans de Taïffa se rendent dans leurs jardins; ils poussent de grands cris en disant: *hadid, hadid, fer, fer,* pour les conjurer; mais cela n'empêche pas qu'elles ne mangent leurs récoltes. Elles arrivent ordinairement par un grand vent: celui qui souffle aujourd'hui vient de l'est. Tous les ustensiles de cuisine avaient été transportés dans les jardins; les hommes, les femmes et les enfans les entrechoquaient; c'était le plus fa-

---

[1] Prière. Les musulmans emploient souvent cette expression. Dans certaines provinces françaises on dit: « Dans l'espace d'un *pater*. »

meux charivari qu'il soit possible d'entendre, et Dieu préserve les fonctionnaires peu aimés du public d'en recevoir jamais un pareil. Il est évident que pour si peu que les sauterelles fussent organisées pour la musique, elles devaient fuir devant des sons aussi discordans; mais il paraît que le vacarme ne les effrayait pas ; car elles continuaient tranquillement à dévorer les récoltes. Cependant le vent d'est, qui les avait amenées, cessa; celui du nord souffla avec violence, et alla porter le fléau sur les tribus qui campent au sud. Heureusement le dégât n'avait pas été fort grand, et mon Indien s'en consola facilement. « Le prophète et l'influence du mot *hadid* nous a délivrés, me dit-il, de ce fléau. Grâce à Dieu, un bon nombre de victimes ont péri sous nos coups : les sauterelles sont aussi bonnes après leur mort que redoutables quand elles sont en vie; mes gens n'auront pas d'autre nourriture tant que celle-là durera. »

— Ce sera, lui dis-je, une compensation du dégât qu'elles t'ont causé; mais toi, en mangeras-tu?

— Je l'espère bien, et tu pourras venir t'asseoir à ma table si cela te convient.

— Je te remercie infiniment; mais, avant de te quitter, j'ai un conseil à te donner.

— Et lequel ?

— Dorénavant, lorsque tu verras venir les sauterelles, au lieu de déranger tes serviteurs de leur travail pour leur faire aller prendre des chaudrons et des marmites, et de les heurter entre eux, ce qui ne peut que les abîmer, tu pourras produire le même effet en faisant tourner la machine de ta saquie.

II

Après avoir fait connaître à nos lecteurs les jardins de Taïffa, quelques détails sur l'agriculture trouvent ici leur place tout naturellement. Nous nous amusions souvent à observer les travaux des Arabes, et voici le résultat de nos observations. Quand on veut ensemencer un champ, on commence par faire disparaître les petits carrés dont nous avons déjà fait mention ; dès que le terrain a été labouré, les paysans s'asseoient avec les jambes croisées, et là ils reconstruisent tout à leur aise leurs nouveaux carrés, en ayant soin de laisser entre eux un petit canal qui doit conduire l'eau des saquies.

Dès que cette opération est terminée, ils jettent, par dessus, la semence, et ils introduisent l'eau, qui, par son action, recouvre les grains d'une légère couche de limon. C'est à cela que se borne leur travail, la nature se charge du reste. Leur charrue se compose d'une branche d'arbre au bout de laquelle se trouve une partie du tronc; le soc est formé d'une bande de fer triangulaire fixée par des clous, et un trou pratiqué à l'angle reçoit une tige verticale sur laquelle le laboureur appuie la main pour tracer le sillon.

Les animaux que l'on emploie le plus communément à ce travail sont des bœufs, rarement des chameaux, des mulets et des ânes; cependant les gens peu aisés s'en servent quelquefois. Les bœufs portent un joug formé d'une barre de bois : on fixe vers son extrémité deux branches qui prennent le pli du cou, et s'attachent au-dessous, au moyen d'une corde. Ce joug est lié à la charrue, et la bosse naturelle que les bœufs ont au-dessus des épaules sert à le retenir dans une position convenable. Les sillons creusés de cette manière sont peu profonds, mais pourtant suffisans. C'est ainsi qu'on ensemence le froment, l'orge, le doura et le trèfle ou bercim.

On sème le blé dans le mois d'octobre, et on coupe les moissons vers la fin de mai. Le grain est plus petit que celui d'Europe, il a une couleur plus sombre, et fournit un pain moins blanc que celui qui est pétri avec la farine d'Égypte; mais il a meilleur goût. Le doura s'ensemence dans le mois de mai, et on le cueille quatre mois ou quatre mois et demi plus tard, selon que le temps est plus ou moins favorable. C'est vers le milieu de juin que l'on confie à la terre la graine de trèfle. Dans une année on fait trois ou quatre coupes successives de ce fourrage, et on a soin de le conserver jusqu'à ce que le nouveau ait grandi; on recueille la graine vers la fin de juillet. Dans ce moment, 22 juin, tous les champs de vieux bercim sont en fleur.

Les murs de Taïffa, ses maisons et celles des environs, sont construits en briques crues; on prend la terre dont on les fabrique en dehors des portes de la ville et même dans cet espace renfermé entre les remparts et le château. Le terrain est donc argileux dans l'intérieur; mais il est recouvert presque partout d'une couche de sable apporté par les vents ou d'un petit gravier granitique entraîné par les torrens. Les champs trop rapprochés des montagnes sont plus sujets à cet inconvénient, mais on les en garantit facilement par le moyen de ces palissades dont nous avons déjà parlé.

Après l'hiver les cultivateurs ne peuvent se procurer que de l'eau de saquie; car il ne pleut que très-rarement en été. Pendant mon séjour, j'ai été témoin de deux orages; les nuées, après être restées long-temps suspendues sur nos têtes, nous ont envoyé un peu de grêle et une pluie fine qui a duré pendant une heure; vers le coucher du soleil, le vent est devenu d'une violence extrême, et malgré l'humidité du sol il a soulevé des colonnes de poussière qui nous empêchaient de distinguer les tentes du camp. Après avoir fait le tour de la boussole il s'est calmé, et tout est rentré dans l'ordre accoutumé.

Le séjour de la tente est souvent désagréable à cause du vent et de la poussière qu'il soulève quand il souffle avec violence; mais cet inconvénient est bien moins sensible dans la ville ou sous les grands arbres des jardins. Le vent régnant varie du nord au nord-ouest, et dure depuis onze heures du matin jusqu'au magreb, comme pour rafraîchir l'atmosphère au moment où le soleil commence à darder ses rayons les plus chauds. Le levant, qui est rare, amoncelle une grande quantité de nuages, et il précède la formation des orages : c'est ce vent qui règne presque toujours pendant l'époque des pluies.

J'ai observé presque tous les jours un phénomène assez remarquable. Par un temps calme on voit un tourbillon s'élever en spirale sur un point isolé, emportant avec lui une grande quantité de poussière ; lorsque cela se passait dans le voisinage de ma tente, je mesurais la distance qui me séparait de la colonne, et, en prenant l'angle formé par l'horizontale et la ligne qui joignait le point d'observation au sommet, j'avais une approximation de sa hauteur. J'ai trouvé par ce moyen que certains tourbillons enlevaient le sable au moins à deux cents mètres de haut ; quelquefois le phénomène se continuait pendant une demi-heure.

Lorsque la bourrasque prenait une direction horizontale, malheur aux tentes qui se trouvaient sur son passage, il n'y avait pas de corde si solide qui pût lui résister, et quelquefois le camp tout entier disparaissait comme par enchantement. Dans les commencemens nous nous laissions surprendre, mais plus tard nous abandonnions notre maison de toile, et nous en étions quittes pour la relever après. Ceux qui n'étaient pas assez lestes se trouvaient enveloppés, et se débattaient au milieu d'un pêle-mêle de poussière, de papier et d'effets de toute sorte, bien heureux lorsqu'ils ne se trouvaient pas enterrés sous leurs malles ou tapés sur la tête par les supports et les piquets de leurs tentes.

Les chameaux de Taïffa, comme tous ceux qui habitent le Hedjaz supérieur, appartiennent à une race élégante de formes, vigoureuse et exercée à monter ou descendre les montagnes avec une habileté que ceux du Tehama ne peuvent égaler. Ils paissent sur les déclivités les plus abruptes, les sommets les plus élevés et sur le bord des précipices, luttant d'adresse avec les troupeaux de chèvres et de moutons. La première fois que je les ai vus perchés de la sorte, j'avais peine à en croire mes yeux, et je ne concevais pas comment ils pouvaient s'y prendre pour se dégager sans mésaventure.

Leurs selles sont fixées par un poitrail et une croupière qui retiennent leurs fardeaux dans les passages montagneux. Pour escalader les lieux très-escarpés, ils se tiennent fermes sur les jambes de derrière et s'agenouillent sur celles du devant, afin de maintenir leurs charges dans une position moins oblique; ils franchissent de cette manière des espaces assez considérables sans donner aucun signe de mécontentement.

Ils ont le pied de devant beaucoup plus grand que celui de derrière. Comme ils se nourrissent de plantes aromatiques, qui sont communes dans les montagnes, leur chair est meilleure que celle des chameaux du Tehama. Dans les grands galas, les cheikhrs font rôtir un jeune chameau, et les Bédouins prétendent que c'est un mets délicieux. Dans le Hedjaz, comme en Égypte, ces animaux sont sujets à un genre de maladie assez singulier. Quelquefois il se détermine à leur pied un prurit extraordinaire; ils poussent alors des cris douloureux; bientôt ils deviennent furieux, se mordent la partie affectée, la rongent avec leurs dents et meurent en peu de jours, souvent même après quelques heures seulement. Quelques personnes attribuent cette maladie à la piqûre d'un animal venimeux; mais les Arabes assurent que, dans ce cas, les chameaux qui succombent ne se livrent pas aux mêmes excès.

Les Taïffites n'élèvent que très-peu de chevaux,

mais ils possèdent un assez bon nombre de mulets dont les grands font leurs montures ou qui servent au transport; ils sont robustes, mais d'une taille peu élevée. Les ânes sont encore plus rabougris, et ceux qui les montent effleurent la terre avec leurs pieds. Ici les Arabes ne se font aucun scrupule de chevaucher sur un baudet. Plus tard nous trouverons des tribus dont les Bédouins se croiraient déshonorés si pareille chose leur arrivait. Les bœufs sont de la même espèce que ceux du Tehama; cependant ils sont sensiblement plus grands. Les moutons et les chèvres ne présentent rien de remarquable. Les Taïflites en élèvent une très-grande quantité.

Voici quelques détails sur les animaux que j'ai vus pendant mon séjour.

Gazelles. On en trouve quelques-unes dans les vallées voisines. Les Bédouins leur font la chasse et les vendent au marché. Elles sont très-bonnes à manger. Cependant, généralement elles sentent un peu trop le musc. On fait de très-jolies bourses de leur peau.

Singes. Ils se tiennent dans les montagnes, surtout du côté du Djebel-Kora. Les Arabes qui en prenaient venaient les montrer dans le camp pour gagner quelques paras.

Vautours. Ils sont blancs du corps et noirs des ailes. Les Arabes ne leur font pas de mal, et cette tolérance les a rendus très-familiers. Ils ont l'habitude de se rassembler en troupes nombreuses; ils sont occupés, pendant tout le jour, à planer sur le camp, et font leurs repas des morceaux de viande ou de volailles que les cuisiniers ne surveillent pas avec attention. Les corbeaux sont très-communs; mais les moineaux assez rares et plus petits que les nôtres.

Mougri. C'est le nom arabe d'un oiseau dont la tête est noire et le dos d'un gris cendré plus foncé vers l'extrémité de la queue. Le dessous est jaune, le ventre d'un blanc grisâtre. Il est un peu plus gros qu'un moineau et très-familier. Lorsque les Arabes veulent les prendre, ils exposent du riz bouilli dans une cage, et l'oiseau perd sa liberté pour vouloir satisfaire son avidité. Le territoire de Taïf est très-pauvre en ornithologie.

Serpens. J'ai vu un de ces reptiles dont le corps a vingt pouces de longueur; il me fut apporté par un domestique qui le serrait fortement très-près de la tête. Au milieu du ventre on voyait une ligne jaune qui se terminait à trois pouces de la queue. A droite et à gauche, deux autres lignes grises se trouvaient disposées symétriquement, et étaient suivies de deux autres moins larges, qui reprenaient la couleur jaune. A côté on en voyait une troisième grise un peu plus étroite que la seconde, et elle était suivie d'une quatrième qui était blanche. Le dos avait une teinte lilas et était séparé de la raie blanche par une bande noirâtre. Le reptile était tacheté de petits points noirs presque imperceptibles vers le milieu du corps, mais mieux marqués vers la tête. A trois pouces de la queue, les écailles affectaient la forme d'un pentagone.

Aspics. Celui que j'ai observé a quatorze pouces de long; il est noir et tacheté de petits points blancs peu apparens. Sous la peau transparaît une matière jaunâtre, qui modifie la couleur extérieure. Sa tête est obtuse, et son corps a presque partout le même volume. Sa piqûre est très-venimeuse; il fait son séjour parmi les décombres et dans de vieilles masures ruinées.

Lézards. Les plus grands ont de dix-huit à vingt pouces de long; leur corps a une forme elliptique; ils sont très-pacifiques, et ceux qui les prennent les mettent dans un sac de cuir pour les montrer au public comme une curiosité. Les petits ont la peau très-lisse et comme recouverte d'un brillant vernis. Leur queue est longue et très-effilée. Ils sont très-familiers.

Salamandres. Elles sont communes dans les maisons de Taïffa. Les habitans ont pour elles un respect religieux.

Scorpions. Les Taïffites prétendent que cet aptère est rare chez eux. J'en ai vu un seul cloué à la tente d'un pharmacien. Il ressemble exactement à ceux de Djeddah, et on assure que son atteinte est aussi dangereuse.

Pendant mon séjour dans cette dernière ville, j'ai été témoin des résultats effrayans produits par la piqûre de cet aptère. Un jeune soldat du 16me régiment de ligne était occupé à puiser de l'eau à une demi-heure du camp, lorsqu'il se sent frappé au pied comme par un violent coup d'épingle : il a à peine le temps d'avertir ses camarades, et tombe sur le sable privé de tout sentiment. Ses amis s'empressent de le transporter à l'hôpital, et voici les symptômes qu'il présentait en y arrivant : circulation du sang presque interceptée dans les vaisseaux capillaires, douleur violente à l'endroit de la blessure, froid général et glacial, face décolorée, vomissemens d'une matière tantôt noirâtre, tantôt sanguinolente, mais toujours écumeuse, yeux hagards et fixes, pupille extrêmement dilatée, sueur glacée et abondante, pouls imperceptible; dans l'intervalle des vomissemens salive copieuse et écumeuse, sensibilité nulle, excepté sur la piqûre, système nerveux très-irrité, mouvemens convulsifs que six hommes ont peine à contenir.

Les médecins pratiquent des scarifications sur la plaie, on donne au malade vingt gouttes d'ammoniaque dans un verre d'eau: frictions ammoniacales, potion éthérée et anodine dans une infusion de camomille, frictions sèches aux extrémités supérieures, frictions d'eau très-chaude sur les inférieures [1]. Ce traitement fut suivi d'un plein succès, et le blessé ne tarda pas à sortir de l'hôpital.

Fourmis. Lorsque j'allumais mon fanal sous la tente, je recevais la visite de certaines fourmis dont le corps, très-rétréci au milieu, se relève vers les extrémités; leurs pattes sont très-longues, et forment un angle droit. Elles ne m'ont jamais fait aucun mal.

---

[1] Extrait des rapports envoyés par M. Chedufau, médecin en chef, aux membres du conseil de santé du Caire.

Sauterelles. C'est l'insecte qui offre ici le plus grand nombre de variétés.

Demoiselles. Tous les jardins jouissent de la présence de ces insectes, dont les ailes se diaprent de couleurs si riches et si variées. Le soir, elles viennent se montrer au-dessus des bassins, dont elles effleurent la surface pour happer quelques petits insectes ; mais si elles sont trop empressées après leur proie, et que leurs ailes se mouillent, elles font naufrage et périssent, à moins que quelque pieux Musulman ne vienne à leur secours.

Abeilles. Les Bédouins les attirent dans les ruches. Leur miel est très-bon, et le rouge est inférieur au blanc. Les guêpes sont jaunes et noires.

Cantharides. Celles que l'on trouve à Taïffa me semblent devoir être classées dans le deuxième genre. Les élitres sont tachetés vers le corselet de deux petits points ronds ; ils sont traversés au milieu par une bande noire, et un autre semblable en occupe les extrémités. Le corselet est un peu plus long que la tête. Le tarse est composé de quatre phalanges terminées par deux griffes ; celui des quatre jambes de devant m'a paru en avoir cinq.

Chenilles. Celle que j'ai observée était noire ; son corps était couvert de tubercules terminés par trois poils. Les jambes sont très-courtes et s'attachent à un pouce des extrémités antérieures.

L'on voit encore à Taïffa des tarentules, des scarabées stercoraires, etc. Un entomologiste qui ferait ce voyage trouverait, je pense, de quoi se dédommager de ses fatigues, et pourrait rendre service aux sciences naturelles.

X

Environs de Taïffa.—Muëzzein.—Hameau de Salamé.—Forts.—Ruines.
—Ruisseau.—Medna.—Ouahad.—Mahomet, un Juif et une gazelle.
—Excursion.—Deux domestiques.—Miracle.—Matman-el-Ghrazalé.
—Roches.—Tas de cailloux.—Minéralogie.—Inscription.—El-Ahi-
el-Hamlé.—Aza-Ibn-Aoun-Abd-el-Meïn.—Halte.—Limpidité du ciel.
—Tribu de Thekif.—Ouadi-Mohram.—El-Hada.—Hodeïl.—Oadi-el-
Kour.—Route.—Température.

Nous nous sommes promenés autour des remparts de Taïffa ; nous avons visité ses rues et ses bazars, décrit ses maisons et ses monumens. Le lecteur s'est assis avec nous sous les ombrages frais de ses jardins, il a assisté aussi aux longues causeries des Arabes au milieu d'un nuage de tabac et de parfums; qu'il veuille bien prendre la peine de nous suivre maintenant dans les environs de la ville, nous lui ferons parcourir ce qu'ils offrent de plus remarquable; ce sera un moyen de le préparer au long voyage que nous allons entreprendre sous peu de jours.

Quelle est cette voix que j'entends à travers les toiles de ma tente? c'est celle d'un pauvre muëzzein de campagne, modeste comme l'humble chapelain d'une église de village. Ces sons religieux, quoique fournis par une poitrine robuste, ont peine à dépasser les murs de la maison de Dieu; car la Zaouïa est trop peu importante pour avoir un minaret. Si vous parcourez ses alentours, vous n'apercevrez que des habitations ruinées, des saquies abandonnées et comblées par les sables. Seuls au-dessus de ces débris du passé s'élèvent les kiosques des jardins de Chebi-Effendi, gardien de la clef de la Kaaba; tout autour se groupent quelques chétives demeures appartenant aux jardiniers et aux Bédouins cultivateurs, semblables aux vergues et aux antennes qui après un naufrage se soutiennent sur les flots jusqu'au moment où ils sont engloutis par la mer. C'est l'emplacement de l'ancien bourg de Salamé, espèce de faubourg de Taïffa, dont il n'était éloigné que de dix minutes; le hameau qui existe aujourd'hui porte le même nom.

Avançons encore vers le sud-ouest. Nous voici dans une vallée formée par des montagnes de granit et de silex. Sur la première chaîne s'élève un fort en briques défendu par quatre tourelles. Dirigez votre regard sur la crête; cette tour carrée que vous apercevez est le seul reste d'une forteresse qui la couronnait autrefois; à vos pieds serpente un frais ruisseau emprisonné dans un petit canal; il sort de dessous le mur d'un jardin, coule quelque temps en plein air, et va plus loin distribuer ses faveurs aux cultivations qui se trouvent sur son passage. Le fond de la vallée est couvert de cailloux; il est sillonné par les eaux qui s'écoulent des montagnes pendant l'hiver.

En retournant sur ses pas, on aperçoit à droite une nouvelle tour carrée, qui sert de lieu d'observation, et au-devant un petit pont de deux arches, qui s'élèvent de quatre pieds au-dessus du lit du torrent. Il a été bâti pour établir une communication constante entre les jardins et une petite mosquée triangulaire, qui possède un minaret dont le sommet est construit en briques cuites et la base en pierres de silex. La flèche, trop peu élancée, détruit toute l'harmonie de ses proportions. Ce lieu se nomme Medna. Ses jardins appartiennent au chérif Mohammed-Ibn-Aoun [1] et au chérif Iahia, qui se trouve prisonnier au Caire. Les parens de ce dernier gèrent ses propriétés et lui en font passer tous les ans les revenus. En suivant la vallée on trouve, au bout d'une heure, un site tout-à-fait semblable à celui-ci. Les Arabes le nomment Ouahad : c'est le dernier des environs de Taïffa dans cette direction.

Depuis que j'avais placé ma tente en ce pays, je voyais passer tous les jours une longue suite de soldats, de chameliers et de domestiques, qui se dirigeaient vers le sud de Taïffa. Curieux de connaître le motif de ce pèlerinage continuel, j'en demandai l'explication à un cheikhr, et voici ce qu'il me répondit :

« Lorsque les musulmans se furent emparés de la ville, qui était livrée alors à l'idolâtrie, Mahomet, que Dieu lui donne sa grâce et sa bénédiction! vint visiter sa conquête; et afin de se mettre en

---

[1] A l'époque de mon voyage, Mohammed-Ibn-Aoun était grand chérif; mais comme le pacha d'Égypte eut plus tard des raisons de douter de sa fidélité, il l'a destitué et forcé à venir au Caire se constituer prisonnier, comme son prédécesseur Iahia.

relation plus intime avec Allah, il se retira à la campagne pour y jouir de toute sa liberté. A côté de la demeure du prophète se trouvait celle d'un Juif. Un jour, un Bédouin ayant pris une gazelle, vint la vendre à l'Israélite, qui, après de longs débats, lui en paya le prix convenu.

Mahomet l'ayant aperçue, vit qu'elle avait les mamelles pleines de lait; il pensa que ses petits allaient mourir de faim, et il supplia le Juif de lui donner sa liberté, en lui promettant qu'elle viendrait se remettre entre ses mains chaque fois qu'elle aurait satisfait à son devoir de mère. L'Israélite avait le cœur sec et endurci comme un vrai chien qu'il était, et il lui répondit :

— La gazelle, je l'ai achetée de son maître, elle m'appartient; je la mangerai avec ma famille, et je ferai de sa peau une blague à tabac.

— Comment, une blague à tabac? dis-je à mon vénérable conteur; je crois que tu fais un singulier anachronisme; c'est à peu près comme si tu me disais que Mahomet a fait le siége de Taïffa à coups de canon.

— Tu penses donc, me répondit-il, que si, à cette époque, notre sublime prophète eût voulu avoir du tabac et de l'artillerie à sa disposition, il ne l'aurait pas pu?

— Il ne s'agit pas de savoir s'il aurait pu en avoir, mais s'il en a eu. Au reste, je t'accorde que le Juif fumait sa pipe tous les jours, si tu veux; mais je te prie de continuer.

— Mahomet voyant l'obstination du Juif, obtint de lui qu'il la laisserait partir sous sa caution, et promit de lui payer la valeur de la gazelle si elle ne revenait pas.

Dès que l'animal se sentit libre, il retourna auprès de ses petits; et en le voyant prendre sa course rapide à travers les champs, l'Israélite commanda à sa femme de lui préparer un autre dîner.

La nuit approchait, et rien n'apparaissait. Le mécréant dit à notre maître : « Tu peux commencer à délier les cordons de ta bourse, voilà le soleil qui se couche, et ta protégée ne revient pas. »

— Attends jusqu'à minuit, répondit l'envoyé de Dieu, et tu ne douteras plus de ma puissance.

Le Juif ferma sa porte. Vers l'heure indiquée, il entend du bruit à côté de la moucharabie où il était couché. O miracle! c'était la gazelle qui revenait. Comment! se dit-il à lui-même, si cette aventure est connue du public, on ne doutera plus de la mission divine de Mahomet, la religion de Moïse périra sans retour. Il prend un couteau, coupe la tête à la pauvre bête, et la fait rôtir pendant la nuit.

—Tu crois, lui dis-je, qu'il agissait ainsi par crainte du prodige? Moi, je pense que c'était tout bonnement pour extorquer à Mahomet le prix de l'animal.

— Un Juif en eût bien été capable; mais la vérité de ceci n'est sue que de Dieu et de son prophète. Laisse-moi continuer.

Le lendemain, l'Israélite et sa famille ensevelissent la viande dans leur ventre, et il fallait qu'il fût de fer pour ne pas crever; mais Dieu l'a voulu ainsi.

— C'était écrit (Mactoub), lui dis-je.

— Tu parles comme un vrai croyant; tu en as la barbe, il faut espérer que tu réciteras un de ces jours: « Il n'y a d'autre dieu que Dieu, et Mahomet est son prophète. »

— Allah Kerim, Dieu est miséricordieux.

Mais comment vouloir dérober à l'envoyé de Dieu la connaissance d'une action quelconque, lui qui lisait jusqu'au fond de votre pensée? Il arrive chez le Juif un moment après le repas, et là il prend les os de la gazelle, leur souffle la vie, et l'animal ayant repris sa première forme, retourna libre auprès de ses petits.

— Et le Juif?

— Il se convertit avec sa famille, et il jouit maintenant des parfums, des houris et d'une fraîcheur éternelle sous les ombrages touffus du paradis. Puisse-t-il intercéder auprès de Dieu en faveur de celui qui te parle, et qui t'annonce les merveilles de son envoyé.

— Et le lieu où cette scène s'est passée est-il éloigné d'ici?

— Tu y arriveras dans une demi-heure, et tu y verras des preuves irrécusables de cette histoire. Les empreintes des pas du prophète, les traces de son châle, et celles des pieds de la gazelle marquées sur le roc.

— Ce lieu est-il très-fréquenté?

— Tous les bons musulmans s'y rendent pour y prier; et si depuis ce temps tous ceux qui sont venus s'y agenouiller avaient apporté un grain de sable chacun, ils formeraient une pyramide plus grande que celle qui fut élevée par la fille impudique de Cheops[1].

Le lendemain matin, un cheval de selle m'attendait à la porte de ma tente ; je devais aller visiter le lieu où s'était passée la scène. Je fis ce petit voyage avec M. Gatti, médecin italien : M. Chedufau, trop absorbé par ses travaux, ne put pas nous accompagner. Nos deux saïs s'appelaient Mohammed ; mais l'un était Égyptien, et l'autre, qui était le mien, avait pour père un Nubien. Le premier, bon fellah des environs du Caire, arrivé depuis peu sur le territoire sacré, était tout émerveillé des prodiges et des souvenirs qu'il rencontrait à chaque pas ; et cette circonstance avait donné une trempe fanatique à ses convictions, qui s'étaient un peu usées en Égypte au frottement des idées des Européens qu'il avait servis. En campagne, c'était lui qui faisait la cuisine ; il puait le beurre à vingt-cinq pas ; cependant il était propre..... à toute chose, et devenait, selon les circonstances, valet de chambre, saïs ou chamelier. De plus, comme dans toutes les troupes il faut un souffre-douleur, c'était sur lui que le sort était tombé.

[1] Les Arabes croient qu'une des pyramides d'Égypte a été construite par une fille de Chéops, qui se fit donner pour l'élever une pierre seule par chaque amant qu'elle avait eu.

Mon saïs était un homme de trente à trente-cinq ans, grand de taille, vigoureusement pris, et doué de ces jambes fines mais solides qui constituent la qualité de bon coureur. Il avait servi de très-grands personnages, tels que Ibrahim-Pacha, Hassan-Pacha, le grand chérif et Turkchi-bil-Mez ; et avant d'entrer à mon service il avait été à celui de M. Ruppel, voyageur de Francfort. C'était un homme doux, un peu paresseux et pas trop parleur; il avait parcouru tout le cours du Nil jusqu'au Faz-Ouglou, avait fait partie des expéditions contre l'Assir et le Nedj ; et les deux côtes de la mer Rouge lui étaient parfaitement connues. Doué d'une mémoire prodigieuse, il s'était formé une éducation au-dessus de sa condition ; quoique peu communicatif et d'un caractère réservé, il avait de l'attachement pour moi sans le faire paraître. Je pouvais être bon envers lui sans qu'il devînt familier, qualité précieuse en campagne, où maintes fois des circonstances malheureuses effacent toute démarcation de classes, et mettent souvent le maître à la merci du serviteur. Pour distinguer ces deux Mohammed, nous appelions celui-ci Mohammed-Kennaoui, parce qu'il était né à Kenné; et l'autre, Mohammed-Tabbakhr, ou le cuisinier.

Nos guides prirent la direction du sud ; ils nous firent traverser quelques terrains cultivés, le lit d'un torrent et plusieurs jardins, et nous entrâmes, au bout d'une demi-heure, dans des montagnes en pain de sucre disposées sans ordre et isolées les unes des autres. Tout-à-coup nous voyons le cuisinier s'élancer à toutes jambes devant nous ; Kennaoui, moins empressé, le laissa partir tout seul, et nous arrivâmes avec lui sur les lieux où s'est passé le miracle en question. Le Tabbakhr était humblement prosterné le front contre terre ; son camarade voulut diriger une plaisanterie contre lui, mais son ami lui répondit par ce passage du Coran, que les musulmans emploient souvent lorsqu'on les détourne de leur prière :

« Que penser de celui qui trouble l'esclave de Dieu lorsqu'il prie, lorsqu'il accomplit l'ordre du ciel, lorsqu'il recommande la piété ? »

Les musulmans ne plaisantent pas sur de tels sujets ; Kennaoui avala une gorgée de tabac, et se renferma dans le plus grand silence.

En ce lieu, que les Arabes nomment Matman-el-Ghrazalé, ou la garantie de la gazelle, on voit surgir de terre des roches de granit qui s'élèvent à peine au-dessus du sol ; elles sont planes et séparées les unes des autres par quelques pieds de distance. Sur chacune d'elles on a dressé une rangée de petites pierres disposées en forme de fer à cheval, et dans l'espace inscrit se trouvent quelques trous pratiqués dans le granit au moyen de quelque instrument tranchant, mais que les musulmans prennent pour les traces miraculeuses de la gazelle : ces trous sont à cinq pouces de distance les uns des autres et creusés en ligne droite, ce qui est d'une maladresse inconcevable de la part du jongleur qui les a faits ; car il aurait dû tracer deux lignes telles que les font les quadrupèdes lorsqu'ils marchent. Cette ligne existe, mais à deux pieds environ de la première ; il y a une douzaine de roches qui sont toutes dans le même genre.

Au milieu de la scène et dans les environs, le terrain est jonché d'une infinité de petits tas de cailloux ; ils sont élevés par les personnes qui viennent visiter ce lieu, c'est comme un témoignage de leur pèlerinage. Tout le merveilleux ne se termine pas là, car nos guides nous firent remarquer sur la déclivité d'une montagne une trace formée par le châle du prophète[1], qui se détacha au moment où celui-ci

---

[1] Cette trace n'est autre chose qu'un sentier battu sur un terrain composé de sélénite mêlé à de l'argile et à un peu de chaux calcinée.

s'animait en discutant avec le Juif. La montagne est couverte aussi de tas de pierres; et en montant un peu plus près du sommet, on peut contempler plusieurs empreintes creusées par le pied du prophète; mais comme elles sont un peu trop longues, les croyans vous disent que c'est parce que l'envoyé de Dieu glissa lorsqu'il arriva dans cet endroit [1].

La montagne renferme beaucoup de feld et de mica, quelques couches d'ardoises, de l'amiante exfoliée, du granit de seconde formation, du spath calcaire et du quartz en très-grande quantité.

On jouit au sommet d'un assez beau point de vue. Les collines, la ville, les cultures et les jardins, forment un ensemble champêtre que l'on ne trouve que bien rarement en Arabie. On distingue aussi parfaitement le cours des eaux de pluie qui, du réseau des montagnes qui resserrent Taïffa, descen-

---

[1] Sous ce rapport, l'Égypte n'est pas restée en arrière: « Sur la rive droite du fleuve (du Nil) se trouve la grande mosquée d'Athar-al-Naby (les vestiges du prophète), où les habitans du Caire viennent en pèlerinage adorer l'empreinte du pied de Mahomet. Un cheikhr attaché à ce temple a le soin d'accréditer une tradition aussi pieuse, et de publier les merveilles de cette sainte relique. Il faut cependant être doué d'une bien grande dose de foi pour reconnaître les traces du prophète sur une pierre lisse et imbibée de parfums. » Histoire de l'expédition française en Égypte, par M. X. B. Saintine, t. I, p. 461, in-8°, Paris, 1830.

dent dans la plaine et forment quelquefois une île de cette cité. L'un de ces torrens se dirige vers la Mekke, l'autre s'enfuit du côté de Médine, et le troisième, vers le sud, est à côté du chemin que nous suivrons pour nous rendre dans l'Assir.

En revenant au camp, nous vimes au bas de Matman-el-Ghrazalé une pierre plate où est gravé en langue arabe le miracle de la gazelle : quelques musulmans disent que l'écriture appartient à Mahomet; d'autres, au contraire, l'attribuent à un marabout. Cette pierre est volante, et je pense qu'on pourrait l'emporter en s'arrangeant avec un heikhr, qui la remplacerait par une autre moyennant quelques pièces d'or.....

Il nous reste à visiter encore le village d'El-Ahi (la rencontre), situé à une demi-heure au nord de Taïffa. Le chemin qui y conduit serpente à travers une vallée stérile et parsemée de cailloux ou d'énormes rochers. El-Ahi est bâti en terre, ses environs sont bien cultivés et plantés en jardins; le sol m'a paru meilleur que celui du sud, et le chaume qui le couvre prouve qu'on y a recueilli du seigle et du froment. Quelques paysans étaient occupés à défricher des terres, pour donner une plus grande extension à leurs cultures. Après avoir vu les environs de Taïffa, à demi ruinés, je fus heureux de la prospérité croissante des cultivateurs d'El-Ahi. La vallée se termine par une couche de sable, qui, vue de loin, présente l'aspect du mirage.

Les domaines du grand chérif Mohammed-Ibn-Aoun et ceux de son frère Aza-Ibn-Aoun-Abd-el-Meïn forment à eux seuls un village, qui est éloigné de vingt minutes de Taïffa, dans la direction de l'est-nord-est. El-Hamlé, c'est ainsi que les Arabes le nomment, est entouré de champs, de prairies et de plaines. Une digue de trois cents pas de long sur cinq pieds de large a été jetée pour retenir les eaux d'un torrent que l'on fait servir aux irrigations; un épanchoir de dix à douze pas de large a été pratiqué pour déverser l'excédant des eaux sur le terrain stérile dont le niveau est moins élevé. Cette construction a dû coûter beaucoup de travail : c'est la plus importante de tous les environs de Taïffa.

Aza-Ibn-Aoun-Abd-el-Meïn est un misanthrope qui ne se plait que dans la solitude; plusieurs personnes prétendent que ses facultés intellectuelles ne sont pas très-saines. Quoi qu'il en soit, il a eu l'heureuse idée d'agrandir son horizon en perchant la maison qu'il habite au sommet d'une montagne conique, aux flancs abruptes. Lorsqu'il est fatigué de son habitation si pittoresque, il descend dans les jardins qui environnent son ermitage, et se mêle aux affaires de ce bas monde. Le voluptueux cénobite s'enferme dans son harem, à moitié caché par les branches des arbres et les feuilles des treilles; mais on ne sait pas ce qui s'y passe, car les eunuques sont des gens doués d'une grande discrétion. Quant à moi, tout ce que je puis assurer, c'est que le kiosque où se trouve, dit-on, la salle de bain a une très-belle apparence, moitié indienne, moitié arabe, et je regrette vivement que la bienséance musulmane me défende d'en approcher.

Cependant midi allait sonner, comme on dirait en Europe, et nous n'avions pris qu'une tasse de café avant le départ. Le cuisinier avait apporté notre dîner dans une sanie en cuir; c'est un instrument si commode que les voyageurs devraient toujours en avoir un dans leurs bagages : il se compose d'un cercle de peau d'environ deux pieds de diamètre, tout autour sont fixés des anneaux en cuivre, dans lesquels on fait passer un cordon; en l'étendant c'est une table; en serrant la coulisse il forme un sac propre à renfermer vos alimens, et on peut le suspendre à l'arçon de la selle, à côté de la zimzemie[1].

« De toutes les circonstances de la vie où le manger est compté pour quelque chose, dit Brillat-Savarin, une des plus agréables est sans doute la halte de chasse, et de tous les entr'actes connus, c'est encore la halte de chasse qui peut le plus se prolonger sans ennui. » Il en est de même de toute espèce de halte précédée d'un exercice violent, et c'est surtout en Arabie que l'on peut vérifier l'exactitude de cette assertion; quant à nous, cette station sous l'ombre des arbres nous fut si agréable, que nous ne songeâmes à l'abandonner que lorsque la nuit vint nous y forcer.

J'avais souvent admiré, soit sur la mer Rouge, soit sur la terre ferme, la limpidité du ciel de ces contrées, et je croyais qu'il était impossible de trouver ailleurs quelque chose de mieux; je puis affirmer cependant que les nuits de Taïffa m'ont paru encore plus brillantes. Je lisais avec la plus grande facilité au clair de la lune, et cela ne doit pas surprendre, puisqu'on en est témoin en Occident; mais ce qu'on aura de la peine à imaginer, c'est que enfermé sous ma tente, qui se composait d'une forte toile double,

[1] Outre pour contenir l'eau.

je pouvais lire le titre du *Coran de Savary*. La cause de cette admirable transparence du ciel, au milieu de ces montagnes, provient sans doute de la pureté de l'atmosphère, qui n'est point troublée, comme sur les côtes, par les émanations de la mer.

Matman-el-Ghrazalé n'est que la scène où se passa jadis un miracle; mais les musulmans prétendent que tous les jours on peut être témoin d'un prodige, si l'on veut se donner la peine d'aller visiter un puits éloigné de Taïffa d'une heure et demie. Ce puits, vous disent-ils, est ordinairement aussi sec que le Sahara; mais si un croyant y jette une pierre et récite une prière, on voit l'eau surgir en bouillonnant. On a presque honte de rapporter de semblables absurdités, cependant lorsqu'on décrit les mœurs d'un peuple, on doit présenter la vérité au lecteur, et faire la part de blâme et d'éloge consciencieusement.

Tous les lieux dont nous venons de parler sont occupés par les Thekifs; cette tribu s'adonne à la vie agricole et pastorale. Le manque de chevaux et l'insuffisance des chameaux, joints à l'attrait d'un terrain fertile, les ont fait renoncer à la vie nomade. Les Thekifs sont célèbres dans l'histoire ancienne de l'Arabie, et nous avons vu que Mahomet eut beaucoup de peine à les soumettre. On distingue parmi eux les Thekifs-Arban et les Thekifs-Zaga; les premiers peuvent mettre quatre mille hommes sous les armes[1], et les autres cinq cents seulement. Lors de l'invasion des Ouahabis, ils leur opposèrent d'abord une vigoureuse résistance; mais plus tard ils s'associèrent complètement à leurs destinées, et un grand nombre d'entre eux adoptèrent la religion des vainqueurs. Tous ceux que j'ai eu occasion de voir s'abstiennent de fumer et de boire du café, et rejettent les tasses ou les pipes avec dédain lorsqu'on les leur présente. Leur costume est le même que celui des Bédouins du Tehama; seulement, au lieu de jambié, ils mettent à leur ceinture un petit pistolet.

---

[1] « Les principales tribus des Thekifs, dit Burckhardt, sont les *Beni-Sofian*, qui mènent tous la vie de Bédouins; ils peuvent réunir à peu près sept cents mousquets. Deux petites tribus, les *Nodher* et les *Rabias*, demeurent avec les Thekifs, et s'associent à leurs intérêts, quoique je doute qu'elles fissent proprement partie de leur camp. Ce sont ces Beni-Rabia dont les émigrans ont peuplé une grande partie de la Nubie, et dont les descendans sont les Kenouz, mal à propos nommés les Béraba'ra en Égypte, au-dessus de la première cataracte. Les Thekifs peuvent mettre sur pied deux mille hommes armés de mousquets. » Burckhardt, Voyage en Arabie, t. I, p. 310. Trad. de M. Eyriès.

Ce voyageur borne-t-il à ces deux mille hommes le nombre des Bédouins capables de porter les armes? Cela ne ressort pas clairement de ce passage, mais si c'était là son idée, il se serait trompé.

Les Bédouines, de même que les femmes de Taïffa, se voilent avec la grande mantille bleue qui s'attache à la tête. Elles sont aussi brunes, mais plus belles que celles des tribus qui avoisinent Djeddah; elles m'ont paru moins astucieuses et moins intéressées. Leurs maris, sans distinction de rang, sont avides, et leur fierté ne les empêche pas de venir vous demander à tout propos des vivres ou de l'argent; au reste, ils ne croient nullement se rabaisser en agissant ainsi, et, dans cette circonstance, leur attitude est plutôt celle d'un créancier que d'un mendiant.

Cependant les cheikhrs les plus importans ne s'adressent pas indistinctement à tout le monde, ils réservent cette faveur aux grands personnages. Lorsqu'on leur fait un cadeau, il est rare qu'ils ne reviennent pas le lendemain pour tâcher d'en obtenir un nouveau, et ils se fâchent lorsqu'on refuse, comme si ce qu'ils réclament était leur propriété.

Lorsque l'armée eut accompli à la Mekke les cérémonies du pèlerinage, elle prit le chemin de Taïffa, et les fatigues qu'elle éprouva au passage de Djebel-Kora furent funestes à un grand nombre de soldats. Les malades se trouvaient sans secours efficaces; car ils étaient livrés aux soins des médecins arabes, qui seuls avaient pu les accompagner sur le territoire sacré. Dès que M. Chedufau eut été informé de cette nouvelle, il envoya sur les lieux un médecin et un pharmacien européens[1]. Ces messieurs sachant que je recueillais des notes pour les publier plus tard, eurent la complaisance de me faire part de leurs observations, et c'est à leur obligeance que je dois les renseignemens que l'on va lire.

En partant de Taïffa, ces messieurs traversèrent plusieurs collines d'une stérilité affreuse, et ce ne fut qu'au bout d'une heure que leur vue, fatiguée de cette désolation, put se reposer sur quelques champs cultivés. Après avoir traversé cette petite oasis, ils entrèrent dans Oadi-Mohram, ainsi nommée parce que c'est dans cette vallée que les gens qui vont à la Mekke revêtent l'ihram, comme l'ordonne le rite mahométan. Ce site est cultivé, et sur la droite on remarque un petit village situé sur le penchant d'une colline, dont la base est baignée par quelques faibles courans d'eau.

Au bout d'un quart d'heure, nos compagnons commencèrent à gravir une côte[2], appelée Hamraa,

---

[1] C'étaient MM. Maruchi et Onadrogi, dont j'ai déjà parlé dans la préface.

[2] D'après Burckhardt, la roche de cette montée se compose entièrement de grès. Voyage en Arabie, t. I, p. 89.

et lorsqu'ils furent parvenus au sommet, ils découvrirent devant eux un grand plateau, que les Arabes nomment El-Hada[1]. Ce mot signifie tranquillité; on s'en est servi pour désigner ce lieu à cause du calme dont on jouit sur cette plaine solitaire, ou peut-être exprime-t-il le repos que l'on y goûte après que l'on a gravi péniblement la côte qui y conduit. El-Hada est cultivé dans le genre de Taïffa; mais les arbres fruitiers y deviennent beaucoup plus grands. Ce plateau est coupé par des collines stériles, et c'est sur leur déclivité que sont situées les maisons des cultivateurs[2].

Le matin, au lever du soleil, le thermomètre de Réaumur était à..................................	13°
L'eau des zimzemies à...........................	15°
A midi, à l'ombre, à.............................	25°
— au soleil, à..................................	43°

[1] Burckhardt désigne ce plateau sous le nom de Raz-el-Kora, ou tête de Kora. Il paraît qu'à l'époque du passage de ce voyageur, le paysage était plus beau que maintenant : « Le village et les environs de Raz-el-» Kora sont l'endroit le plus délicieux du Hedjaz, et la situation la » plus pittoresque, la plus ravissante que j'eusse rencontrée depuis » mon départ du Liban en Syrie. Le sommet du Djebel-Kora est plat, » mais couvert de masses épaisses de granit, noircies du soleil, comme » celles qui dominent la seconde cataracte du Nil... » Voyage en Arabie, t. I, p. 86-87.

[2] Au-dessus de ces collines s'élève un pic nommé Nakeb-el-Ahmar. Burckhardt estime sa hauteur à quatre ou cinq cents pieds au-dessus du plateau. Burckhardt, Voyage en Arabie, t. I, p. 86.

Le quatre sefer, à une heure dix minutes après le
 lever du soleil, le thermomètre marquait...... 17°
Et l'eau des zimzemies était à.................. 12°

Les Bédouins qui habitent ce plateau appartiennent à la tribu des Thekifs[1], qui peuple Taïffa et ses environs. Le versant occidental est fréquenté par les Hodeil, que nous avons déjà trouvés sur notre route, en venant de la mer. Ils ne se livrent point à l'agriculture, et se contentent d'y faire paître leurs chameaux[2]. Nos deux amis remarquèrent en ce lieu un oiseau dont le bec est rouge, son corps est diapré de blanc, de noir et de vert, les Arabes le nomment gohhoda. Les habitans d'El-Hada font leur amadou avec l'écorce d'un arbre, il est d'une nature assez consistante, et on le désigne sous le nom de *deram*.

Un piéton emploie cinq heures pour descendre

---

[1] Du temps de Burckhardt, ce site appartenait aux Bédouins Hodeil. Rien n'est plus mobile que les limites de la géographie arabe. Voyez Burckhardt, Voyage en Arabie, t. I, p. 87.

[2] « Suivant le rapport des Arabes, la chaîne de montagnes qui d'ici
» se prolonge au sud jusqu'à la contrée où commencent les plantations
» de cafiers, est coupée de distance en distance par des vallées en état
» de culture et séparées les unes des autres par des rochers nus et sté-
» riles. » Burckhardt, Voy. en Arabie, t. I, p. 91.

Il y a ici une grande coïncidence avec mes renseignemens ; je trouve dans mes notes que cette chaîne se termine à Sada, qui est situé entre la latitude de Djezan et celle de la ville d'Abouarich.

du sommet du plateau jusqu'au pied de la montagne; au bout de trois heures il trouve sur sa route Oadi-el-Kour, espèce de gorge inclinée sur la déclivité de cette grande chaîne. Avant de s'engager dans la descente, nos deux amis jouirent de la vue du plus beau panorama que l'on puisse imaginer : ils avaient sous leurs pieds ces lieux pleins de souvenirs historiques et religieux dont les environs de la Mekke sont parsemés, et qui unissent par un lien non interrompu les traditions patriarchales d'Ismaël et d'Abraham à l'existence miraculeuse de l'envoyé de Dieu.

D'El-Hada, les montagnes qui sillonnent le Tehama ne paraissent pas très-élevées; on dirait une vieille mer en courroux dont les vagues auraient été pétrifiées par la même puissance qui changea la femme de Loth en statue de sel. Quand on parvient à Oadi-el-Kour on n'aperçoit que leurs sommets, vous êtes au même niveau [1]. Cette vallée appartient à la cabyle des Hodeils, mais ils n'y possèdent que trois ou quatre maisons abandonnées. La des-

---

[1] « La chaîne inférieure de Djebel-Kora consiste en granit gris; vers
» le milieu j'en trouvai de toutes les couleurs mêlé de couche de grün-
» stein, de strapp et de schiste porphyritique, ce dernier très-désagrégé;
» au sommet de la crête, le granit rouge reparut, la surface avait été
» complètement noircie par les rayons du soleil. » Burckhardt, t. I, p. 83.

cente est très-abrupte; les chameaux chargés n'y passent pas, ils prennent un chemin plus doux qui fut construit par Hassan-Pacha. C'était une route stratégique dont il se servait pour se porter rapidement au milieu des tribus récalcitrantes [1]. Les Bédouins, qui ne tardèrent pas à s'en apercevoir, commencèrent à la détruire, et ils furent aidés dans cette œuvre par les torrens, qui l'avaient encombrée de blocs de pierres et de branches d'arbres. Les chameaux emploient six heures pour descendre la montagne et huit pour la gravir. Elle a été réparée par les ordres d'Ahmed-Pacha.

Dans les dernières guerres, chaque parti a enseveli ses morts dans les interstices des rochers, que l'on a comblés avec des cailloux. Ces tombeaux d'une nouvelle forme jalonnent la route et entretiennent l'animosité des Arabes et des Turcs. Le versant où ils sont placés est généralement stérile, cependant on rencontre de temps en temps quelques plantes aromatiques, du romarin [2], de la rue,

---

[1] Il était formé de blocs de roche disposés en escalier.
[2] « Je traversais ce magnifique pays depuis environ une demi-heure; le soleil se levait, chaque brin d'herbe se couvrait d'une rosée balsamique; chaque arbre, chaque buisson exhalaient un parfum aussi délicieux à l'odorat que le paysage était ravissant à la vue, lorsque je fis halte auprès du ruisseau le plus large; on peut le traverser en deux enjambées, et cependant il nourrit sur ses bords un gazon

et des groupes de saules qu'on ne s'attendrait guère à rencontrer en ce lieu, mais cet arbre aime l'humidité, et il s'élève à côté de certains bassins où les Bédouins réunissent les eaux qui s'écoulent à travers les rochers [1].

A Oadi-el-Kour, le thermomètre marquait, à deux heures et demie de nuit........................	23°
Le lendemain de l'arrivée de nos amis, il était, demi-heure avant le lever du soleil, à..........	22°
Deux heures et demie après le lever du soleil, à l'ombre...................................	31°
Au soleil....................................	39°
A midi, à l'ombre, il marquait.................	35°
Au soleil....................................	55°
A midi, l'eau des zimzemies était à.............	20°

De Taïffa à El-Hada on compte.......	10 heures.
D'El-Hada au pied de la montagne....	5
Et de cet endroit à la Mekke.........	10
En tout...........................	25

Burckhardt évalue cette distance de la manière suivante :

» Je calcule, dit ce voyageur, que de la Mekke au pied du Djebel-Kora il y a à peu près................	32 milles.
» De là à son sommet.....................	10
» Et de là à Taïffa.......................	30
» Ce qui fait en tout.......................	72

» touffu comme l'herbe des Alpes, que le Nil avec tout le luxe de ses
» grandes eaux ne peut jamais faire croître en Égypte. » Burckhardt, Voy. en Arabie, t. I, p. 87-88.

[1] « La bonté des eaux de Raz-el-Kora est célèbre dans la province. » Burckhardt, t. I, p. 88.

« La direction de la route de l'Arafat à Taïffa est, » dit ce voyageur, « à peu près de 12 à 15° de la » boussole au sud de celle de la Mekke à l'Arafat ; » mais comme je n'avais pas cet instrument avec » moi, je ne puis donner cette direction avec une » exactitude rigoureuse. »

Je terminerai ce que j'ai à dire sur cette ville par une citation de Chérif-ed-Dris.

« Taïf, » dit ce géographe arabe, « est urbs » parva, populosa, suavibus aquis irrigua, cœli » temperie salubris, frugibus abundans, ruribus » ampla, uvis presertim opulentissima ; porro ejus » uvæ siccæ celebres sunt, et major pars fructuum » Meckkæ ab illà defertur : est autem situ pro- » dita Taïffa super dorso montis Chazuæ. Nullus » in universa regione Hedjaz reperitur mons frigi- » dior cacumine montis hujuscæ in quo aqua in- » terdum tempore æstivo conglaciat[1]. »

---

[1] Taïf est une petite ville, populeuse, arrosée d'eaux douces, d'un climat salubre ; elle abonde en fruits, possède de belles campagnes, et ses raisins la rendent très-opulente. En outre, ses raisins secs sont célèbres, et la plus grande partie des fruits de la Mekke viennent de cette ville. Taïffa est située sur le sommet de la montagne de Chazouan. Il n'y a pas de mont plus élevé dans tout le Hedjaz, et il y gèle quelquefois en plein été.

XI

I

Evénemens politiques survenus en Arabie dans ces derniers temps. — Motifs de la guerre contre les Bédouins. — Guerre des Ouahabis. — Ibrahim-Pacha. — Assir. — Projets de Mohammed-Ali. — Nationalité arabe. — Iémen. — Imam de Sana. — Ali, prince d'Assir. — Kourchid-Bey. — Turkchi-bil-Mez. — Chérif d'Abou-Arich. — Mort d'Ali d'Assir. — Aït est nommé gouverneur provisoire. — Forces de notre expédition. — Suite des événemens politiques.

II

Description de la province d'Abou-Arich. — Position géographique. — Climat. — Pluies. — Vent. — Puits. — Température. — Bois. — Arbres. — Brosses de Mossouak. — Tabac. — Taref. — Baumier de la Mekke. — Animaux. — Céréales. — Maladies. — Scorpions. — Bédouins.

III

Ville d'Abou-Arich. — Position. — Plantations. — Remparts. — Château. — Okels. — Échés. — Habitation du chérif. — Mosquées. — Habitans. — Costumes. — Rues. — Bazar. — Bédouins. — Assida. — Manière de la manger.

I

Avant d'aller plus loin, nous sentons le besoin de mettre nos lecteurs au courant des événemens politiques survenus depuis peu dans cette partie de l'Arabie dont nous nous occupons. Ils n'ont qu'à écouter un homme que sa position a mis au fait de tous les secrets de la politique de Mohammed-Ali; cet homme, je le leur ferai connaître bientôt.

Dossari, c'est ainsi qu'il s'appelle, venait souvent dans ma tente, et j'avais avec lui de longues conversations; un jour je le priai de me confier le vrai motif de la guerre qu'Ahmed-Pacha allait entreprendre contre les Bédouins d'après les ordres du vice-roi d'Égypte.

— Comment! me dit-il, depuis six mois tu fais partie de l'armée égyptienne, et tu ignores pour quel motif elle a pris les armes?

— Je l'avoue à ma honte, depuis mon arrivée en Arabie j'ai reçu les confidences de certaines personnes hautement placées; et cependant je n'ai pu pénétrer le prétexte de cette levée de boucliers.

— Ce n'est pas étonnant, et pour dire vrai, je dois t'avouer qu'il n'y en a aucun de raisonnable.

— Comment?

— Ou, pour mieux dire, l'unique prétexte, c'est l'ambition de Mohammed-Ali.

— Explique-toi un peu mieux.

— La chose serait un peu longue, et il faudrait remonter un peu haut.

— Peu importe, je t'écoute; personne ne

nous presse, et tu peux prendre la chose tout à ton aise.

— « Eh bien! tu sais que, vers l'année 1819, Mohammed-Ali reçut du sultan l'ordre d'aller dans le Nedj châtier les Ouahabis, qui avaient saccagé le territoire sacré. Le vice-roi d'Égypte envoya son fils dans ce pays, et Ibrahim s'acquitta avec valeur de la mission que son père lui avait donnée. »

— Continue.

— « Mais la puissance ouahabite, quoique brisée sur sa terre natale, tendait à se reconstituer ailleurs. Vers les confins du Hedjaz et de l'Iémen existent plusieurs tribus belliqueuses chez lesquelles les doctrines des novateurs de Dereyieh avaient poussé de profondes racines. Ces tribus sont connues sous le nom général d'Assir, et le territoire qu'elles occupent a pris la même dénomination.

» L'unité des musulmans novateurs, brisée dans le Nedj, menaçait de se reconstituer dans l'Assir, et Mohammed-Ali résolut de s'y opposer de tout son pouvoir. »

— Mohammed-Ali n'est pas trop religieux; ses desseins étaient sans doute entièrement politiques?

— « Le pacha d'Égypte avait depuis long-temps formé le projet de s'emparer de toute la péninsule arabique. Il devait alors craindre tout développement du ouahabitisme, puisque ces sectaires avaient le dessein bien arrêté de reconstituer sur des bases nouvelles la nationalité arabe.

» Le but de ce prince ambitieux consiste à s'emparer d'abord de la mer Rouge, et dès que toutes les villes de la côte orientale seront soumises à son autorité, il tâchera de pénétrer dans l'intérieur, pour en rendre les populations tributaires [1].

» L'Iémen surtout, cette terre heureuse que Dieu et la nature ont comblée de leurs faveurs, est devenu son objet de prédilection. Une fois maître de ce réseau de montagnes fertiles, il trouvera un ample dédommagement de tous les sacrifices qu'il est obligé de faire chaque fois qu'il dirige une expédition contre ces tribus du Hedjaz, pauvres par le sol, mais riches de leur fierté et de leur indépendance. »

— Penses-tu que Mohammed-Ali ne soit pas assez occupé avec la Syrie, la Candie, le Soudan,

[1] La prédiction de Dossari s'est réalisée plus tard. En 1835, Ibrahim-Pacha, neveu de Mohammed-Ali, qu'il ne faut pas confondre avec le vainqueur de la Syrie, débarqua dans le Hedjaz, à la tête d'une nouvelle expédition destinée contre l'Iemen ; mais les revers qui vinrent l'accabler dans une excursion contre l'Assir, entreprise de concert avec Ahmed-Pacha, ont empêché ce général d'exécuter les volontés de son oncle.

l'Égypte, et sa position tout-à-fait fausse vis-à-vis du sultan?

— « Mohammed-Ali est très-occupé du côté de l'Europe; mais il n'en tourne pas moins ses regards vers l'Arabie et les mers qui la baignent : il regarde d'un œil de convoitise les ports de l'Iémen d'où il pourrait dominer sur le golfe persique : de là, il comprimerait dans sa serre tout le pays compris entre l'Euphrate, la mer Rouge et ses possessions de la Syrie. Agrandi de tout ce vaste territoire, son empire serait un des plus puissans du globe : la mer Rouge deviendrait un lac égyptien, et les flottes du pacha feraient flotter leur pavillon sur la Méditerranée, le golfe persique et la mer des Indes. »

— C'est un beau rêve, et il est noble d'en poursuivre la réalisation, même sans la certitude de pouvoir l'atteindre : je ne vois pas quel mal il y aurait à reconstituer l'ancien empire arabe, et je crois même que son existence pourrait avoir une influence salutaire sur les affaires si compliquées de l'Orient.

— « La reconstruction de la nationalité arabe serait sans doute un bienfait, et nous tous, enfans de cette terre, nous devons désirer ardemment qu'elle arrive; mais rappelle-toi que ce but ne sera jamais atteint par un Turc; il y a une antipathie trop profonde entre l'Osmanli et le Bédouin : chacun se croit également né pour commander, et les tribus de l'Arabie ne courberont jamais leur tête devant le bâton d'un pacha. »

— Les Ouahabis seuls me paraissent destinés à relier entre elles les peuplades éparses de votre péninsule : ils ont été arrêtés malheureusement au milieu de leur premier élan; ils recommenceront sans doute plus tard.

— « C'est là notre espoir; quoique je ne sois pas un de leurs sectaires, je me réjouirais de leur avénement à la puissance, car je suis Arabe avant tout.

» Je te disais d'abord que le pacha visait à s'emparer de l'Iémen; l'entreprise n'a rien de difficile en elle-même. L'Imam de Sana, capitale de cette contrée, est un prince inexpérimenté, et ses domaines, affaiblis tous les jours par des défections, ne sauraient opposer une sérieuse résistance; mais si le prince est faible, il a dans ses environs des tribus puissantes et belliqueuses qui n'hésiteraient pas à lui prêter leur appui pour le défendre contre une invasion des Turcs. L'Assir est de ce nombre, le pacha d'Égypte le sait, et c'est pour cette raison qu'il dirige contre les Bédouins cette nouvelle expédition.

» Lorsque le pacha aura pris l'Assir, ce qui est peu probable, à la manière dont vont les choses, il marchera sur Sana, vers le sud, tandis qu'une nouvelle expédition, partie du littoral de la mer Rouge, s'acheminera à l'est vers le même point, et viendra réunir ses forces à celles de la première. »

— Quel est le prétexte supposé de cette attaque contre l'Assir ?

— « Les princes trouvent toujours des raisons pour déclarer la guerre à ceux dont ils ont résolu la perte. Mohammed-Ali n'en manque pas.

» L'Assir était gouverné par un prince puissant nommé Ali, qui avait réuni sous son autorité toutes les tribus environnantes. Lorsqu'il appelait sous les armes toutes ses forces, elles s'élevaient à quarante mille hommes armés de lances et de fusils. Cette puissance devait naturellement porter ombrage au pacha. Ali était un adversaire trop redoutable ; il était de plus Ouahabi, et défendait à ses sujets d'aller au pélerinage de la Mekke. On s'attendait à tout moment à le voir fondre sur les villes du territoire sacré, et renouveler les scènes de pillage et de carnage qui avaient signalé la première apparition des sectateurs d'Ouahab dans les lieux saints.

» Sur ces entrefaites, Kourchid-Bey[1], que le pacha d'Égypte avait nommé gouverneur du Hedjaz, mécontenta, par sa conduite imprudente, les chefs des troupes en garnison dans ce pays. L'un d'eux, nommé Turkchi-bil-Mez, leva l'étendard de la révolte, et sans le courage et le dévouement du colonel du neuvième régiment de ligne[2], qui s'opposa sans cesse aux projets de cet ambitieux, l'Arabie était perdue pour l'Égypte.

» Les circonstances étaient critiques. Mohammed-Ali n'avait pas un moment à perdre. Un envoi de troupes fut ordonné, et le septième régiment de ligne prit les devans. Turkchi-bil-Mez, en apprenant cette nouvelle, se hâta d'abandonner le Hedjaz, il se retira vers l'Iémen, dont il prit toutes les villes maritimes, et se fortifia dans Moka. Il fut aidé dans ses conquêtes par Ali d'Assir, qu'il trouva occupé à faire le siége d'Abou-Arich, capitale d'une province de même nom qui se trouve

---

[1] Kourchid-Bey, aujourd'hui Kourchid-Pacha, est un ancien mamelouk de Mohammed-Ali.

[2] Ce colonel se nommait Ismaïl-Bey.

sur le chemin qui conduit de Djeddah à Moka.

» Or, le chérif d'Abou-Arich était allié du pacha d'Égypte, qui entretenait dans sa capitale un bataillon de troupes auxiliaires. En attaquant cette province, Ali avait commis un acte d'hostilité contre Mohammed-Ali, et c'est sur ce grief que ce dernier s'est appuyé pour motiver sa déclaration de guerre à l'Assir.

» Lorsque Ali et Turkchi-bil-Mez s'emparèrent ensemble du littoral de l'Iémen, ils formèrent entre eux un traité d'alliance. D'après ce traité, les deux chefs devaient partager par parties égales le fruit de leurs conquêtes présentes et futures; mais dès que le prince d'Assir eut abandonné la côte pour retourner dans ses montagnes, son allié viola toutes les clauses de leur contrat.

» Irrité de ce manque de foi, Ali rassembla toutes ses tribus, descendit dans le Tehama, et reprit sur les Turcs toutes leurs nouvelles conquêtes; Turkchi-bil-Mez lui-même fut obligé d'abandonner Moka et de se réfugier sur une corvette anglaise qui, heureusement pour lui, se trouva dans le port de cette ville au moment où les Bédouins y entraient[1].

---

[1] Turkchi-bil-Mez était un partisan du sultan. Il essaya d'enlever l'A-

» Après s'être vengé de son ennemi, Ali laissa une garnison dans toutes les villes conquises, et retourna promptement dans l'Assir pour se mettre en mesure de résister à l'expédition que le pacha d'Égypte dirigeait contre lui. Mais à peine arrivé dans son pays, il a été attaqué d'une maladie d'entrailles dont il est mort en peu de jours. Vous savez que la nouvelle en est arrivée il y a deux ou trois mois. Ses deux fils sont trop jeunes pour succéder immédiatement à leur père. Aït, neveu d'Ali, a été chargé des soins du gouvernement pendant tout le temps de leur minorité. »

Voici les forces dont se compose notre expédition :

3e de ligne......................	2,000 hommes,
7e de ligne......................	3,000
16e de ligne.....................	4,000
Trois ortas de cavalerie irrégulière...	1,200
Mograbins........................	400
Artilleurs........................	100
Sapeurs..........................	100
Arabes auxiliaires................	6,000
TOTAL des hommes......	16,800

rabie au vice-roi d'Égypte pendant la guerre de Syrie. Ce plan était bien combiné, mais l'homme qui devait l'exécuter était mal choisi. Turkchi-bil-Mez fut débarqué à Bombay par la corvette anglaise, il tâcha de là de gagner Constantinople, mais arrivé à Bagdad, il y mourut subitement. On ne sait pas positivement si la police égyptienne est coupable de sa mort, mais on le croit.

Canons.......................... 3
Fusées à la congrève.............. 1,000

Reprenons le récit des événemens. Depuis que Mohammed-Ali s'est emparé du Hedjaz, il a nommé pour gouverneurs tantôt des Turcs, tantôt des Arabes; mais, dans ce dernier cas, les chefs des troupes avaient des instructions secrètes, qui les autorisaient à n'obéir aux chérifs que tout autant que leurs ordres ne seraient pas contraires aux intérêts du vice-roi. Le gouverneur actuel est Arabe, et il se nomme chérif Mohammed-Ibn-Aoun.

Après le débarquement des troupes de l'expédition, le chérif a envoyé des commissaires dans les environs de Médine et d'Iambo, avec l'ordre de louer le nombre de chameaux nécessaires au transport des vivres et des munitions. On en a réuni environ quatre mille, que l'on a nolisés au prix de six talaris chacun jusqu'à Akig[1].

Pendant que l'on était occupé à réunir ces chameaux, Ahmed-Pacha n'a rien négligé pour assurer le succès de son expédition.

Lorsque Ali d'Assir se fut emparé d'Abou-Arich, chérif Ali, ancien maître de cette province,

[1] Akig est à onze journées de marche de Taïffa.

fut obligé de suivre le vainqueur dans sa course contre l'Iémen et les Turcs, et plus tard il fut réintégré dans son gouvernement à titre de tributaire. Chérif Ali, en se rangeant sous les drapeaux d'Ali d'Assir, pouvait, selon la politique égyptienne, être considéré comme rebelle à Mohammed-Ali, puisque le prince d'Assir était ennemi du vice-roi. Ahmed-Pacha lui a dernièrement envoyé un courrier porteur de dépêches. « Le moment est venu, lui » disait-il, de réparer votre faute; vous pouvez » vous délivrer de la tyrannie de l'Assir et lever » une armée pour recouvrer votre indépendance. »

Chérif Ali, voyant l'importance de l'expédition dirigée contre l'Assir et présumant que la victoire se déclarerait pour elle, n'a pas hésité à exécuter les conseils du pacha. Cette proposition, d'ailleurs, lui a été fort agréable, car le chérif était l'ennemi juré d'Ali d'Assir, dans la tête duquel il disait qu'il devait enfoncer un jour l'unique dent qui lui restait.

Aït, qui gouverne actuellement l'Assir, n'a pas tardé à connaître la rébellion de son vassal. Il a rassemblé une troupe de douze mille Bédouins et a envahi les domaines d'Abou-Arich. La capitale a été investie. Le vieux chérif s'y était enfermé avec une garnison de six cents hommes, les seuls qu'il eût pu réunir sous son étendard. Il a ordonné à ses esclaves et à ses femmes de venir sur les remparts pour contribuer à la défense de la ville. Aït a donné deux assauts qui n'ont eu aucun succès; après le second, il a été forcé de se retirer, laissant quatre cents morts autour des murailles, et trente prisonniers, qui ont été pris au moment où ils franchissaient les remparts. Avant de partir, Aït a envoyé dire au chérif : « Je ne veux pas continuer » l'attaque contre ta ville; tu te trouves bien der- » rière tes murailles, restes-y ; mais je te promets » de venir t'en chasser avant peu avec des forces » suffisantes. »

Chérif-Ali se hâta d'informer Ahmed-Pacha de ce qui venait de se passer, et lui fit part de ses craintes pour l'avenir. Le général, qui se trouvait alors à la Mekke, donna ordre au troisième régiment de s'embarquer à Djeddah, et de faire voile vers Abou-Airch, pour aller au secours du chérif menacé. Émin-Bey fut envoyé dans ce port pour payer les troupes, et il transmit au colonel les ordres du pacha ainsi que les instructions nécessaires à son expédition.

Des petits bâtimens de cabotage, qui se trouvaient alors à Djeddah, furent nolisés : cette petite flotte mit à la voile dans le mois de mai 1834, et alla débarquer à Confoudah. Les soldats campèrent sous leurs tentes, afin de se tenir prêts à partir pour Abou-Arich par terre ou par mer, selon qu'ils en recevraient l'ordre d'Ahmed-Pacha. Le colonel signala au général l'apparition de quelques pirates du parti de l'Assir, qui couraient sus aux bâtimens de commerce qui passaient par ces parages.

Quelques jours après le chef d'Assir revenait devant Abou-Arich à la tête de forces considérables, et Chérif-Ali aurait probablement succombé; mais heureusement pour lui, au moment où tout était prêt pour un nouvel assaut, le troisième régiment arriva à Djésan[1], d'où il délogea les gens d'Assir. A la nouvelle du débarquement, les Bédouins, qui ne se soucient guère de se mesurer en plate campagne avec les troupes organisées à l'européenne, se retirèrent dans leurs montagnes. Chérif-Ali, uni au troisième régiment, reprit sur ses ennemis ses anciennes possessions, et embrassa complètement le parti du vice-roi.

Pendant ce temps, Ahmed-Pacha, avec le reste

---

[1] Djésan est le port de mer d'Abou-Arich.

des troupes de l'expédition, est venu camper à Taïffa, pour se mettre en marche de là contre l'Assir. A la nouvelle des conquêtes du troisième régiment et de l'arrivée du pacha dans cette ville, toutes les Kabyles tributaires de l'Assir, dans l'espoir de recouvrer leur indépendance, ont envoyé des députés au camp pour faire leur soumission; d'autres sont venus sous le même prétexte, mais seulement pour examiner les forces et les dispositions de l'armée.

Ahmed-Pacha les a reçus tous avec bienveillance; mais il leur a demandé pour preuve de leur sincérité, de venir faire cause commune avec lui. Si l'on croit à toutes les promesses, nous devons être rejoints par une dixaine de mille de Bédouins qui porteront avec eux les vivres et les munitions à leurs dépens. Ils comptent sur le pillage pour s'indemniser des frais de la guerre.

Ces jours derniers nous avons vu arriver en parlementaire le kiaia[1] d'Aït, qui est venu proposer certains arrangemens au pacha : « Il est vrai, a dit cet envoyé au général, que l'Assir a des torts envers Mohammed-Ali, puisqu'elle est sortie de ses frontières pour aller attaquer Chérif-Ali qui était

---

[1] Intendant.

sous sa protection; mais cette faute a été commise uniquement par Ali, qui est mort maintenant. Aït m'a chargé de t'offrir, à titre d'indemnité, la somme de cinq cent mille talaris (plus de 2,500,000 francs), pourvu que tu nous donnes ta parole qu'il ne sera donné aucune suite à cette expédition.

— Mohammed-Ali, lui a répondu le pacha, ne m'a pas envoyé dans ce pays pour amasser de l'argent, mais pour me rendre maître de l'Assir. En conséquence, si vous êtes forts, prenez les armes, et si vous sentez votre faiblesse, reconnaissez l'autorité de mon maître; mais rappelez-vous que, dans un cas comme dans l'autre, le croissant doit flotter sur vos forteresses avant l'expiration de trois mois.

— Nous pouvons bien faire un sacrifice d'argent; mais nous ne pourrons jamais faire celui de notre indépendance. Notre sort commun se décidera par les armes; Dieu est grand, et il fera pencher la balance du côté de la justice.

L'ambassadeur s'est retiré, et personne n'a cru à sa sincérité relativement aux propositions qu'il est venu faire, c'était un espion honnêtement transformé en envoyé d'Aït.

L'armée se dispose à se mettre en marche; nous avons reçu depuis plusieurs jours l'ordre de nous tenir prêts pour le départ; à cause de la difficulté des chemins et du petit nombre de chameaux qu'on a pu réunir, on n'a pas concentré tous les approvisionnemens sur Taïffa. La cavalerie irrégulière a pris les devans depuis un mois; des commissaires partis en même temps ont reçu l'ordre de préparer des magasins de vivres, qu'on se procurera moitié avec argent et moitié à titre de contribution.

L'expédition va se mettre en marche sur deux colonnes : la première est commandée par le Pacha, la seconde par le grand chérif Mohammed-Ibn-Aoun. Cette précaution a été prise à cause de la rareté de l'eau, qui n'eût pas été suffisante en certains endroits, et pour mieux franchir certains défilés qui, ne donnant passage qu'à une file de chameaux, auraient rendu les marches trop longues et trop pénibles. . . . .

Comme l'histoire de la campagne que nous allons entreprendre est liée à celle d'Abou-Arich, je terminerai ce volume par une courte description de cette contrée.

II

La petite province d'Abou-Arich s'étend depuis le 15°, 50′ de latitude, jusqu'au 17°, 40′; elle est bornée au nord par le Hedjaz; à l'est, par les montagnes de l'Assir; au sud, elle confine avec l'Iémen, et à l'ouest, elle s'étend jusqu'à la mer Rouge. Les Arabes, accoutumés à mesurer les distances par le temps qu'ils emploient à les parcourir, disent que ce pays a quatre journées de chemin dans sa plus grande longueur, du nord au sud, et deux de large de l'est à l'ouest.

Généralement plate et sablonneuse, cette contrée est peu fertile vers les parties centrales; elle l'est davantage du côté des montagnes qui l'entourent presque entièrement, et c'est de là que les habitans tirent leurs plus grandes ressources. Pendant l'hiver le temps est toujours sec; mais dans la saison chaude, depuis le mois de Zel-Gadé jusqu'à celui de Rabia-el-Aouel, l'atmosphère est rafraichie par des pluies périodiques, et voici de quelle manière ce phénomène se produit:

Jusqu'à midi le ciel est pur et serein; mais à cette heure le vent du sud commence à souffler; il est d'abord si faible, qu'il peut à peine remuer les feuilles des arbres; mais il se développe progressivement, et finit par devenir si impétueux, qu'il soulève des tourbillons de sable, et vous dérobe la vue d'une personne à vingt pas de distance. Environ une heure après l'asser, il pleut pendant vingt ou trente minutes; alors le ciel reprend sa première limpidité, et le vent cesse tout-à-coup. Les habitans jouissent de quelques momens de fraîcheur; mais une heure après l'orage, le soleil a repris tous ses droits.

Les habitans sentent venir ce vent de très-loin ; à mesure qu'il avance, il produit un grand bruit, et emporte souvent les échés, les tentes et les arbres qui se trouvent sur son passage.

Ce pays ne renferme pas de sources, et on n'y trouve pas de ruisseaux. L'eau de pluie n'est pas recueillie dans des citernes comme dans certaines contrées de l'Arabie; elle se répand entièrement sur ce sol sablonneux, et lui donne une fertilité que la nature semble lui avoir refusée. Les habitans, pour se procurer de l'eau, creusent des puits de vingt à trente brasses de profondeur. Quand on est arrivé à ce point, on rencontre une couche horizontale de roche, sur laquelle repose une nappe d'eau. Au moment où elle sort du puits, elle est d'une grande limpidité; mais cependant, si elle demeure exposée quelques instans dans un vase en verre, on ne tarde pas à apercevoir au fond un dépôt de matière noire et pesante. Aussi, quoique cette eau soit très-agréable au goût, elle est de difficile digestion. Les parois des puits sont construites en terre, et les Bédouins en prennent le plus grand soin.

Quand on se rend de Djezan à Abou-Arich, capitale de la province de ce nom, on chemine à travers un pays qui s'élève à mesure que l'on avance vers l'intérieur; mais, à moitié chemin, on commence à descendre, en sorte que le pays se trouve à peu près au niveau de la mer. Cette contrée, extrêmement basse, exposée d'ailleurs au vent du sud, et couronnée de hautes montagnes, qui réfléchissent les rayons brûlans du soleil, doit avoir nécessairement un climat très-chaud. Pendant l'hiver, le thermomètre descend à 16° dans la nuit, et à 19 après le lever du soleil; mais ordinairement, il marque 20° ou 22. Pendant l'été à midi, et à l'ombre, il s'élève à 42°; et les Européens peuvent à peine résister à l'influence d'une aussi forte chaleur.

Le pays est généralement couvert de petits bosquets, qui se composent de cinquante à cent cinquante arbres liés entre eux par une plante parasite qui s'attache à leurs troncs et rend l'entrée de ces groupes extrêmement difficile. Les gens du pays se retranchent dans l'intérieur pendant la guerre; eux seuls ont le secret de ces cachettes mystérieuses, et peuvent se reconnaître au milieu du dédale formé par une infinité de sentiers, qui, se coupant et se croisant dans tous les sens, donnent à cet ensemble la forme d'un labyrinthe que leurs ennemis n'osent pas aborder.

Les arbres les plus communs sont le nebac (*ziziphus lotus*) et le mossouak, dont les Bédouins font un usage assez singulier. Ils coupent les branches de ce dernier, les dépouillent de leur écorce, et, en frappant sur le bout avec une pierre ou un marteau, ils en forment une espèce de pinceau; grâce à la nature filamenteuse de ce bois. Ils mettent alors dans leur bouche une pincée de tabac à priser très-fin, qui est connu chez eux sous le nom de bortougal; et, après l'avoir répandu avec la langue sur la surface extérieure des dents, ils s'amusent à les frotter avec l'extrémité de la branche de mossouak : ceux qui commencent à prendre cette habitude se contentent de tremper le pinceau dans le tabac.

Cet usage est aussi répandu parmi les Bédouins d'Abou-Arich, que la pipe chez les autres Orientaux; ils remplacent de cette manière le bétel et l'opium; ils se livrent à cet exercice avec passion, et lui consacrent tout le temps qu'ils peuvent dérober à leur travail. Les femmes suivent l'exemple de leurs maris : cependant elles se contentent de les imiter seulement dans l'intérieur de leurs maisons.

Le *taref* est un arbrisseau dont les branches ressemblent beaucoup à celles des joncs marins; il fleurit au commencement du printemps, et sa fleur est nuancée de rouge et de blanc. Il produit plus tard une silique longue de quatre pouces environ, qui, de verte qu'elle était d'abord, prend une couleur noire vers la maturité, et se remplit d'une semence extrêmement menue. Le taref acquiert quelquefois un tronc d'un pied de diamètre, et il est très-bon comme bois à brûler.

Le baumier de la Mekke y croît en assez grande quantité. Le médicament produit par cet arbuste est très-célèbre parmi les Arabes à cause de son efficacité dans certaines maladies, et le célèbre Haroun-el-Raschid en avait toujours une bonne provision dans la pharmacie de son palais. On trouve encore ici une plante désignée par les naturalistes sous le nom de *stramonium*.

Abou-Arich possède les mêmes oiseaux que l'on remarque aux environs de Djeddah. Les tourterelles y sont très-communes, et l'on y voit aussi un oiseau de trois pieds de haut, qui semble être à l'épreuve du plomb de chasse. Il est très-paresseux, et quand il sent l'approche de quelque danger, il s'envole avec peine, et va se reposer un peu plus loin. Mais le plus curieux, surtout par ses mœurs, c'est un oiseau de la grosseur d'un bec-figue, dont le ventre est jaune et le dos d'un brun foncé. Son nid, de la grosseur d'une poire, a la forme d'un ellipsoïde; il est suspendu à une branche par un lien qui sort du sommet. L'oiseau attache plusieurs fils tout autour, et les réunit vers l'extrémité inférieure. Il entrelace alors des brins d'herbes ou de plantes, et même des fils d'étoffes, qu'il dispose en cercles parallèles et horizontaux, formant une trame qui défierait l'habileté d'un tisserand.

Il est curieux de voir ce petit oiseau entrer dans la coque et en sortir avec rapidité pour tresser entre elles les parties dont elle se compose. Il continue sa manœuvre jusqu'à l'entier achèvement du nid, et il a le soin de laisser une très-petite ouverture, opposée à la direction du vent du sud, qui doit servir de porte à son habitation provisoire. Lorsqu'on aperçoit de loin les branches qui portent ces nids, on croirait voir un arbre chargé de gros fruits balancés par le vent.

Les habitans d'Abou-Arich possèdent une grande quantité de volailles; on y trouve aussi beaucoup de pintades sauvages: les Bédouins vont dérober leurs œufs, et les font couver par les poules. Ils possèdent des bœufs à bosse, des chameaux, des dromadaires et des chevaux très-estimés; cependant, comme le pays n'est pas favorable à ces quadrupèdes, leur nombre n'est pas considérable, et ils sont obligés d'en acheter dans l'Assir ou l'Yémen. En revanche, ils sont très-riches en troupeaux de moutons et de chèvres. Celles-ci sont d'une belle taille, et ont l'oreille presque imperceptible. Les pâturages sont abondans et de bonne qualité; car le terrain, quoique sablonneux, est suffisamment arrosé par les pluies.

Les gazelles sont très-nombreuses et familières ; elles viennent se mêler aux troupeaux de chèvres ; les Bédouins les laissent brouter l'herbe paisiblement : cependant quelquefois ils les prennent et les mangent. Il n'en est pas de même des lièvres, qu'ils considèrent comme un animal immonde ; et, grâce au préjugé des habitans qui les empêche de s'en nourrir, leur race y pullule. Les chats sont à demi sauvages, et ne font la chasse qu'aux poules et aux oiseaux. Aussi les rats y jouissent-ils des délices de la paix, et il y en a une si grande quantité, qu'on peut les considérer comme un des fléaux du pays. Ces animaux, doués d'une grosseur extraordinaire, ont le museau allongé et les moustaches très-longues. Le dessous du ventre est blanc, et le dos d'un brun noirâtre ; ils poussent des cris aigus qui empêchent les habitans de dormir pendant la nuit, et jouent toute sorte de mauvais tours aux bonnes femmes des maisons où ils sont établis.

Les Bédouins ensemencent du doura et du doukhoun, dont ils font du pain. Leurs jardins produisent du séné, de la coloquinte, des raves, des bananes, des aubergines et de la méloukia. Ils cultivent aussi le cotonnier des Indes, qui produit pendant trois et quatre années ; mais ces plantes ne se trouvent qu'au voisinage des montagnes, car la plaine est généralement stérile.

Quant aux maladies, on y remarque le dragonneau. Les plaies de l'Yémen y sont communes et terribles, surtout sur les bords de la mer. Les médecins d'Abou-Arich les brûlent tout à l'entour dans l'intention de borner leurs ravages, ils appliquent au milieu les feuilles du baumier de la Mekke, qu'ils assujettissent au moyen d'un bandage, et ils obtiennent quelquefois la guérison de leurs malades. Les fièvres gastrites et bilieuses y sont connues, mais les ophthalmies y sont très-rares.

On trouve dans Abou-Arich des scorpions de deux qualités; les uns petits et de couleur roussâtre, qui ne sont pas très-dangereux, et d'autres plus gros, dont la piqûre est presque toujours mortelle. Ceux-ci sont longs de cinq à six pouces; leur corps est recouvert d'un duvet : les douleurs occasionnées par leurs atteintes sont d'une violence extrême, aiguës et spasmodiques. Les médecins d'Abou-Arich pratiquent des scarifications sur la blessure et appliquent des ventouses tout autour. Ensuite on brûle la plaie, et on lie le membre, afin d'empêcher que le venin se répande dans les artères; et on met sur l'endroit qui a été brûlé un cataplasme d'herbes calmantes, afin d'apaiser la douleur produite par le feu.

Ces Bédouins sont divisés en pasteurs et en agriculteurs : les premiers sont nomades et campent sous des tentes, les seconds vivent dans les villes ou villages, et se construisent des maisons ou plutôt des chaumières formées de branches d'arbre et de hachich. Ils sont tous mahométans; mais leur secte n'est pas très-orthodoxe : l'hospitalité s'exerce parmi eux, même à l'égard des Européens, qu'ils n'aiment pas beaucoup. Lorsque la saison pluvieuse n'arrive pas à l'époque accoutumée, ils se mettent en prière et pratiquent des cérémonies religieuses pour obtenir de Dieu cette pluie si désirée, à laquelle ils doivent leur existence.

III

La ville d'Abou-Arich est éloignée de six heures de la mer Rouge. Elle est située au milieu d'une vaste plaine couverte de mossouaks et de jasmins. Ces bois en sont distans d'une lieue et demie, et de deux lieues du côté du sud. Le terrain intermédiaire disparaît sous une herbe haute, que l'on donne aux chevaux et aux autres animaux domestiques, et qui croît sans culture. La partie de l'est et du sud, formée d'un terrain rouge et argileux, est cultivée jusque sous les murs de la ville; elle produit du doura, du doukhoun et du coton. Au nord-ouest, les plantations ne commencent qu'à une demi-lieue des remparts; il en est de même du côté de l'ouest. C'est dans cette dernière direction que se trouvent les bois les plus fourrés, et si, après les avoir dépassés, on prend le chemin de la mer, on marchera au milieu des cultivations pendant l'espace de trois lieues.

La partie de la ville qui est environnée de remparts a une forme très-bizarre, mais en y joignant les faubourgs, cet ensemble affecte la figure d'un parallélogramme très-allongé. Les murs, bâtis en pierres et en briques cuites, sont flanqués de petites tours pareilles à celles de Taïffa. Le château, nommé Der-el-Nassr, est très-élevé et présente une belle apparence; il renferme au milieu une cour spacieuse, et tout autour on a construit des petites salles qui servent de caserne à la garnison. La ville est défendue par quelques mauvais canons de fer, ils sont très-vieux et presque hors de service; d'ailleurs les Bédouins n'entendent rien à la manœuvre.

Les okels où les négocians déposent leurs marchandises sont bâtis en briques cuites, et n'ont qu'un seul étage au-dessus du rez-de-chaussée; les autres habitations sont formées de branches d'arbres, recouvertes de hachich. Ces échés sont rondes, carrées ou rectangulaires; mais la première forme est très-peu usitée. Voici comment s'y prennent les habitans pour élever leurs demeures.

Ils pratiquent dans le sol des petites excavations, éloignées d'un demi-pied les unes des autres, et ils y enfoncent des troncs de mossouak. Dès que ce travail est terminé, ils entourent le tout d'une corde faite avec des feuilles de palmier, qu'ils assujettissent aux pieux au moyen d'une corde plus petite: le haut est fixé par des pièces de bois qu'on lie, de la même manière, à une hauteur de sept pieds. Dans l'intérieur, un tronc d'arbre, terminé en fourche, soutient la poutre qui sert d'appui à la toiture, formée de branches de nebac. Toute cette charpente est recouverte avec des touffes de hachich, qu'on lie fortement avec des cordes. La porte consiste en un cadre de bois, fermé par de petites branches parallèles, que les riches ont soin de recouvrir d'une natte.

Les ouvertures laissées dans l'intervalle des troncs de mossouak sont extrêmement petites; mais elles suffisent pour laisser un passage à l'air. En dedans, on recouvre les parois d'une tapisserie de fiente de vache, jusqu'à la hauteur de cinq pieds; le parquet est formé de la même manière; mais on y ajoute par-dessus une couche de terre argileuse, et le tout, bien enduit de chaux, devient très-sec et dur comme une pierre. Les demeures des grands se composent de plusieurs de ces échés; il faut être bien pauvre pour ne pas en avoir deux, dont l'une sert de harem, et l'autre est habitée par les hommes; cependant les familles peu aisées se contentent d'une seule.

Ces habitations sont à l'abri de la pluie : on les environne d'une haie de bois mort, et c'est dans cet espace que l'on enferme les animaux domestiques pendant la nuit. On sème, à l'entour de la maison, des basilics qui atteignent à une hauteur de sept pieds, et répandent une odeur parfumée : des haricots en fleurs, d'une couleur vive et variée, recouvrent la demeure toute entière, et lui donnent l'aspect d'un charmant berceau.

Le palais de Chérif-Ali n'est autre chose qu'une de ces échés, mais plus vaste et plus élégante. L'intérieur des appartemens est couvert de coquilles de nacre, dont les couleurs diaprées et changeantes distraient les regards des femmes condamnées à la solitude du harem.

La ville renferme quelques mosquées : une seule est surmontée d'un minaret : elles sont, en général, d'une triste apparence ; on y élève les petits enfans.

Les puits, comme nous l'avons déjà dit, sont extrêmement profonds ; cependant, malgré les dépenses dont ils sont l'occasion, les propriétaires, moins industrieux ou plus généreux que ceux de Djeddah, n'ont pas eu la pensée d'en faire l'objet d'une spéculation d'argent.

La ville est habitée par des Bédouins et par quelques Banians[1] qui s'adonnent au commerce ; les autres marchands sont presque tous originaires du Hadramaout[2], leur ensemble forme une population qui s'élève à sept ou huit mille habitans.

---

[1] Voyez, sur ces marchands, les renseignemens que nous avons donnés dans le Voyage en Abyssinie.
[2] Province de l'Iémen. Voyez le Voyage en Arabie de Niebuhr.

A Djeddah, on est souvent embarrassé lorsqu'il faut décrire les costumes si riches et si variés des Persans et des autres nations orientales; mais à Abou-Arich on n'éprouve pas la même difficulté. Les enfans sont absolument nus, les hommes du peuple ne portent qu'une serviette serrée autour des reins et qui retombe sur les mollets; leurs chevelures longues et épaisses, leurs barbes et leurs membres sont recouverts d'une couche d'huile et de beurre qui exhale une odeur nauséabonde, et l'étranger lui-même en est bientôt couvert s'il se hasarde à parcourir les rues ou le bazar. Les riches portent une chemise de mousseline par-dessus la serviette, et leur tête est ornée d'un petit mouchoir; les négocians du Hadramaout sont les seuls qui se donnent le luxe d'un vrai turban.

Le costume des femmes ressemble beaucoup à celui des hommes, leur chemise est taillée à la mode égyptienne, c'est-à-dire que les manches sont fendues jusqu'aux pieds; elles les relèvent sur leur tête pour se garantir du soleil; mais elles se couvrent très-rarement la figure. Elles ont le teint trèsbrun, l'usage du tatouage leur est inconnu; leur corps et leur chevelure sont enduits de beurre et d'huile comme ceux de leurs maris. Les hommes et les femmes se teignent les bords des paupières avec le cohul et les mains avec le henné, quelques vieillards se servent aussi de ce cosmétique pour déguiser la couleur blanche ou grisonnante de leur barbe. Cet usage paraît être reçu dans le pays; cependant Chérif-Hemout, l'un des prédécesseurs de Chérif-Ali, était très-irrité contre ceux qui l'adoptaient.

Les rues d'Abou-Arich sont très-malpropres, l'une d'elles renferme un petit bazar approvisionné par les Bédouins des montagnes, que l'on distingue facilement au chapeau de paille dont ils se couvrent la tête. Ce chapeau a un rebord de la largeur des deux doigts, et ressemblerait parfaitement à celui des Européens s'il ne se terminait pas en cône.

Ces Arabes boivent le lait de chamelle, et leur régal favori consiste en un plat nommé *assida*. Pour le préparer, ils font bouillir de la farine de blé avec de l'eau jusqu'à parfaite consistance. La pâte est vidée dans un vase de terre ou de bois; on pratique un trou dans le milieu, et on le remplit de beurre et de miel. Pour le manger à la mode du pays, il faut replier le pouce sur la paume de la main, serrer fortement les quatre doigts et les enfoncer dans le plat. On porte l'assida à la bouche, on aspire fortement, et on l'entraîne par un mouvement brusque de la langue : l'usage veut aussi que l'on se lèche les doigts avant de les remettre dans la gamelle. Après le repas, les hommes fument quelquefois de ce mauvais tabac que l'on cultive dans les montagnes voisines; mais les personnes des deux sexes préfèrent mâcher du tabac en poudre et se frotter les dents et les gencives avec les branches du mossouak.

La province d'Abou-Arich est, comme on le sait, gouvernée aujourd'hui par Chérif-Ali. Ce vieillard, malgré ses quatre-vingts ans, est doué d'une prodigieuse activité de corps et d'esprit. Les entreprises les plus périlleuses, les projets les plus hardis ne sauraient l'effrayer, et il semble se complaire au milieu des dangers. Dans le cours de sa vie, il a, dit-on, assisté à plus de deux cents combats ou escarmouches; et, quoiqu'il ait toujours bien payé de sa personne, il n'a été blessé qu'une seule fois à la main. Le chérif a l'habitude de porter sous ses habits une cotte de mailles de fer, qu'il ne quitte jamais[1]. Nouveau patriarche pour le nombre de ses

---

[1] Cette cotte, faite comme une chemise, prend au bas la forme d'un caleçon qui se fixe sur les cuisses au moyen de plusieurs boutons.

enfans, il a maintenant soixante fils ou filles, tous vivans, et si l'on comptait ceux qui sont morts, trois cents enfans l'appelleraient mon père. Les personnes qui savent ce qui se passe dans son harem prétendent que depuis l'âge de douze ans, époque à laquelle son père fut obligé de le marier, il a eu deux cent quatre-vingt-quinze femmes, esclaves ou concubines, et aujourd'hui, il n'en a pas moins de quarante. L'aîné de ses fils, nommé Chérif-Hassan, a cinquante-quatre ans; il est, dit-on, avare, d'une humeur assez triste, et d'une jalousie excessive relativement à ses femmes. Ses frères ont un caractère plus enjoué que lui, et se font remarquer par leur valeur, leur adresse et leur urbanité [1].

---

[1] C'est un fils de Chérif-Ali qui nous recevra si bien à Zébid, lorsque j'y passerai avec M. Combes pour aller en Abyssinie.

FIN DU PREMIER VOLUME.

TABLE

DES SOMMAIRES DU TOME PREMIER.

TABLE

DES SOMMAIRES DU TOME PREMIER.

	Pages.
PRÉFACE.	1
CHAPITRE Ier.	3

    I. Départ du Caire. — Station à l'Assouah. — Le désert de Suez. — Courriers du Hedjaz. — Déserteurs égyptiens: — Repas chez un musulman de Suez.

    II. Départ de Suez.—L'Abou-Djamous.—Pèlerins musulmans. — Le capitaine.— Le pilote. — Navigation arabe. — Tor.— Raz-Mohammed.—Golfe de l'Akaba.

CHAPITRE II.	31

    I. Kala-Moilah, station des pèlerins.—Mœurs des Bédouins de

la côte.—Déba.—Puits d'eau douce.—Coquillages.—Ile de Naaman.— Estabel-Antar.—Cavernes.— Ile de Kamérin.—Aouech.—Écueils.— Courans.

II. Mouillage de Djebel-Hassan.—Pécheurs arabes.—Esquifs. —Rencontre d'un bâtiment au mouillage.—Anglais.—Iambo. — Iambo-el-Bahar. — Iambo-el-Nakhral. — Brouillard.—Conteurs arabes.—Dja.—Raz-el-Hama.—Raboghr.—Oum-el-Mech.—Tual.—Chronique scandaleuse du bord.—Obhor. —Arrivée à Djeddah.—Ramadan.

CHAPITRE III.. 63

I. Djeddah.—Sa fondation merveilleuse.—Remparts.—Tombe d'Ève.—Moulins à vent.—Portes.— Poudrière. —Mosquée. —Écoles.—Bazars. — Crieurs publics.—Cafés.— Barbiers. — Places publiques. — Rues. — Maisons. —Sculpture. — Ameublemens.—Ciment.—Habitations du peuple.

II. Habitans de Djeddah. — Arabes. — Indiens. —Persans.— Fellahs égyptiens. — Grecs. — Nègres.— Gallas. — Abyssiniens.—Turcs.—Costumes.—Incisions.— Femmes.— Leur costume. —Leurs traits. — Leur toilette.—Mariage. — Jalousie. — Aventure tragique. — Courtisanes. — Harems. — Plaisirs des femmes.— Leurs occupations.— Hamacs des enfans.—Femmes qui font la prière.

III. De quelle manière les Djeddahouis reçoivent les étrangers.—Hospitalité arabe.—Hospitalité européenne.—Salles de réception.— Ameublement. — Repas.— Le capitaine du port.—Anciennes fortifications. — Louis de Barthème. — Alphonse d'Albukerque.—Soarez.— El-Gouri.—Soliman.— André Corsal.—Retraite de la mer.—Milice.—Kai.—Port.

CHAPITRE IV.. 123

I. Visite à la tombe d'Ève. — Un marabout. — Mendians. —Cimetière musulman. — Cimetière des infidèles. — Faubourg.—Tacrouris.— Leur voyage.—Leurs mœurs.— Lieu de prières. — Marécages.— Soldats irréguliers. — Habitans de Souakem.

II. Mekkaouis.— Ahmed-Pacha.—Son père.— Portrait.— Barbes.—Turbans.—Les Européens invitent le pacha à un repas.—Chébi-Effendi.— Émin-Bey. — Moustapha-Bey.— Un carrosse européen à la Mekke.— Jeux d'escamotage.— Musiques. — Danses.

CHAPITRE V... 159

I. Cantonnement des régimens de l'expédition. — Trajet de Djeddah à Bahara.— Campement sous la tente.—Bahara.— Insectes. — Oiseaux. — Climat. — Dromadaires. — Leurs mœurs.

II. Description de la Mekke.— Approche des fêtes du pélerinage.— Imans. — Prière des soldats.— Anglais venus des Indes.— Repas. — Musique militaire.— La Marseillaise.— Un bouton de la 32ᵉ demi-brigade.—Santons.— Bédouins des environs de Djeddah. — Costumes et mœurs.

CHAPITRE VI... 209

I. Départ de Djeddah.—Tribu de Koréïch.—Mahomet issu de cette tribu.—Malédiction du prophète.— Adieux des Djeddahouis.— Imprécations.— Ulémas prêchant dans les mosquées contre les Européens.—Prophétie.—Notre caravane. —Cheikhr des Beni-Koréïch.—Une caravane qui se met en marche.

II. Crépuscule. — Ruines d'un fort.— Pierres expiatoires.— Hadda. — Sources. — Semoun. — Chemins de Djeddah à Taïffa. — Oadi-Fatma.— Repos sous les palmiers.—Nous nous égarons.—Djeriet-es-Cheikhrs. — Madrag. — Forteresse. — Tribu des Hédouan.

CHAPITRE VII.. 237

I. Puits. — Les Bédouins me donnent à boire. — Route des pèlerins.— Granit.—Voleur de nuit. — Nous nous égarons de nouveau.— Bir-el-Barout.— Tribu de Lohhian. — Vent brûlant.— Bédouins. — Troupeaux. — Ruines. — Route.— Côte rapide.— Chant des Arabes. — Zeima. — Ruines. — Tribu des Hodeïl.

II. Tribu des Hétheba.— Leurs richesses. — Manière de puiser de l'eau dans les torrens.—Bédouines d'Hétheba.—Leur costume. — Mœurs. — Voleurs déguisés en mendians. — Négresses. — Bédouins issus d'un Arabe et d'une esclave.

— Température. — Tonnerre. — Pluie. — Pâtres. — Granit. — Amiante des montagnes. — Bédouins et chameaux. — Oum-el-Hamat.

Chapitre VIII... 269

I. Ville de Taïffa. — Position. — Portes. — Murailles. — Fossé. — Château. — Tours. — Fort. — Monumens. — Mosquée d'Aboul-Abbas. — Rissings. — Tombeaux. — Aboul-Abbas. — Cimetière. — Femmes. — Laadi. — Zaouïa. — Bazar. — Cafés. — Maisons. — Aqueducs. — Histoire. — Population. — Température. — Les habitans de la Mekke se réfugient à Taïffa pendant l'été. — Femmes. — Caractère des Taïffites.

Chapitre IX.. 295

I. Encore Taïffa. — Jardins des environs. — Soirées. — Jeux. — Danses. — Montagnes. — Jardins. — Arbres. — Vignes. — Plantes potagères. — Fleurs. — Rosiers. — Méthode d'irrigation. — Culture. — Puits à roue indiens. — Domestiques. — Un nuage de sauterelles. — Manière de les conjurer.

II. Agriculture. — Semailles. — Charrue. — Labourage. — Argile. — Orages. — Pluie. — Vents. — Tourbillons. — Animaux. — Chameaux. — Selles. — Maladie singulière. — Chevaux. — Mulets. — Anes. — Bœufs. — Chèvres. — Moutons. — Gazelles. — Singes. — Oiseaux. — Reptiles. — Insectes.

Chapitre X... 325

Environs de Taïffa. — Muëzzein. — Hameau de Salamé. — Forts. — Ruines. — Ruisseau. — Medna. — Ouabad. — Mahomet, un Juif et une gazelle. — Excursion. — Deux domestiques. — Miracle. — Matman-el-Ghrazalé. — Roches. — Tas de cailloux. — Minéralogie. — Inscription. — El-Ahi. — El-Hamlé. — Aza-Ibn-Aoun-Abd-el-Meïn. — Halte. — Limpidité du ciel. — Tribu de Thekif. — Ouadi-Mohram. — El-Hada. — Hodeïl. — Oadi-el-Kour. — Route. — Température.

Chapitre XI.. 355

I. Événemens politiques survenus en Arabie dans ces derniers temps. — Motifs de la guerre contre les Bédouins. — Guerre des Ouahabis. — Ibrahim-Pacha. — Assir. — Projets de

Mohammed-Ali. — Nationalité arabe. — Iémen. — Imam de Sana.— Ali, prince d'Assir.— Kourchid-Bey.— Turkchi-bil-Mez. — Chérif d'Abou-Arich. — Mort d'Ali d'Assir. — Aït est nommé gouverneur provisoire. — Forces de notre expédition. — Suite des événemens politiques.

II. Description de la province d'Abou-Arich. — Position géographique. — Climat.— Pluies — Vent. — Puits. — Température. — Bois. — Arbres. — Brosses de Mossouak. — Tabac. — Taref. — Baumier de la Mekke. — Animaux. — Céréales. — Maladies. — Scorpions. — Bédouins.

III. Ville d'Abou-Arich.—Position.—Plantations.—Remparts. —Château. — Okels. — Échés. — Habitation du chérif. — Mosquées. —Habitans. — Costumés. — Rues.— Bazar. — Bédouins. — Assida. — Manière de la manger.

FIN DE LA TABLE DU PREMIER VOLUME.

122

www.ingramcontent.com/pod-product-compliance
Lightning Source LLC
Chambersburg PA
CBHW052041230426
43671CB00011B/1738